가족과 젠더

이주연 | 정옥희

태영출판사

머리말

가족의 문제는 젠더의 이슈와 분리할 수 없으며 젠더의 이슈 또한 가족생활과 분리하여 생각할 수 없습니다. 이 두 가지는 마치 음과 양이 서로 보완되어 역동적인 하나를 이루는 것처럼, 어느 하나를 이해하기 위해 반드시 다른 하나를 이해해야 하는 상호 연관성을 가지고 있습니다. 가족은 여성과 남성의 결합으로 이루어지고 남녀에 대한 사회화와 여성과 남성의 역할, 지위, 가치 등이 결정, 부여, 수행되는 가장 일차적인 장소이기 때문입니다.

이 책은 젠더적인 관점에서 가족과 연관된 여러 주제들을 다룸으로써 가족을 둘러싸고 이루어지는 다양한 변화를 어떻게 해석하는 것이 바람직한 것인지, 특히 젠더 관점에서 긍정적인 가족변화의 방향은 어떤 것인지 생각해 봄으로써, 가족에 대한 이해의 폭을 넓히고, 변화하는 가족형태와 가족관계에 대해 열린 해석을 하며, 나아가 성평등적인 가족지원정책을 모색해 보고자 하였습니다.

'가족과 젠더'는 건강가정사 자격 인증을 위한 필수교과목의 하나로 본서는 학부용 교재로 쓰기에 적합하도록 내용을 구성하여 가족과 젠더의 이슈가 일상생활에 어떻게 반영되어 나타나는가를 이해할 수 있도록 설명하고 있습니다.

이 책은 크게 세 부분으로 나누어 볼 수 있습니다. 우선 과목의 개론적인 부분으로서 가족과 젠더의 이해, 젠더와 성 역할 사회화, 가부장제 가족의 역사와 변천을 살펴봄으로써 젠더적 관점에서의 가족에 대한 내용과 역사에 대해 알아보았습니다.

둘째, 젠더와 건강, 젠더와 성, 결혼과 가족, 노동과 젠더, 결혼과 가족폭력, 가족과 법, 가족정책, 여성장애인, 다문화가족 등 젠더적 관점에서의 가족에 대한 주요 분야별 이슈와 대안에 대해 살펴보았습니다. 마지막으로 가족의 삶의 질 향상방안을 살펴봄으로써 양성평등한 일 -가정 양립을 위한 논의와 쟁점들을 정리하였습니다.

지연되는 시간에 대해 묵묵히 인내해 주신 태영출판사 김현태 사장님과 직원 여러분께 감사드리며 앞으로 개정증보판을 낼 때는 더 좋은 내용으로 출판할 것을 약속드립니다.

2013년 5월

저자 일동

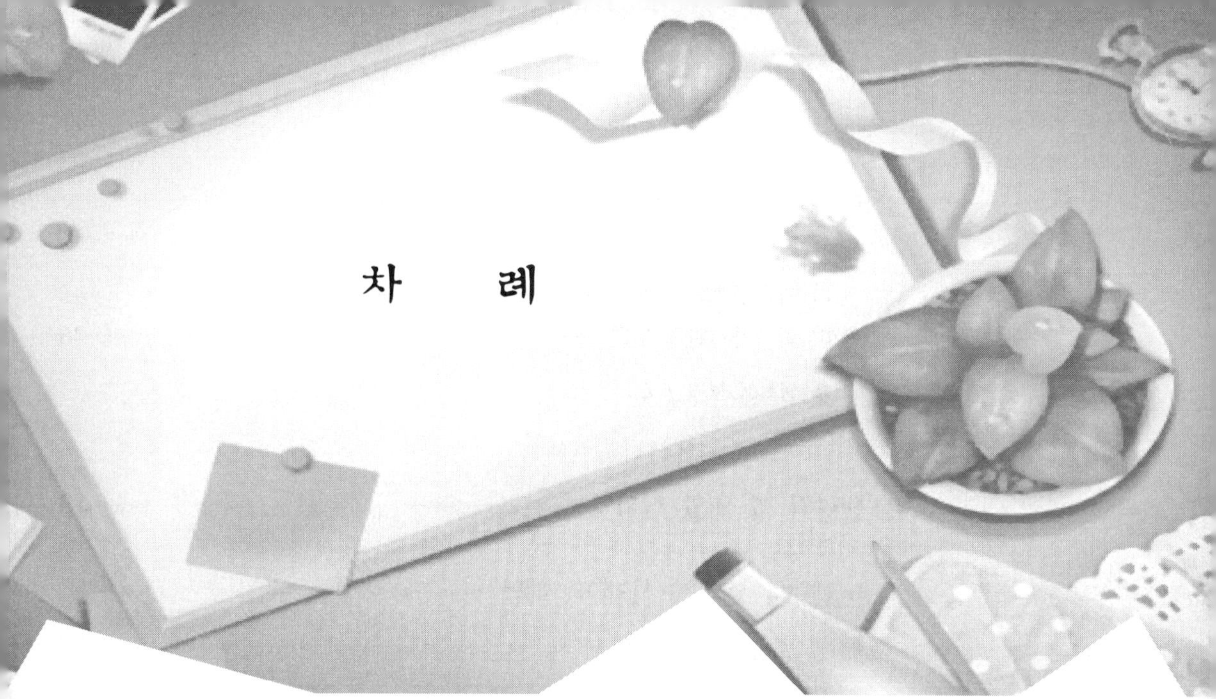

차 례

제1장

가족과 젠더의 이해

1. 사회제도로서의 가족
2. 젠더의 기능
3. 가족과 젠더의 실제
4. 성 역할의 사회화
5. 사회동향과 우리나라의 가족

1. 사회제도로서의 가족

1) 가족에 대한 전통적 정의

문화인류학자 Murdock(1949)은 '가족은 공동거주, 경제적 협동 및 출산을 특징으로 하는 사회집단이며, 이 집단은 양성의 성인들을 포함하고 적어도 그들 중 두 사람은 사회적으로 허용되는 성관계를 유지하며, 그리고 한 명 또는 그 이상의 친자녀 혹은 입양된 자녀들로 구성된다'고 지적한 바 있다. Murdock의 이 정의에서는 경제적 협동과 공동거주, 사회적으로 인정된 배타적인 성관계, 그리고 자녀 양육이 가족생활의 핵심을 이룸을 알 수 있다. 따라서 이 정의에 따르면 위의 세 가지 요소를 갖추지 못한 생활은 가족이라고 부를 수 없게 된다. 예를 들어 공동거주를 통해 서로 협력해서 살고 있으나, 자녀양육을 하지 않는 동성애 가족이나 자발적 무자녀 가족은 가족에서 제외된다. 또한 사회적으로 인정된 배타적인 성관계나 부부간 경제적 협동(또는 상호의존)에 크게 집착하지 않는 개방결혼과 같은 것도 가족이라 부를 수 없다.

Burgess와 Locke(1953)는 가족을 혼인, 혈연 또는 입양의 유대로 맺어진 사람들의 집단이며, 단일 가구를 형성하고 그 안에서 남편과 아내, 어머니와 아버지, 아들과 딸, 형제와 자매라는 각자의 사회적 역할을 수행해 나감으로써 상호작용하고 공통의 문화를 만들고 유지해 가는 집단으로 규정하고 있다. Burgess와 Locke는 Murdock처럼 가족의 고유한 특징을 구체적으로 명시하지는 않고 있으나, 이들 역시 부모와 자녀로 이루어지며 서로 많은 부분을 공유하고 일체감을 형성하는 전형적인 핵가족을 염두에 두고 있다.

이처럼 가족에 대한 전통적 개념 정의는 가족의 특성으로 공동거주, 경제적 협동, 배타적인 성관계, 공통의 문화를 강조함으로써 가족구성원간 협력관계가 다른 어느 사회집단에서 볼 수 없는 매우 긴밀한 것임에 주목한다. 또한 한 지붕 아래에서 함께 생활하며 하나의 가구를 형성함으로써 가족구성원간에 강한 일체감이 형성됨을 강조한다. 그리고 자신의 행복과 불행이 다른 가족구성원의 행동에 크게 영향을 받는다면, 가족의 구성원들은 서로를 독립된 존재가 아니라 매우 상호의존적 관계에 놓여 있는 공동운명체임을 의식하게 될 것으로 생각한다. 이 때문에 가족에 대한 전통적인 관점은 사회생활의 최소 단위는 개인이 아니라 가족이라고 본다.

가족에 대한 전통적인 관점은 가족은 통상적으로 아버지, 어머니, 자녀 또는 그와 유사한 지위로 구성되며 자녀양육, 공동거주, 경제적 협동 그리고 배타적인 부부관계 등을 특징으로 하며 강한 일체감을 지닌 집단으로 정의한다.

전통적 가족정의의 문제점

가족에 대한 전통적 정의는 가족은 강한 응집력이 있으며, 다른 사회집단과는 구별되는 고유한 기능을 수행하고 있다고 보며 나아가 핵가족을 보편적인 가족형태로 간주하고 있다. 그러나 이는 다음과 같은 점에서 비판받을 수 있다.

- 전통적 관점은 가족의 강한 응집력을 강조하고 있으므로, 공동거주와 경제적 협동 없이는 가족이 성립될 수 없다고 본다.
- 전통적 관점은 법적 결혼, 자녀양육, 합법적이고 배타적인 성생활 등을 가족의 고유한 기능으로 간주한다.
- 전통적 관점은 부모와 자녀로 구성된 핵가족을 보편적인 가족제도로 암묵적으로 가정한다.

2) 가족에 대한 현대적 정의

전통적 가족정의의 문제점으로 인해, 최근에는 전통적 가족을 가족연구의 준거를 삼을 것이 아니라, 가구를 가족 연구의 준거로 삼아야 한다는 주장이 대두되고 있다(Elliot, 1986).

가구는 사람들이 경제적 자원을 서로 부담하고 특정과제를 수행하는 물질적 단위로서 사람들은 그 안에서 생산, 재생산, 소비를 함께 하는 관계를 이룬다(Rapp, Rosse, & Birdenthal, 1979). 또한 the family 보다는 families라는 개념이 현대사회의 다양한 가족현실을 반영하는데 더 적절하다는 지적도 제기되고 있다. The family는 핵가족을 지칭하는 것으로, 지금까지 핵가족은 세상에서 하나밖에 없는 유일하고 전형적인 가족형태로 여겨져 왔다. 그러나 현대에는 핵가족 이외에 다양한 가족형태들이 존재하고 또한 개인의 선택이나 부모의 이혼으로 가족의 형태가 바뀔 수 있으므로 the family는 더 이상 가족을 설명하는 데 적합하지 않는 것으로 간주되고 있다. 이와 같은 맥락에서 Elliot(1986)은 다양한 가족생활에 공통으로 나타나는 점은 생물학적 재생산과 양자관계 및 의사혈연관계를 포함한 부모-자녀관계라는 점을 지적하고 이것이 가족과 비가족을 구분하는 기준이 되어야 한다고 주장한다. 이러한 Elliot의 주장은 부부관계는 어떠하든지 관계없이 자녀양육이 이루어지는 단위는 가족이라고 부를 수 있음을 의미한다. 그러나 이 정의 역시 자녀를 양육하지 않는 가족을 포함시키지 못한다는 한계가 있다. 그래서 자발적 무자녀 가족생활까지 가족에 모두 포함시키는 새로운 가족정의를 내려 보면, '가족은 경제적 협동 혹은 일상생활의 공유를 지속적으로 영위하여 정서적 만족을 얻는 사회생활의 단위'라고 할 수 있다. 이와 같은 가족정의는 매우 포괄적이어서 수행하는 기능과 형태는 따지지 않고 일상생활을 함께 하는 기초 단위 그 자체를 가족으로 보는 입장이다. 따라서 혈연관계나 법적 구속은 없더라도 일상생활을 함께 하는 집단이면 모두 가족이라고 정의할 수 있다.

(1) 가족의 정의에 대한 국외 사회학자들의 견해

① Burgess(1938)

가족은 "혼인, 혈연 또는 입양에 의해 결합된 집단으로 하나의 가구(家口)를 형성하고 남편과 아내, 아버지와 어머니, 아들과 딸, 형제와 자매라는 각각의 사회적 역할 속에서 상호작용하며 의사를 소통하고 공통의 문화를 창조, 유지하는 집단"이라고 정의하였다.

이러한 정의는 가족구성원간의 내적인 상호작용 관계를 강조한 것이다.

② Murdock(1949)

가족은 "부부와 그들의 자녀로 구성되고, 주거와 경제적인 협력을 같이 하며 자녀의 출산을 특징으로 하는 집단으로, 성관계를 허용받은 최소한의 성인남녀와 그들에서 출생하였거나 양자로 된 자녀로 이루어진다." 이와 같이 Murdock은 공동의 거주와 경제적인 협동, 인정받은 성관계, 자녀의 출산 등을 강조하여 우리가 보편적으로 생각하고 있는 가족의 정의와 일치한다. 이러한 관점은 부부와 자녀를 가족의 핵으로 파악하고 있어 핵가족적 정의라고 하는데, 가족을 너무 좁은 의미로 한정했기 때문에 다양한 가족을 보편적으로 정의하는 데는 부적합하다는 문제점이 제기되고 있다. 이러한 정의는 기능론적 입장에서 가족을 바라본 것이고 통계적 모형에 의해 정의한 것이다.

③ Levi-Strauss(1966)

가족은 "결혼으로 시작되며 부부와 그들 사이에서 출생한 자녀로 구성되지만 이들 외에 가까운 친척이 포함될 수 있고, 가족구성원은 법적 유대 및 경제적 · 종교적인 것 등의 권리와 의무, 성적 권리와 금기, 애정, 존경, 경외 등의 다양한 심리적 정감으로 결합되어 있다"고 하였다. 이것은 Murdock의 정의보다 확대된 범위를 가족으로 보고, 가족원의 유대, 관계, 결합의 운명공동체적 성격을 강조했으며, 이러한 가족의 정의는 확대가족제도를 취하고 있었던 사회의 가족을 정의하는데 보다 적합하다. 이러한 정의는 기능집단과 운명공동체적 입장에서 가족을 바라본 것이고 역동적 모형에 의해 정의한 것이다.

④ Olson과 DeFrain(1994)

가족은 "둘 또는 그 이상의 가족구성원들이 서로 돕고 몰입되어 있으며, 애정과 친밀감, 가치관과 의사결정, 그리고 자원을 서로 나누는 집단이다."

⑤ 미국사회사업가협회(Miller, 1994)

가족은 "스스로가 가족으로 생각하면서 전형적인 가족임무를 수행하는 두 명 이상의 사람들이다." 이러한 정의는 가족을 가족정책의 기본단위로 보고 광의의 의미로 가족을 규정한 것이다.

⑥ Gittins(이정덕 외, 1998 재인용)

'가족' 개념은 그 시대를 지배하는 특정집단의 이데올로기가 반영된 것이다. 즉, 사회계층, 성, 연령 등에 따라 가족생활의 물질적, 심리적 기반이 다르고, 상이한 가족상과 가족가치를 지니게 되며, 일상생활의 경험이 달라진다. 이러한 정의는 가족의 전형성, 보편성 및 자연성을 강조하는 지금까지의 유일한 가족 개념에 대한 도전으로서 가족의 가변성, 다양성 및 유연성을 강조하는 다양한 가족의 개념을 제시한 것이다.

(2) 가족의 정의에 대한 국내 학자들의 견해

① **김두헌**(1949)

가족은 일반적으로 영속적인 결합에 의한 부부와 거기에서 태어난 자녀로 형성된 생활공동체이다.

② **유영주**(1974)

가족은 인간의 인성을 형성시키는 인간발달의 근원적 집단이다.

③ **이효재**(1993)

가족은 일상적인 생활을 공동으로 영위하는 부부와 자녀들, 그들의 친척, 그리고 입양이나 기타 관계로 연대의식을 지닌 공동체 집단이다.

④ **유영주**(2000)

가족은 인간의 본질적 특성인 개체성과 반개체성, 즉 개인으로서의 "나"와 관계로서의 "나"의 욕구를 충족시켜 줄 수 있는 상호작용하는 생활공동체 집단이다.

3) 가족의 기능

가족의 기능이란, 가족이 수행하는 역할, 행위를 뜻하는 것으로 사회의 산업구조의 변화에 따라 시대의 흐름과 문화의 발전에 따라 그 기능이 달라지고 있지만 변하지 않는 역할들은 성적 통제의 기능, 자녀 출산의 기능, 애정의 기능, 자녀 양육과 사회화의 기능, 지위 부여의 기능, 경제의 기능, 종교의 기능, 휴식 및 오락의 기능 등이다.

(1) 성적 통제의 기능

성적 무질서를 방지하고, 사회적으로 인정되는 방법으로 성적 욕구를 충족하도록 하는 제도가 결혼이며 결혼이란 사회제도가 전체 사회에 대하여 어느 정도 성관계의 통제 기능을 담당함을 의미한다. 즉, 어느 사회나 결혼을 제도화한 이유는 성적 관계를 규제하기 위함이며, 이에 따른 규범은 시대나 사회배경에 따라 다소 차이는 있어도 소멸되지는 않을 것이다.

(2) 자녀 출산의 기능

가족의 자녀 출산의 기능은 사회의 구성원을 충원하기 위해 재생산하는 기능이다. 모든 사회는 그 사회의 존속을 위해 사망한 사람을 보충해 나가야 하며 가족은 이러한 기능을 담당하고 있고 가족 이외의 다른 집단이 대신할 수도 없는 기능이다.

(3) 애정의 기능

가족은 애정을 바탕으로 한 남녀가 가정을 이루며 그들의 자녀를 사랑으로 양육하는 집단이다. 현대의 가족은 제도적 가족에서 우애적 가족으로 변화함에 따라 가족에의 인간관계도 애정의 기능을 중요시하게 되었다. 복잡한 산업사회에서 많은 긴장감과 갈등 속에서 살아야 하는 현대가족에게는 정서적 안정감과 사랑을 가족으로부터 제공받아야 하기 때문에 중요한 기능이다.

(4) 자녀 양육과 사회화의 기능

자녀들은 출생하면서부터 가족에게 보호를 받으며, 가족생활을 통해 교육을 받게 된다. 가정에서는 그들이 사회에서 잘 적응하고 기능하고, 바람직한 인간으로 성장하도록 돕는 역할을 하는데, 가족은 일차 집단으로 자녀의 인격 형성에 막대한 영향을 끼치므로 나아가서는 건강한 사회인을 길러내는 기능이기도 하다.

(5) 지위 부여의 기능

인간은 출생하면서부터 가족 내 여러 지위(출생 순위, 성별)가 부여되며, 자신이 태어난 가족에 의해 사회 경제적 지위가 부여된다. 부모의 사회 경제적 지위와 같은 가족 배경은 개인의 사회 경제적 지위의 기초를 제공하며, 개인의 직업 성취에도 중요한 요인이 된다.

(6) 경제의 기능

가족의 경제적 기능은 생산 기능과 소비 기능으로 구분할 수 있다. 과거 전통사회에서의 가족은 생산과 소비의 기능을 함께 수행했지만 현대사회는 고도의 산업화, 상품의 대량생산으로 생산단위로서의 가족 기능은 축소되었으며, 가족원은 산업사회에 노동력을 제공하고 그 대가로 임금을 받으며 이것으로 필요한 물자를 구입하게 된 것이다. 따라서 현대 산업사회의 가족은 상품 선택과 구매에 대한 현명한 소비자로서의 능력이 요구되며, 한정된 수입으로 온 가족원의 욕구를 충족시킬 수 있는 공평하고 합리적인 재정 관리가 요구된다.

(7) 종교의 기능

가족의 종교적 기능은 종교적 의례나 형식만을 의미하는 것이 아니라 매일 생활에 감사하고 삶의 진리를 깨달으며, 인간 능력의 한계를 겸허하게 인정하고 기도하는 자세로 살아가는 생활 태도를 말한다. 우리나라 조상에 대한 숭배, 가신숭배, 무속신앙, 유교 등의 예가 있으며 그 밖의 여러 종교기관 등이 그 기능을 맡기도 한다.

(8) 휴식 및 오락의 기능

가정은 복잡한 사회생활로 인한 스트레스와 긴장, 갈등을 해소하고 몸과 마음을 쉴 수 있는 안식처로서의 기능을 가지며 각 가족원의 에너지를 재충전시켜 줌으로써 건강한 생활을 할 수 있게 하는 기능을 한다.

표 1-1 전통적 가족의 기능

	대내적 기능	대외적 기능
고유기능	• 성 · 애정의 기능 • 생산 · 양육의 기능	• 성적 통제의 기능 • 종족 보존의 기능
기초기능	• 생산의 기능 • 소비의 기능	• 노동력 제공의 기능 • 경제 질서 유지의 기능
부차적 기능	• 교육 · 보호 · 휴식 · 오락 · 종교의 기능	• 문화전달의 기능 • 사회 안정화의 기능

4) 현대가족의 기능

현대가족에게는 가족형태의 변화로 이전에 가족이 수행해 온 기능의 변화를 초래하고 있다. 특히 가족규모의 축소는 다양한 능력을 갖는 활동주체를 가족의 내부로부터 배출해 가는 것을 의미하며, 그 활동주체 능력의 상실이 가족기능의 축소, 약체화, 위기대응 능력의 저하 등으로 이어진다. 가족이

상실한 기능을 외부의 기관(행정, 기업, 지역사회 등)이 가족을 대신하여 유상, 무상으로 인수하게 되는데, 이것을 가족기능의 외부화(사회화)라고 한다. 산업화의 진전은 먼저 가족이 보유해 온 경제기능 중에서 생산기능을 분리시켜 가정과 직장의 분리가 진행되었다. 외부화된 기능은 영유아의 보육, 자녀의 교육, 환자와 신체장애자의 보호, 고령자의 부양 등 이전에는 가족의 내부에서 가족의 직접적 접촉과 협업을 통해 행해졌던 것이 각각 전문적인 서비스기관에 위양되는 경향이 강해지게 되었다. 그밖에 종교, 오락이나 교제기능의 일부도 외부화되고 있다.

현대가족에게서는 전통적인 기능 외에

- 부부간의 애정적인 유대를 기반으로 양성평등적인 질서 유지의 기능
- 문화전달의 매개체로서 자녀의 가치관 확립을 통한 사회화와 교육의 기능이 중시
- 경제적 협력체로서의 가족, 특히 건전한 소비 주체로서의 가족의 기능이 강조되고 있다고 할 수 있다.

이와 같이 현대가족의 전통적인 기능은 점차 가족 내에서 해결하려하기보다는 전문기관에 이전되고, 점차 그 기능이 쇠퇴되어 가고 있기는 하지만 가족의 쇠퇴를 의미하는 것은 아니다. 전문기관과 같은 비혈연조직이 수행하지 못하는 애정의 기능은 가장 중요한 기능으로 계속 유지되고 있으며, 자녀를 출산 · 양육시키는 기능, 가정적인 따뜻한 분위기를 제공하는 기능은 점점 더 중요해지고 있다.

2. 젠더의 기능

Kohlberg(1966)가 젠더란 우리가 우리의 자신의 가치와 행동체계를 위해서 하나의 모형을 개발하는 조직자로서 작용한다는 이론화 때문에 본질적인 중요함을 가진다. 우리가 가치있게 여기는 것은 대개 우리가 동일시하는 집단의 반응에 의존한다고 하였다. 또한 Bem(1976)은 어느 다른 학자보다 젠더라는 부분에서 대해 더욱 많은 연구로 이론화하였는데, Bem은 젠더는 태어날 때부터 결정되어진 생물적인 기능이라고 보았다.

1995년 9월 5일 북경 제4차 여성대회 GO(정부기구)회의에서 결정하였다. 젠더와 섹스는 우리말로 '성'이라는 같은 뜻이지만 원어인 영어로는 미묘한 어감 차이가 있다. 젠더는 사회적인 의미의 성이고, 섹스는 생물학적인 의미의 성을 뜻한다. 유럽연합(EU)과 미국 등 다수 국가가 주장하는 젠더는 남녀 차별적인 섹스보다 대등한 남녀 간의 관계를 내포하며 평등에 있어서도 모든 사회적인 동등함을 실현시켜야 한다는 의미가 함축되어 있다. 하지만 사실상 섹스 · 젠더의 이분법적인 구분조차 불안하고 모호하며 불안정한 것이다. 섹스도 젠더만큼이나 문화적인 것이 되고, 사회적인 구성물이라는 의미에서 광의의 젠더에 포함된다고 볼 수 있기 때문이다. 젠더란 섹스와 반대되는 개념으로 사용되며, 사회적 성이라고 간단하게 말할 수 있을 것이다. 독일에서는 생물학적 성과 사회적 성이라는 양자에 대해 독립적 단어 대신 '성'이라는 개념 하나만 있다. 더구나 이 개념의 어근은 '나쁜'이라는 뜻을 내포하고 있기도 하다. 현재는 독일에서도 '성'과 '젠더'의 구분이 당연시되고 있는데, 이 구분은 애초 1970년대 미국 페미니즘 운동을 거치면서 학문적으로 타당성을 획득한 것이다.

성을 생물학적 범주로 가두어 자연스러운 것으로만 인식하는 태도에 문제가 제기되어 성을 역사적, 사회적 구성의 시각으로 보는 담론들이 출현하였다. 또한 현재 남녀 간의 차이가 단순히 생물학적 성이 다르기 때문이 아니라 사회적으로 학습된 데서 나왔다고 주장하는 여러 사회학자의 견해들이 나오기 시작하였다. 그러나 젠더의 개념은 남녀의 생물학적 성의 차이를 부정하는 것이 아니다. 즉, 남녀의 고정된 성역할이 사회적 · 문화적인 현상으로부터 더 큰 영향을 받게 된다는 것을 밝히는 데에 의의를 두는 것이다.

젠더(gender)란 사회 문화적 성별을 뜻하며, 젠더 관점을 가족에 반영해 보면 가족 속에서 여성/남성, 아내/남편, 모성과 부성, 딸과 아이들이라는 성별에 따른 다른 가족경험이 있음을 알 수 있다. 또한 젠더라는 관점에서 가족을 살펴보면 보육과 돌봄, 가사노동, 이혼, 미디어에 비치는 가족들이 다르게 해설될 수 있다(이기숙 외, 2011).

3. 가족과 젠더의 실제

우리나라 민법 779조에 의하면 가족은 그 범위를 “호주의 배우자, 혈족과 그 배우자, 기타 본법의 규정에 의하여 그 家에 입적한 자”로 규정하고 있다. 또한 사회학적으로 가족은 “결혼, 혈족, 양자결연 등에 의해 관계가 맺어진 혈연집단”으로 구성된 것을 말한다. 이때 부부와 그들의 부양 자녀들로 구성된 단위인 핵가족이나 혈연, 결혼, 혹은 양자에 의해 관련된 모든 집단인 확대가족은 대표적인 가족구성의 예이다. 점차 양자가족, 한부모가족, 재혼

가족, 동거단위, 동성애, 독신가정 등 다양한 가족유형이 증가하면서 "구성면에서 '무엇을' 또는 '어느 범주까지를' 가족으로 볼 것인가?"의 이슈가 중요해졌다. 그러나 이러한 가족의 다양성(Families)의 공통적인 점은 " '가족적'이라는 것이 생물학적 재생산 및 혈연관계에 기초한 사회적 단위를 의미한다"는 점으로 의견이 모아지고 있다.

가족의 다양한 형태는 전세계적으로 새로운 도전으로 받아들여지고 있다. 오늘날 가족적 유대를 형성하는 데 사용되는 혈연관계의 범위가 상당히 변화했기 때문이다. 이러한 정의는 시간이 지남에 따라 변화하고, 문화간 그리고 심지어는 동일 문화 내에서 변화한다. 따라서 오늘날 학자들은 기존의 '전형적인 가족(The Family)' 개념에서 벗어나 다양성이라는 경험적 사실을 인식한 다양한 가족의 형태들(Families)인 새로운 가족 개념을 사용하고 있다[1].

하지만 다양한 형태의 가족생활을 하고 있는 가족들에 대해 '비정상적' 가족 혹은 '문제가족'으로 보는 관점도 있다. 그러나 특정한 유형의 가족이 문제가족인 것은 아니다. 어떠한 형태의 가족도 문제가족이 될 수 있으며 문제에 처한 가족 역시 적절한 지원이나 치료가 이루어지면 문제단계를 극복하여 정상적인 가족으로 기능할 수도 있다는 점을 기억해야 한다.

젠더의 관점에서 보면, 개인에 대한 가족의 구속력의 약화는 개인의 선택범위를 넓히는 것이므로, 가족의 탈제도화 현상이라는 긍정적 변화로 인식되었다. 대안가족은 성차별적이고 가부장제적이고 소비지향적인 핵가족의 모습을 지양하기 위한 선택으로 등장한 것이다(김승권, 2000). 개인의 사고 및 행동에서 자유의 폭이 확대되고, 여성의 사회 경제적 권리와 기회가 증가되는 등 가치관의 변화가 가족의 다양화와 탈제도화를 야기한 것이다. 이는 기존 가족의 해체인 동시에 새로운 가족의 출현 및 재편이기도 한다. 가족의

1) 2003년 중국 베이징에서 개최된 세계여성대회에서 학자들 사이에서 이러한 논의가 진행된 바 있다.

개인화는 핵가족의 기능이 해체된 결과이고, 양성평등을 지향하는 페미니즘의 실천적 운동과 학문적 논의가 진전된 성과라는 측면도 있다(정영애 · 장화경, 2010).

페미니즘 관점은 여성의 사회적 지위가 불평등하다는 문제의식에서 출발하므로 여성은 남성에게 예속되었다고 가정한다. 가족은 그러한 여성에 대한 억압이 그대로 재현되는 장소라고 페미니스트들은 전제한다. 왜냐하면 역사적으로 여성의 존재 기반은 가족이었고, 가족의 존재구조가 여성의 억압적 상태를 기초로 형성되었다고 보기 때문이다. 즉, 여성의 현실과 여성에 대한 기존의 관념이 가족과 연결되어 있기 때문에 여성이 당하는 현실적 억압들은 가족에 대한 검토 없이는 제대로 이해할 수 없다고 주장한다. 따라서 페미니즘 시각에서 가족은 중요한 분석대상이 된다.

페미니스트들은 여성억압의 원인과 해결방법에 대해서는 다양한 의견을 제시하지만 가족제도 자체에 여성억압이 존재한다는 점에서는 모두 동의한다. 이들은 전통 가족제도를 가부장적 가족제도로 규정하여 여성이 남성에게 예속되어 있으며, 그 이면에 존재하는 성별분업이 여성억압의 중요한 측면으로 작용한다고 보았다. 즉, 여성은 가사노동을 담당하고 남성은 가계부양자 역할을 하는 이른바 성역할 분업이 여성억압의 원인이 되고 남성우월주의를 조장하는 기반이 된다는 것이다. 그리고 성 역할 분업은 생물학적으로 결정되는 것이 아니라 사회 문화적으로 학습된다고 보기 때문에, 페미니스트들은 생물학적 성(sex)보다 사회 문화적 성(gender)을 강조하고 성 역할 고정관념이 학습되는 성 역할 사회화 과정에 많은 관심을 갖는다.

따라서 가족은 갈등과 대립이 없는 평화와 조화의 단위이며, 그 안에서 가족성원들은 서로 같은 방식으로 가족생활을 경험하는 것이 아니라 페미니즘에서는 성별에 따라 다른 경험을 하는, 이해와 갈등이 내재된 장이라고 할 수 있다. 그리고 거기에는 특히 성별분업에 따른 여성의 경험이 신비화되어 그들이 겪는 억압이 은폐되어 있다고 할 수 있다.

이 관점으로 가족과 관련된 현상들을 살펴보면, 먼저 근대 이후 결혼의 전제조건으로 등장한 남녀간의 낭만적 사랑 속에는 지배와 권력의 속성이 들어 있다고 본다. 매혹적인 여성과 능력 있는 남성 간에 이루어지는 감정관계 이면에는 남자의 소유욕과 여성의 의존성이 배태되어 있다는 것이다. 급진주의 페미니스트인 화이어스톤은 사랑은 출산보다 더한 여성억압의 축이라고 주장했다. 남녀간 가장 내밀한 관계맺음인 부부간의 성애(sexuality)에서도 남성 위주의 성애와 사랑을 강요함으로써 여성억압이 일어난다고 보았으며, 가족 속에서 자주 발생하는 아내 구타도 남성들의 권위의식과 아내를 자신의 소유물로 보는 의식의 산물로 간주한다. 또한 이들은 경제생활, 여가 및 가사 등 가족생활의 여러 측면에서 나타나는 성 불평등에도 관심을 갖고 있다. 부부 모두가 직장에 다니더라도 남편의 경제활동을 아내의 경제활동보다 더 중요시하며, 남편의 여가시간이 아내의 여가시간보다 더 많고, 가사노동은 여전히 여성이 책임져 직장과 가사라는 이중부담에 시달리고 있음을 지적한다.

지금까지 살펴본 것처럼 가족제도에는 여성 억압적인 측면이 있지만 여전히 친밀성의 근거지로서 자리매김하고 있는 것도 부정할 수 없다. 따라서 페미니스트들은 여성 억압적인 측면이 많은 가족제도 자체를 거부하자는 주장부터, 가족이라는 틀은 유지한 채 내용은 개선하자는 가족제도의 민주화론까지 그 주장하는 바가 다양하다. 그러나 공통적으로 제기되는 것은 현재 지배이념으로 자리잡은 이성애 부부와 자녀로 구성된 핵가족을 정상가족으로 규정하는 고정관념을 탈피하여 다양한 가족개념을 수용해야 한다는 것이다. 즉, 가부장적 가족의 모순을 극복하고 여성의 입장을 반영하는 미혼독신가족, 동거가족, 미혼부모가족, 한부모가족, 비혈연가족, 동성가족 등을 받아들여야 한다는 입장이다.

4. 성 역할의 사회화

사회화는 한 개인이 그가 속해 있는 사회의 문화를 내면화하며 인성을 형성해 가는 과정으로서 사회성원이 되는데 필요한 기술, 태도, 가치 및 역할을 배우는 것이다. 사회화는 개인의 일생에 걸쳐 진행된다고 볼 수 있다.

성 역할 사회화는 그 사회의 문화가 성별에 따라 적절한 것으로 규정하는 행동이나 태도에 대한 기대를 의미한다. 즉, 여성과 남성은 각자의 신체적인 차이에 따라 달리 사회화됨으로써 지위와 역할이 달라지며 주로 남성의 역할은 더 중요한 것으로 평가되고 여성의 역할은 하찮게 여기는 경향이 있다. 이러한 것은 성 고정관념에 의한 것이다. 성 고정관념은 사람들이 성에 따라 다르다고 믿는 전형적인 특성이다.

사회적 성, 즉 젠더에 관한 논의들은 사회화의 결과로 성역할이 학습되는 측면에 주목한다. 부모, 가족, 학교, TV, 대중매체는 성 고정관념에 따른 모델들을 제시하고 이를 통해 사람들은 여자와 남자라는 성 정체성을 직·간접적으로 내면화한다. 이렇게 해서 여성성과 남성성이라는 관념이 통용되는데, 문제는 여성성과 남성성이라는 이름으로 불리고 있고 이해되고 있는 것들이 우리에게 어떤 의미를 갖는 가이다.

남자다움, 여자다움의 구분은 곧 남자와 여자의 역할이 다르다는 논리로 이어지고 이것은 자신의 본성에 맞는 역할이 있다는 전제를 기반으로 한다. 본성론적인 접근은 특정 본성을 미리 상정하고 거기에 부합하지 않는 경우들을 예외로 치부함으로써 동어 반복적인 논리로 빠지는 경향이 있다. 예컨대 정상적인 여성이라면 살림에 대한 관심이 있기 때문에 집안 살림을 하는 것이 당연하고, 만일 그것을 원치 않는 여성이 있다면 그녀는 비정상적인 여성으로 평가된다. 여성이 살림을 담당하는 성 역할을 해야 하는 것이 당위의 차원에서 먼저 존재하고, 그런 성향이나 행동을 보여주지 않는 여성은 자신의 본성(여성성)을 갖추지 못한 비정상인으로 진단되는 것이다. 여성이 본래 집안 살림을 좋아한다는 '사실'은 성 역할 규범이라는 '당위'의 관점에서 매개된 해석인 것이다.

또한 여성다움이나 남성다움은 내용면에서도 상호 보완되어야 하기 때문에 양성적 인간이 더욱 바람직한 이상으로 제시되기도 하였다. 남성성의 내용으로 취급되는 독립성이나 합리성, 용기와 여성적 특성인 감정이입, 부드러움, 보살핌 등은 남녀 모두에게 바람직한 덕목이고 실제로 누구나 잠재적으로는 양성적인 능력을 갖고 있다고 보는 것이다.

그런데 양성적인 인간에 대한 바람은 현실적으로는 많은 한계를 갖고 있다. 왜냐하면 여성성과 남성성은 서로 보완적인 덕목들로만 구성되어 있지 않고 대립적인 내용으로도 구성되어 있기 때문이다. 남성성에는 공격성, 경쟁심, 지배욕구가 있다고 여겨지고 여성성에는 의존성, 양보, 희생 등이 포함된다고 할 때, 이러한 양면성을 동시에 갖는 것은 비현실적이다. 뿐만 아니라 여성성과 남성성의 의미를 따르게 되면, 남성이 지배하고 여성이 양보하는 것이 자연스러워 보인다. 그런 점에서 성 역할 규범의 문제는 그것이 단순히 개인들을 제약한다는 차원에 있지 않고, 구조적인 불평등을 양산한다는 데 있음을 알 수 있다.

특히 이러한 남성성/여성성은 양육환경 속에서 자연스럽게 내면화된다. 유치원에서부터 남아의 놀이와 여아의 놀이는 구분된다. 남아의 문화는 로봇 장난감과 축구 등 힘의 논리로 지배되며, 공주문화와 인형놀이, 소꿉놀이 등 인간관계에 치중하는 놀이문화로 대변되는 여아의 존재는 힘을 가진 자로서 보호해 주되 열등한 것으로 여겨진다. 이것은 단순히 성에 따른 구별의 문화가 아니며, 엄연한 위계구조가 들어 있다. 여자 아이와 어울리는 것은 남자들에게 지위의 하락을 의미한다. 남자 아이들 사이에 여자들의 것은 시시한 것으로 통용되고 남자 아이에게 '계집애 같다'는 말은 대단한 모욕이다. 남자는 여자 같아지지 않기 위해 모든 여성적인 것을 멀리하고 무시하게 된다.

이와 같이 아동기에 들어서면 아동들의 성역할 유형은 상당히 고정된다. 직업에 대한 희망이나 놀이활동, 관심영역 등에서 성차는 분명히 나타난다. 아동기 양육환경이 성 고정관념의 정착에 상당한 영향을 미친다. 청년기에는 남녀의 생물학적 차이가 두드러진다. 사춘기의 소년, 소녀들은 심리적으로 매우 중요한 성적 정체감을 갖게 된다. 특히 2차 성 특징은 부모의 태도나 기대, 사회 문화적 압력과 함께 복합적으로 작용하여 성적 정체감의 발달에 크게 기여한다.

자신의 성에 부합하는 성 역할을 발달시키는 것은 청년기를 지내는 남녀에게 중요한 발달과제이다. 자신이 속한 사회가 가지고 있는 성역할 고정관념을 수용하거나 이에 적응하여야 한다. 청년기 남성은 자신의 성에 대한 정체감을 형성할수록 높은 자신감을 가질 수 있다. 그러나 여성의 경우 성적 정체감을 강하게 형성하는 것이 높은 자신감을 주지는 않는다. 우리 사회는 전통적으로 남성의 역할을 높이 평가했기 때문이다. 여성이 청년기에 전통적인 성 역할을 수용할수록 여성의 성취는 낮아지는 경향이 있다.

남성은 외적 활동 영역에, 여성은 내적 활동 영역에 관심을 갖도록 어렸을 때부터 사회화되지만, 청년기 남성은 다양한 개인적 실험을 통해서 여성적 활동 영역으로부터 자유로울 수 있다. 예를 들면, '남자가 부엌에 들어가서는 안 된다'거나 '남자는 집안 일보다는 바깥일에 신경을 써야 한다'는 강제 또는 강요가 내면화되기 때문이다.

따라서 생물학적 성차가 주로 태아기와 청년기에 나타나지만 그 차이가 사회심리적 성차까지도 결정한다는 증거는 희박하다. 어떠한 생득적 또는 유전적 기제도 인간의 사회적 차이를 미리 결정하지 않는다.

현재 우리 사회는 개방적인 민주주의 사회이지만, 조선시대의 가부장적 이데올로기와 권위주의적 의식이 지배적인 사회라고 볼 수 있다. 이러한 가부장적 전통은 현대 산업사회에 와서도 자녀양육에 영향을 미쳐 사회화의 기관들은 성역할 사회화를 통해 고정관념을 심어 주는데 아직도 한 몫을 차지하고 있다. 가족 속에서 부모들은 가부장적 문화와 가치를 아들과 딸에게 심어 주어 일찍부터 '남자답게' 또는 '여자답게'라는 성별 정체감(gender-identity)을 갖도록 키운다. 또한 또래집단과 교육기관 역시 남성성과 여성성을 나누는 데 일조를 하며, 대중매체는 자본주의적 상업성을 더하여 여성을 탈의식화시킴으로써 소비적이며 물질지향적인 쪽으로 유도하는 가운데 여성성을 왜곡시킨다.

1) 가족

가족은 그 사회의 가치와 규범을 사회화과정 속에서 자녀에게 전달한다. 자녀의 성역할 사회화가 아동 초기의 부모-자녀관계에서 이루어진다. 가정환경, 특히 부모의 양육태도는 아동의 성 역할 발달에 가장 큰 영향을 미친다. 부모들은 자녀의 성별에 따라 기대도 다르고 태도와 행동도 다르며 의식적으로 보상도 달리 한다. 아들은 보다 큰 기대 속에 씩씩하고 책임감 있고 용감하게 키워진다. 반면에, 딸은 얌전하고 의존적이며 모험을 하지 않도록 길러진다. 탄생부터 축복받고 자라는 남자 아이는 장난감, 놀이에서도 공간능력, 추리력과 모험, 활동이 요구되는 선택의 기회를 제공받는가 하면 여자아이는 단순하고 기계적인 활동에 제한되어진다. 아동기의 장난감과 놀이는 자신에 대한 역할 개념에 직접 영향을 미친다. 이는 남녀의 성 역할 고정에 기여한다. 따라서 남성은 지도적이며 적극적, 공격적, 판단력이 빠른 능력있는 사람으로, 여성은 복종적, 소극적, 부드러움, 자율성이 부족한 사람으로 길러진다.

자녀의 학업과 직업에 거는 기대 역시 자녀의 성에 따라 다르다. 정규교육에 대한 투자에 있어서도 아들에게 교육비를 투자하는 일은 당연한 일처럼 되어 있다. 그러므로 성장해 가면서 여성은 기회의 평등에서 밀려나고 성년기가 되면 지금까지는 희망을 품도록 격려받았지만 어느 새 부모의 태도가 변하여서 결혼하여 남편의 그늘에서 사는 것이 행복이라고 주입받는다. 다시 말해서, 아들은 직업적 성취에 대한 투자와 격려를 받지만, 딸은 배우자 잘 만나는 것을 최고의 가치인 것처럼 내면화시킨다. 여성들은 높은 성취를 이루는 과정에 수반되는 좌절을 겪지 않고 비교적 쉬운 방법으로 자신의 미래를 만들어 가도록 인도된다. 이를 통해 여성들은 '괜찮은' 남성과의 결혼을 통한 신분상승을 꿈꾸는 '신데렐라' 콤플렉스에 빠지기도 하는 것이다.

2) 교육기관

교육기관은 고정된 성 역할을 강화하는 역할을 담당한다. 초 · 중 · 고등학교 교과서의 내용들은 남성은 사회에서 중요한 일을 하며 생산적인 활동을 하고, 그러기 위해서 자기 자신을 단련하고 노력하는 사람으로 묘사하고 있다. 반면에, 여성은 덜 중요하며 소비적인 역할을 하므로 남성의 호혜를 받으면서 살아가는 비주체적인 사람으로 나타남으로써 교과서를 통해서 여성은 성차별을 오히려 배우게 된다.

우리 사회의 교육과정과 내용 및 성격에 관한 연구들은 우리나라의 소년, 소녀들이 경험하는 교육과정 속의 이데올로기가 상당한 남녀간의 격차, 즉 성별에 따른 이중구조를 보여주고 있음을 보고하고 있다. 이러한 교육과정과 내용의 성차별적 구조는 학생들 자신의 구체적인 교육목표 설정에 영향을 미치고, 이는 또한 남녀학생들 간의 장래희망과 직업전망에서는 더욱 뚜렷하게 그 차이를 반영하는 것으로 나타났다.

다시 말하면, 우리 사회의 여성들은 일반적으로 학교교육과정을 거치면서 목표지향적이고, 독립적이며, 책임감 있고, 창의력과 비전을 갖춘 인력으로 개발되기보다는 전통적인 여성상과 역할을 강조하는 교육을 받아 왔다는 것이다. 그러므로 여성들의 능력은 각자의 소질과 적성에 맞추어서 최대한으로 신장, 개발되지 못하는 경향이 많았고, 따라서 사회적인 활동에 있어서 남성들보다 더 큰 어려움을 감수해야 하는 것은 물론이고, 그 능력이 제대로 인정받거나 활용되지 못했다. 이렇게 교과서 내용은 성 역할의 사회화에 크게 영향을 미치는 요소이다. 교과과정에는 이미 사회에 만연된 성역할에 대한 편견이 반영되어 있다. 예를 들어, 교과서의 내용 가운데 직업상의 모델도 전형적인 성 역할을 강화하여 가사를 돌보는 어머니, 각종 직업을 담당하는 남자들의 그림이나 설명이 제시된다. 이러한 성별 분업적 모델의 배치는 어린 학생들에게 은연중에 남녀 각각 미래의 직업이나 성취에 대한 영향을 미치고 여학생들에게는 주부-아내-어머니의 이미지를 강조한다.

교사의 의식, 가치, 태도 및 행동은 학생과의 상호작용을 하는 가운데 학생의 정체감 형성에 또한 영향을 미친다. 그런데 교사의 교육방법이 성 고정적일 경우가 많다. 교사는 이미 내정된 교과서의 내용에 따라 수업을 진행하게 되며 상급학교 진학이나 취업지도를 할 때에도 상급학교나 직장의 선발에 적합하도록 지도한다. 교과의 학업성취에 대한 기대는 남학생에게 더 높게 갖는다. 진로상담에서도 직업에 대한 전통적인 생각, 예를 들면 여학생에게는 교직, 서비스직, 사무직 등을 선택하게끔 지도한다. 생활교육에서는 남녀 학생을 대할 때 일상적인 자신의 사고체계가 반영될 것이며, 교사가 성역할 고정관념이 강하면 은연중에 차별교육을 하게 될 것이다. 이는 학교에서 추구하는 덕목과 가치가 다른 데서도 나타난다. 남학교에서는 진취적이고 건설적이며 성취지향적 가치와 태도를, 여학교에서는 인내와 순결과 같은 봉건적 여성상을 제시한다. 교사는 학생들에게 과제를 부여하고 특정 행동을 지도하며 활동 프로그램을 선택하고, 역할의 배분 및 교재와 교구를 선정한다. 성편견에 기초를 둔 교육목표는 교육과정과 교사의 태도를 통하여 남녀 학생의 고정된 성 역할을 사회화한다.

이와 같은 교사의 편견은 여학생에게 성취동기를 제한하며 자기 충족적 예언으로 작용하여, 마침내 성차가 나타나는 결과를 초래한다. 현재의 학교 교육은 가정과 학교의 성역할 편견인 가정=여성/사회=남성의 도식을 수정해 주지 못하고, 오히려 가정과 사회의 편견을 재생산한다.

성불평등을 재생산하는 성 고정관념과 성 역할 사회화를 넘어서기 위한 성평등 교육이 진정한 의미에서 그 실효를 거두기 위해서는 학교교육을 담당하는 교사들을 대상으로 하는 교사교육과정과 내용의 개혁이 있어야 하고 더 나아가서는 학교 현장의 교육환경에도 변화가 있어야 할 것이다.

우리 사회의 초 · 중등학교들이 대부분 남녀공학의 교육형태로 전환되어 가고 있다는 사실을 감안할 때, 학교와 교실 내에서 남녀학생을 대하는 교사의 태도와 학교의 전반적인 분위기는 이제 더 이상 여학생들로 하여금 남학생들의 보조적인 역할담당을 하는 수준에 머물러 있도록 방치해서는 안 되며, 남녀학생들이 동등한 위치에서 자신들의 능력을 개발, 발휘할 수 있는 환경을 만들어 주어야 한다. 이렇게 볼 때, 학교환경의 변화를 유도하기 위해서는 실질적으로 교실수업을 담당하는 교사들의 역할이 매우 중요하다는 것을 알 수 있다.

따라서 남녀평등한 교육현장 분위기의 조성과 여학생들의 의식 향상을 위한 교육프로그램 등은 미래사회의 자신감 넘치는 탁월한 여성인력 개발을 위해서, 그리고 성평등 사회를 위해서 반드시 실현되어야 하는 과제들이다.

3) 대중매체

대중매체는 대중문화를 대량으로 생산한다. 여성문제와 관련하여 대중매체의 성차별주의는 보수적 여성관을 재생산하는 가부장적 지배 이데올로기와 자본주의적 상업성의 영향, 그리고 사회 · 정치의식을 한층 높이지 못하게 저해하는 탈의식화의 요소 등을 들 수 있다. 그리고 무엇보다도 대중매체는 현대 산업사회에서 가장 접촉하기 쉽고 오락성이 높아 수용기간이 길기 때문에 성 역할 사회화 과정에 중요한 역할을 한다.

대중매체에 나타난 여성상은 가정에서 가부장인 남자에게 복종하는 식으로, 사회에서도 직장의 상관에게 순종적이며 중요한 일보다는 보조적인 일을 맡아 하되 독자적인 일처리를 못하는 인상을 주며 대개의 여성은 가정적 역할을 하는 현모양처상으로 나타난다. 이처럼 여성들은 사회활동보다는 애정문제나 가족문제에 더 집착하는 것으로 묘사한다. 직업을 갖더라도 거의 비전문직이며 대체로 하위직으로서 남성의 지시를 받는 수동적 존재로 그려진다. 남성의 경우는 의사, 변호사, 사업가 등 전문직 종사자로 묘사되는 사례가 많은 반면에, 여성의 경우는 간호사, 비서, 하위 사무직, 가정주부로 묘사되는 사례가 많다. 현실의 반영이라 하더라도 이는 남녀의 성 역할 고정을 심화하는 것이다. 더불어 여성의 성격과 심리는 연약하고 감성적이며 경박하기조차 하고, 남성은 씩씩하고 이지적이며 지도적인 사람으로 나타난다.

또한 자본주의적 상업성의 영향은 여성을 광고의 상품으로 활용하는 데서 때로는 전혀 관계없는 맥락에서도 여성을 성적 존재로 물상화시킨다. 따라서 남성들의 눈에 비치는 여성의 모습은 인격적이기보다는 외적인 매력에 비중을 두어 평가되므로 진정한 인간의 본질이 왜곡된다. 나아가, 과대하고 현란한 상품광고의 선전이나 흥미 · 오락 위주의 매체내용으로 인하여 특히 가정 내에서 소비의 역할을 맡고 있는 주부의 경우 상품을 구입하는 데에 상당한 관심을 둔다.

지배질서의 영향은 대중매체를 조작할 수 있는 메커니즘을 발달시켜 불행히도 사회가 비민주적 성향을 띠게 될 때 대중의 사회 · 정치의식을 희석시킬 수도 있다. 사회적인 일에서 소외되어 있는 대다수의 여성들은 대중매체를 통하여 사회 · 정치적인 사건들을 접하고 판단하게 된다. 그래서 자칫 자기 자신에 대한 철저한 인식이나 어떤 문제에 부딪쳤을 때 그 문제에 직면하기보다는 대중매체를 통하여 얻은 지식으로 해결하려 하거나 대중매체를 문제회피의 도피처로 삼기도 한다.

현대 산업사회가 요구하는 여성의 역할은 매우 다양함에도 불구하고 대중매체의 내용과 형식, 제도는 전통적 성 고정관념에 의해 여성의 능력과 역할을 소극적으로 평가하고 있다. 예를 들어 전문직 여성을 묘사하는 내용도 남성과 차별적으로 그려진다. 대체로 전문직 여성은 성격이 건방지고 이기적이며, 노처녀 아니면 과부로 설정된다. 특히 전문직 기혼여성은 가족관계에 적응하지 못하고 가정생활에 무능한 사람으로 묘사된다. 그럼으로써 여성의 자기실현이 행복한 가정이나 결혼생활과는 거리가 멀다는 것을 암시한다. 이와 같이 뛰어나게 적극적이지 않는 한 여성은 무시되고 반대로 여성이 적극적이면 배척을 받게 되는 이중적 딜레마에 빠져 있다.

5. 사회동향과 우리나라의 가족

사회를 구성하는 가장 작은 개체는 개인이고, 1차적 집단이 가족이므로 개인과 가족은 사회적 환경의 여러 요인에 영향을 받는다.

- 개개인에게 스트레스가 많은 생활을 강요한다(급변하는 기술 발전, 물질주의적 가치관, 바쁘고 경쟁적인 생활 등).
- 주부의 가사노동이 경감되고, 여가시간이 증가하면서 여성의 적극적인 경제활동 참여가 증가하였다(맞벌이 가족의 증가는 자녀양육과 가사노동의 형태

및 성 역할에서 변화가 초래됨).

- 사회계층이 양분화되었다(빈곤계층이 증가하고 사회범죄로 연결되므로 가족 내에서 가정폭력, 아동이나 노인학대, 방임 등의 가족문제 산출).
- 개인의 사생활 보장과 욕구충족을 강조하고 있다(예전에 비해 부부간 친밀감을 더 요구하게 되고 부부의 유대나 친밀감의 약화는 이혼으로 연결됨).
- 세계경제의 틀 속에서 유기적인 관계를 맺고 있으며, 이 관계가 가족에게도 영향을 미친다(환율위기나 고유가와 같은 세계 경제 상황은 가족의 경제 상황 악화를 초래하여 결혼의 지연, 저출산, 생활고에 따라 가족위기의 증가 초래함).

1) 인구구성 변화

(1) 저출산 현상

1960년대 평균 6.0명에서 2001년에는 1.30명으로 초저출산 사회로 진입하였다. 이후 2005년 1.08명으로 세계 최저수준에 이르게 되었으며, 2012년에는 1.30명이라는 저출산 현상이 지속되고 있다.

이에 현재 정부는 2020년 출산율을 OECD 회원 수준인 1.60명으로 높이기 위해 2005년 9월 1일 저출산, 고령화 기본법 제정과 같은 범국가적인 정책을 마련하고 있다. 저출산의 원인은 경제와 고용 불안정으로 인한 결혼과 출산 연기, 여성의 자아실현 욕구 증대에 따른 경제활동 참여 증대, 신뢰할 수 있는 육아시설 부족을 들 수 있다.

(2) 고령화 현상

우리나라의 노인인구가 전체 인구에서 차지하는 비율은 1960년에 65세 이상 노인인구비가 3.1%였던 것이 2000년에 총인구의 65세 이상의 인구비중이 7.2%를 차지하여 고령화 사회로 진입하였으며, 2019년에 14.4%로 증가하여 UN이 분류한 7%의 고령화 사회, 14% 고령사회로 진입해 가고 있는 과정에 있다.

2012년 인구조사 결과 노인인구비율은 11.8%이며, 2012년 평균수명은 남성 77.3세, 여성은 84세로 나타났다. OECD 국가 12개국 평균을 보면 한국과 일본이 타국가들에 비해 가장 빠르게 초고령자 비중이 증가하고 있어 이에 따른 정책이 시급한 것으로 나타나고 있다.

표 1-2 고령화사회로 가장 빠르게 진입하는 우리나라

인구 고령화 속도 국가비교

	도달연도			소요기관(연)	
65세 이상 인구비중	7%	14%	20%	7% → 14%	14% → 20%
한국	2000	2019	2026	19	7
일본	1970	1994	2006	24	12
프랑스	1864	1979	2020	115	41
독일	1932	1972	2012	40	40
영국	1929	1976	2021	47	45
이탈리아	1927	1988	2007	61	19
미국	1942	2013	2028	71	15
스웨덴	1887	1972	2012	85	40

고령화사회로 인한 문제점은 다음과 같다.

① 노동인구의 감소

우리나라에서 경제활동을 할 수 있는 15~64세 생산가능 인구비율은 2005년 45.6%, 2012년에는 49.0%에 이르고 있다. 사회 전체적으로 2000년 65세 이상 노령인구 한 명을 9.9명의 생산연령 인구가 부양한 반면, 2030년에는 2.8명으로 줄어들어 그만큼 사회적 부담이 커짐을 의미하는 것이다.

② 출산 가능 인구의 감소에 따른 급격한 인구 저하

인구가 고령화되어 가는 원인 중의 하나가 출산율이 낮아져 아이들이 태어나지 않기 때문이다. 그러나 고령화의 결과 또한 출산되는 아이의 수가 적어지는 것이다. 이것은 출산이 가능한 여성의 인구가 적어 출산이 낮아지고, 인구의 고령화를 촉진시키게 되는 것이다.

③ 노인복지시설이나 휴식공간의 부족

우리나라는 그간 높은 경제성장을 이룩하였음에도 불구하고, 경제발전에 헌신적인 기여를 해온 65세 이상 노인이 수입원의 대부분을 자녀에 의존하는 등 대다수 노인이 경제적으로 어려운 생활을 유지하고 있다. 1998년 전체 국민의 2.0%가 생활보호 대상이었던 반면 최근에는 노인인구의 경우 이의 4배에 달하는 7.9%가 수급권자로 노인의 소득수준이 상대적으로 열악하다는 것을 알 수 있다. 하지만 노인복지시설이나 휴식공간은 그다지 많지 않고 부족한 상태이다.

④ 가정에서 노인의 역할과 위치 축소

점차 핵가족화되어 가면서 노인은 따로 생활하는 경우가 많고, 또 가치관이 변화됨에 따라 노인을 모셔야 한다는 가정의 분위기도 변화하고 있다. 또한, 경제적으로 자식에게 의존해야만 하는 노인들의 입장 때문에 그들의 역할과 위치는 매우 축소된 형태를 보이고 있다. 이로 인해 노인들은 사회뿐 아니라 가정에서마저 고립감이나 소외감을 느끼게 되는 것이다.

(3) 인구 및 생산인구의 감소

저출산과 고령화의 급속한 진행으로 장래 인구감소에 대한 우려가 높아지고 있다. 한국의 인구 성장률은 2010년 0.26%로 2030년에 -0.25%로 전망되고 있는 실정이다. 인구감소는 곧 생산가능 인구의 감소로 연결되는데 생산가능 인구는 2016년 2,619만 명을 정점으로 감소하여 2050년까지 34년 동안 1,377만 명이 감소할 것으로 예상되고 있다. 인구의 감소는 단순히 생산기능의 감소만이 아닌 사회 전체의 기능이 축소될 수 있어 사회문제로 직결될 수 있는 부분이다.

2) 가족구조의 변화

현대사회에서 가족의 변화를 살펴보면, 가족분화와 핵가족화, 출산조절정책으로 인한 출생인구수의 감소, 가족으로부터 독립의 증가, 가족결손이나 해체로 인한 단독가구의 증가 등이 가구당 가족구성원 수를 감소시키고 있다. 전체적으로 가족구조의 변화는 평균 가구원 수의 감소에 따른 소가족화와 3세대 가구의 감소 및 1세대 가구의 급증으로 볼 수 있다.

(1) 2세대 가족 증가

우리나라 대표적인 가족형태(2세대 가구)가 변하고 있지만 일반가구에서 차지하는 비중은 절반 이상으로 일반가구 중 주로 부모와 자녀로 구성되는 2세대 가구의 비중이 절반 이상을 차지하고 있어 우리나라 대표적인 가족형태였으나 최근 그 형태가 변하고 있다. 2세대 이상 가구의 비중은 2000년 60.8%에서 2010년 41.9%로 낮아진 반면, 1세대 가구의 비중을 17.5%로 증가하였다. 한편. 2세대 가구 중 가장 대표적인 가족형태인 '부부+자녀' 가구가 6,702천 가구로 2000년에 비해 감소한 반면, '한부모+자녀' 가구는 21.9%(246

천 가구) 증가하였다.

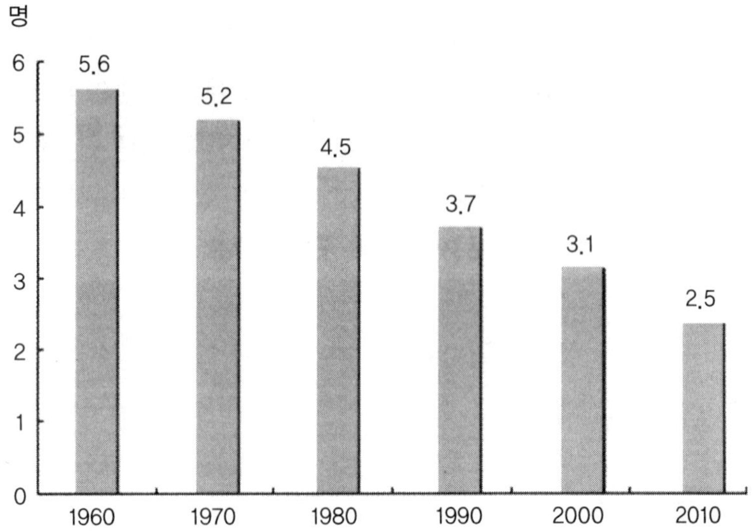

[그림 1-1] 평균 가구원수

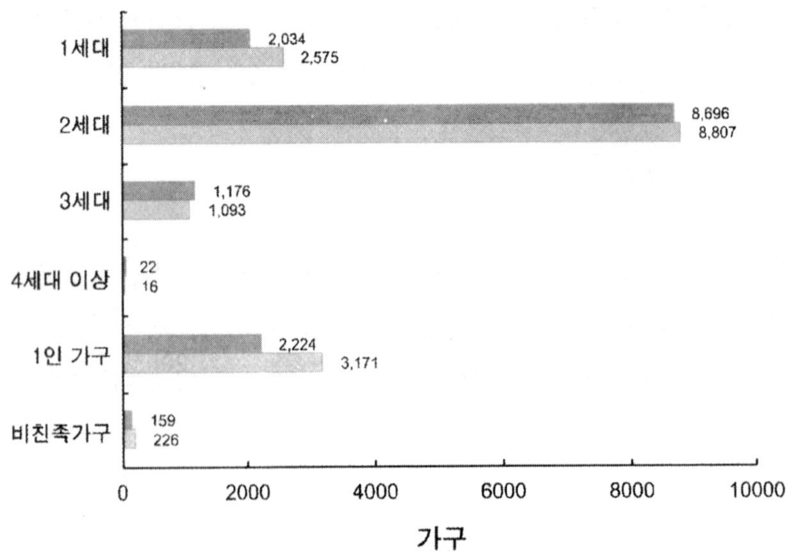

[그림 1-2] 세대별 가구 구성

(2) 여성가구주의 증가

여성가구주가 급속도로 증가하고 있지만, 전체가구에서 차지하는 비중은 낮아 우리나라 가부장적 전통과 성별 역할이 뚜렷한 관습과 규범 때문에 남자가 가구주로 인정되는 것이 일반적이나 최근 여성의 지위와 역할이 향상되고 인구의 고령화와 더불어 여성가구주가 늘어나고 있다. 2010년 남자가구주가 12,865천명(74.1%), 여자가구주 4,497천명(25.9%)으로 남자가 여자보다 3.6배 정도 많지만 2000년에 비해 여자가구주 증가율(7.4%)이 남자(5.2%)보다 높게 나타났다.

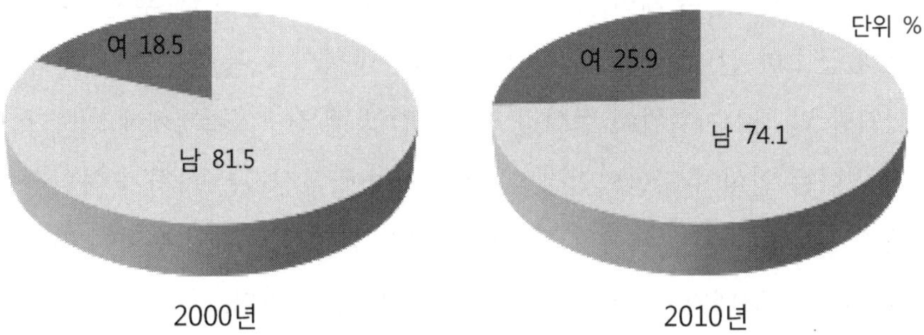

[그림 1-3] 성별 가구주 분포

(3) 이혼 여성가구주 증가 추세

가구주 중에는 유배우가 2010년 전체 가구주의 70.0%로 가장 많으나 시간이 지남에 따라 감소하고 있으며, 성별로 보면 남성 가구주는 82%가 유배우이나, 여성은 24%만이 유배우이다. 그러나 가구주 중 이혼상태의 남성 가구주는 1995년 전체 가구주의 1.2%에서 2010년에는 2.0%로 소폭 증가했지만, 여성 가구주는 동기간 중 7.1%에서 16.0%로 2배 이상 증가하였다.

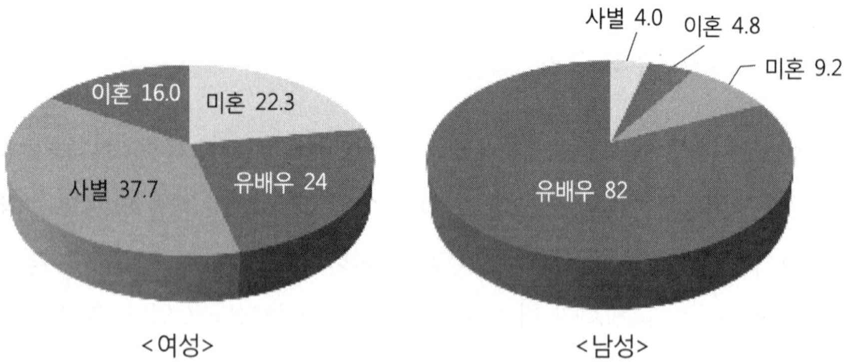

[그림 1-4] 혼인상태별 가구주

3) 가족가치관의 변화

예전 한국사회는 개인의 행복보다는 가족의 안정성이 더 우선순위에 있었으나 급속한 산업화와 개인주의의 확산, 여성의 노동시장 참여 등에 의해 성역할 및 가족가치관이 변화하면서 개인의 행복이 가족가치에 의해 희생될 수 없다는 인식이 확산되었다. 따라서 개인에 우선하는 가치가 아니라 개인에 의해 선택되는 상대적인 가치로 변했다. 이런 가치관의 변화에 따라 결혼과 가족의 형태와 구성 또한 다양하게 변하고 있다.

(1) 부모-자녀 관계보다 부부관계를 우선시

이혼의 84%가 협의이혼으로 부부 당사자의 결정으로 이루어지고, 2008년 호주제가 폐지되고 개인 중심의 가족관계등록부가 도입됨으로 가부장제 가족제도로서 가족의 의미는 약화되었다.

(2) 효사상의 약화와 자녀에 몰두하는 핵가족 중심주의

독거노인의 증가와 노인부양을 위해 국가가 개입하였다(독거노인 생활관리사

파견사업, 노인장기요양보험 노인돌보미 바우처 등의 정책 개발 및 서비스 제공). 한편 자녀교육비 비중이 증가하였다.

(3) 남녀 역할의 공유와 평등한 부부관계 지향

2012년 여성의 경제활동 참여율은 49%로 2008년 이후 조금 감소하였지만 지속적인 증가로 남녀 공동 가사, 육아에 참여와 가정 내 의사결정이 부부공동으로 이루어지고 사회적으로도 양성평등 문화, 일과 가정의 양립을 지지하는 사회적 정책과 분위기가 조성되었다.

(4) 다양한 가족 유형에 대해 허용적임

재혼가족, 한부모가족, 동거가족, 주말부부가족, 무자녀가족, 입양가족, 기러기가족, 다문화가족의 증가와 동성애가족의 출현으로 초혼 핵가족 같은 특정 가족만을 정상 가족으로 보는 시각은 점차 약화되었다.

(5) 제도적, 정신적 가족관계에서 물질적, 개인주의 가족관계 추구

부계 중심의 가부장적 가족이념이나 장남중심주의, 남녀차별주의, 효사상과 같이 유교라는 정신문화를 바탕으로 형성되었던 관념적, 제도적 가족관계가 사라지고, 자본주의 가치가 중요해지는 현대사회에서는 '나' 중심의 개인주의 가치관이 팽배하게 되었다.

생각해 보기

1. 가족의 의미에 대해서 생각해 보고, 현대 가족의 기능은 무엇인지에 대해서 생각해 보세요.

2. 젠더의 의미에 대해서 생각해 보세요.

3. 가족 기능의 변화로 나타나는 문제점에 대해서 생각해 보세요.

4. 성역할의 사회화에 영향을 미치는 요인에 대해서 생각해 보세요.

제2장

젠더와 성 역할 사회화

1. 젠더와 성 역할 사회화의 개념

여성과 여성이 처한 사회적 차별에 대한 이해를 위해서는 성과 성차에 대한 이해와 성과 관련된 편견들에 대한 이해가 기본적으로 요구된다. 성을 표현하는 용어에는 일반적으로 섹스(sex), 젠더(gender) 및 섹슈얼리티(sexuality)가 있다. 생물학적인 성(Sex)은 개인의 생물학적 염색체에 의해 결정되어지는 것으로 개인의 성기관, 생식기, 호르몬 등의 차이로 표현된다(박주희, 2007).

반면 사회적인 성별(Gender)은 심리적, 문화적 그리고 사회적 의미들을 반영하여 구축되어지고 성취된 것으로 각 성에 대한 역할과 기대로 설명될 수 있다(West & Zimmerman, 1987). 즉 성별(Gender)은 사회적, 문화적, 심리적으로 남성됨의 상태 혹은 여성됨의 상태로, 성역할(Gender Role)은 성별에 따라 여성과 남성에게 다르게 이분법적으로 부여하는 역할로 정의되어지고 있다(여성부, 2002).

한 마디로 성역할이란 일반적으로 남성과 역할이 취할 적절한 행동에 관한 문화적으로 정의된 기대이다. 이러한 성 역할의 개념은 생식과 같은 생물학적인 요소와 심리적, 사회적 요소를 모두 포함한다고 보는 학자들은 사회적 수준에서의 성 역할은 남녀에게 바람직한 것으로 규정되는 역할에 대한 일련의 신념체계, 즉 성역할 규범으로 나타난다고 보며, 이는 사회의 구성원들을 성별에 따라 사회화시키는 근거가 될 뿐만 아니라 각종 사회제도를 만드는 근거가 되기도 한다. 한편 심리적 수준에서의 성 역할은 사회화과정을 거친 개인의 성역할 규범을 내면화한 정도, 즉 성 역할 정체감이나 성역할 태도로 나타난다(임정빈 · 정혜정, 1997; 홍숙자, 2000; 송진숙 · 권희경 · 김순기, 2006).

현실적으로 가부장적 구조하에서는 남성의 성이 더 우월한 것으로 받아들여지며 여성은 열등한 존재로 남성의 지배를 받도록 구조화되어 있어 여성이 차별을 받게 된다. 가령 영화 속의 이야기이긴 하지만 〈금지옥엽 2〉에 나오는 극중 인물 '자령'의 성은 두 번 바뀌는 예를 보아도 성은 본질이 따로 있다기보다 겉으로 수행하는 성별일 뿐이라는 주장도 있다. 주디스 버틀러의 말대로 우리는 각각 어떤 역할을 충실히 소화해 내고 있을 뿐이라는 것이다(한국여성민우회, 2008). 또한 일본의 〈고사기〉에 실려있는 '국토생성신화'에서는 이자니기노미코도와 이자나미노미코도 남녀 두 신의 생식기에 관한 이야기가 포함되어 있어 주목을 끈다. 여기서 말하는 여신의 신체는 모자라는 부분이 있지만 남신의 신체는 남는 부분이 있다는 대목이다. 그래서 결국 남자의 남는 부분을 여자의 모자라는 부분에 끼워 넣어 국토를 만들었다고 하는 것이다. 이는 남녀의 성적인 결합을 통해서 새로운 생성이 이루어졌음을 나타내고 있다. 그런데 이들 결합은 서로 반대 방향으로 기둥을 돌다가 만나는 그곳에서 하기로 결정한다. 하지만 이때 여신인 이자나미노미코도가 먼저 말을 건넴으로써 이들이 만든 땅은 완전한 것이 되지 못하였다. 바꾸어 말하면 그렇게 하여 두 사람 사이에 태어난 히루코가 불구에 가까운 몸이었기 때문에 바다에 떠내려 보냈고, 그 뒤에 태어난 아와시마는 자식의 수에 들어가지 않는 이상한 취급을 받기에 이르렀다.

이런 일련의 과정을 거친 후에 그들은 다시 기둥을 돌면서 남신인 이자니가노미코도가 먼저 말을 하고 나서 새로운 국토를 만들게 되었다. 말하자면 여자가 먼저 말을 건네면 불구가 되므로 남자가 먼저 말을 건네야 완전한 국토를 만들 수 있다는 것이다(김화경, 2003).

이러한 신화적 표현은 여성은 남성보다 앞설 수 없는 존재, 곧 남성이 모든 것을 주도해 나가야 한다는 남성 우월의식에서 비롯된 것이 아닐 수 없다. 이렇게 볼 때 여성에 대한 신화적 기술은 동서양이 공통된다는 것을 알 수 있다. 이것은 동서양이 다 같이 부권이 확립된 사회로 전환된 후에는 여성을 남성보다 폄하하는 의식구조를 가지게 되었음을 반영한다고 볼 수 있다(우에무라 구니코, 2005).

푸코는 성의 역사성을 강조하면서 성을 규정하는 권력들을 통해 사회적으로 조직된 것으로 파악하여, 사회적 권력과의 관계 속에서 성을 파악하였다. 성에 대한 이러한 관점은 여성의 성이 불평등한 사회구조와 권력과의 관계에서 억압되고 통제되며 상품화되어 여성에 대한 비인간화와 성의 소외로 이어지는 과정을 차악할 수 있는 접근방법을 제시하였다(조흥식, 2006).

이와 같이 섹스와 젠더의 개념을 구분하는 것이 중요한 까닭은 행동이나 경험에서의 많은 남녀 차이가 생물학적 차이로부터 자연스럽게 혹은 자동적으로 비롯된 것은 아니라는 점을 주지하고 있는 것이 중요하기 때문이다. 즉 섹스와 젠더를 구분함으로써 젠더가 생물학적 성의 직접적인 결과가 아니라는 점(Coltrane, 2000)에 주목할 필요가 있다.

젠더에 대한 사회 문화적 기대치를 충족시키면서 사회구성원으로서의 역할을 습득하는 과정을 성 역할 사회화 혹은 젠더화(gendering)라고 한다. 성 역할 사회화는 개개인의 행동, 정서적 반응, 인지적 기능, 내적 태도, 심리적 및 사회적 적응을 가장 뚜렷하게 나타내는 것으로 사회화 과정에서 가장 기본적인 문제이기도 하다(곽삼근 외, 2005).

성 역할 사회화는 생애주기별로 다른 양상으로 나타나며, 성 역할 사회화 과정에서 경험하는 갈등도 생애주기단계에 따라 차이가 난다. 예를 들어 유아기는 성역할 고정관념을 무비판적으로 수용하는 시기로서 성인모델에 의해 젠더개념을 이분법적으로 습득하기 쉬우며 청년기는 젠더 평등의식에서 남녀간 격차가 발생하는 시기이고 특히 여대생의 경우 진로선택시 성별 노동분업의 현실에 직면하여 고민하게 된다. 성인기는 부부간 가사분담으로 갈등을 경험하고, 여성의 경우 결혼, 출산 및 양육으로 인한 직업단절의 위기를 맞게 된다. 노년기는 은퇴로 인해 사회와 가정에서의 새로운 성 역할에 적응해야 하는 반면 전통적 젠더역할을 후손들에게 강조함으로써 양성불평등을 고착화시키는 역할을 담당하게 되기도 한다(곽삼근 외, 2005).

성 역할 사회화는 성 역할 고정관념을 중심으로 이루어진다. 성별에 따른 역할 상태는 누군가에 의해 일단 성취된 후에는 심리적으로 자신의 성적 자아와 동일시하는 성의 정체감으로 고정관념화되는 경향이 뚜렷다고 한다(Lober, 1994).

성 고정관념(sex stereotype)이란 남자와 여자는 신체적, 심리적, 행위적으로 다르다고 믿는 해당 사회 전반의 관념을 의미한다. 그리고 성역할 고정관념(gender-role stereotype)이란 남자에게 적합한 지위 및 역할과 여자에게 적합한 지위 및 역할이 따로 구별되어 존재한다고 믿는 것으로 전통적 성별분업이나 남성지배적 사회체계를 당연시하는 견해이다. 이러한 성 역할 고정관념을 개인적으로 내면화시킨 정도를 성역할 정체감(gender-role identity)이라고 한다(이여봉, 2010).

여성은 여성성을 내면화하면서 성장할수록 점차 소극적이 되고 스스로 가능성을 제한한다. 그래서 스스로 인생목표를 낮추게 되고 따라서 학업과 직업적 성취욕이 저하되며, 독립적인 자아정체감 형성에 어려움을 겪게 되기 쉽다고 한다. 반면 남성은 독립적이고 주도적이며 지배적이어야 한다는 사회적 기대로 인해 정서를 표현하지 않고 억누르게 되어 스스로 고립되거나 강박관념으로 인해 평균수명이 상대적으로 짧아지기 쉽고, 비남성적 자질을 열등한 일탈자로 여기는 사회분위기에서 바람직한 것으로 인정되는 남성성을 발휘하지 못하는 남성들이 성폭력이나 물리적 폭력과 같은 불필요한 공격성을 보이기도 한다고 한다(정은희, 1999; 이여봉, 2010).

오랜 역사를 경과하여 구축된 사회적인 역할 기대에 따른 사회적인 성별은 남성과 여성의 차이를 과장하여 성차별을 유지시키는데 크게 공헌했다. 다시 말해 성별은 사회적 기능의 안정적인 수행을 위해 조직적인 방법에 맞추어진 남녀의 사회관계적 체제(Acker, 1990; Lorber, 1992)로서 대부분의 사회는 남녀를 이분화된 성 역할에 종사시킴으로써 그 구조적 기능을 유지시켜 왔다고 볼 수 있다(West & Zimmerman, 1987).

위에서 살펴본 바와 같이 성차에 대한 논의는 남성성과 여성성에 대한 개념과 성 역할 고정관념에 대한 논의로 이어진다. 근본적으로 성차라는 문제를 제기한 것은 성 역할 고정관념을 정당화시키기 위한 것이었다. 성에 대한 고정관념은 두 가지 기본 가정에서 출발한다. 첫째는 성격특성과 성간에는 직접적인 관계가 있으며 남녀는 다른 성격적 특성을 갖는다는 것이다. 한 예로 전형적인 남성 성향은 과업 지향적(task-oriented)이며, 여성은 관계지향적이므로 남성보다 관계 중심적인 여성이 정의 지향적이거나 분리적이며 혹은 과업중심적이라고 평가되는 남성들보다 아이를 돌보는 데 적합한 성향을 지닌 성이라는 것이다(최선화, 2005).

즉 가정에서 남성이 도구적 역할을 수행하고 여성이 표현적 역할을 수행할 때 사회가 건강하게 잘 기능한다는 것인데 여기서 도구적 역할이란 가정의 경제를 책임지는 역할과 가정을 통솔하는 리더십의 역할을 하는 것이고, 표현적 역할이란 가족원의 정서에 민감하게 반응하고 애정적이며 협동적인 역할을 말한다(Parsons & Bales, 1955).

그러나 요즘 심심치 않게 서점가에서 눈에 띄는 아버지들이 쓴 육아, 교육 서적들과 영화 〈해피엔드〉 등을 통해서 알 수 있는 사회의 변화된 인식은 여성들이 가지고 있다는 자식에 대한 조건없는 사랑은 남성들 역시도 경우에 따라서는 가지고 있을 수 있는 것이며 또한 모든 여성이 가지고 있는 것만은 아니라는 것을 보여 준다(나윤경, 2001). 영화 〈해피엔드〉에서 주인공 전도연은 남편 최민식을 두고 다른 남자(주진모 분)와의 또다른 사랑에 빠지는데, 그녀에게 있어 자식에 대한 사랑은 새로 만난 남자와의 사랑에 비하면 초라하기 짝이 없다. 영화 중에 아이 엄마인 전도연이 오래되어 상한, 그래서 벌레까지 들어있는 분유를 아이에게 타 먹이는 장면이 있는데, 물론 그녀는 자신이 유통기한이 지난 분유를 아이에게 먹이고 있다는 사실조차 모를만큼 다른 남자와의 사랑에 넋이 나가 있다.

같은 맥락에서 "아이를 보살펴야 하는 독신 남자들은 기혼의 아버지보다는 어머니들과 더 비슷하다. 이들이 특별히 양육을 잘 하는 남자라는 예외적인 집단도 아니었다. 그들은 어쩔 수 없는 상황 때문에 아이를 책임지게 되었다. 그와 유사하게 병든 부모나 아내를 돌보는 데 일주일에 60시간 이상을 보내는 150명의 남자들에 대한 연구에 의하면 그 남자들은 여성이 전통적으로 하는 것과 똑같은 정도로 감정적인 보살핌을 제공한다"라는 관찰결과는 과연 여성을 관계 중심적인, 모성 가득한 어머니로 묘사하고 있는 우리들의 고정관념을 의심하게 하기에 충분하다.

더구나 성에 대한 고정관념을 가지게 되면 똑같은 행동이 성에 따라 다른 기준이 적용된다는 문제점이 생기게 된다. 우리가 가지고 있는 여성과 남성의 성욕에 대한 '상식' 중에 가수 현철씨가 부른 〈봉선화 연정〉의 가사 "손대면 톡하고 터질 것만 같은 그대 봉선화로 부르리…… 터지는 화산처럼 막을 수 없는 봉선화 연정"과 같은 것이 있다. 이 노래 가사는 여성과 남성의 성욕에 관한 우리 사회의 이분법적 사고, 즉 남성에 의해서 비로소 자극되는 여성의 성욕과 화산처럼 막을 수 없는 남성의 성욕을 잘 반영하고 있다. 그러나 여성 스스로가 성욕에 대해 말하거나 그것을 표현하는 것은 상식에서 벗어난 일이 된다. 또한 남성에 의한 성폭력 사건이 발생해도 그것은 '막을 수 없는' 남성의 성욕을 자극한 짧은 치마를 입은 여성 때문인 것, 즉 희생자를 오히려 비난하게 되는 귀인오류를 범하게 된다. 왜냐하면 남성의 성적 폭력성은 이미 우리 상식 속에서 '자연스러운' '활화산'처럼 막을 수 있는 것도 아니며, 정숙해 보이지 않는 여성은 자연스럽지 않은 일이기 때문이다.

이러한 상식 속에서 사회화된 여성들은 성욕을 표현하는 것은 물론 발설해서도 안 되는 것임을 알아가는 한편, 남성은 전혀 반대의 것을 배우게 된다. 우리 사회 도처에 존재하는 매매춘 여성들과 성매매를 법으로 규제하려는 성매매 특별방지법에 대한 강력한 저항은, 바로 남성의 성욕은 수단과 방법을 가리지 않고 반드시 해소되어야 한다는 우리 사회의 부당한 합의를 보여 준다. 즉, 행동에 미치는 상황의 영향을 과소평가하고 개인적 원인을 과대평가하는 경향으로 여성과 남성의 행동적 차이를 그들의 성격특성에 기초한 것으로 믿도록 유도한다는 것이다.

성 역할 고정관념은 성별에 따라서 차이가 있는데 우리나라 유아들을 대상으로 한 연구(염명순 외, 1999)에 의하면 동성에 대해서는 여아가 남아보다 성 역할 고정관념이 더 강했고, 이성에 대해서는 남아가 여아보다 성 역할 고정관념이 더 강했다. 아동 후기에서 청소년기까지의 성 역할 발달연구(유가효, 1994)에서도 성 역할 고정관념에서 뚜렷한 성차를 발견했는데 모든 연령 집단을 통해 남학생이 여학생보다 성 역할 고정관념이 더 높았다. 특히 학년이 높아질수록 성차가 더 뚜렷해져서 초교 6년생보다 고교 1년생들 간에 성역할 고정관념의 차이가 훨씬 더 컸다.

최근 들어서는 여성성, 남성성이라는 개념과 성 역할 고정관념은 줄어들고 있다. 전통적으로 여성의 역할과 남성의 역할로 구분되던 일들의 경계가 무너지며 구분 자체가 모호해지고 있다. 이러한 사실은 남성성과 여성성간의 성적 특성에 대한 구분이 다분히 사회적으로 규정되며 변화하는 개념이지 불변하는 의미를 지니지 않는다는 것이다. 또한 남녀의 차이와 이에 기초한 성역할 구분이 절대적 진리와 진실이 아니며 이러한 차이는 역사성과 사회성에 근거해 있고 얼마든지 변화될 수 있다는 것이다.

현대사회는 변화가 많고 다양성이 인정되는 사회로 사회환경의 변화에 따라 남녀의 역할의 변화가 요구되는 경우가 자주 있어 한 개인에게도 전통적인 여성성 혹은 남성성이 강요되기보다 다양한 상황에서 융통성있게 대처할 수 있는 양성성이 높은 사람을 요구한다.

양성성(androgyne)은 사회의 성역할 고정관념을 이루는 내용 중에서 바람직한 여성적 특성과 남성적 특성이 공존하는 것을 의미한다. 즉 양성성은 사회의 성 역할 고정관념을 이루는 것들 중 바람직한 여성적 특성과 남성적 특성이 결합하여 공존함으로 성격과 행동이 독립적이면서도 부드럽고 기존의 성 역할에 고정되지 않는 건강하고 적응적인 성격이 나타난다. 남성성과 여성성의 전통적인 개념에 대한 대안으로 양성성을 주장한 벰(Bem, 1975)은 양성성을 갖도록 사회화하는 것이 전통적인 성 역할을 갖는 것보다 훨씬 기능적이라고 주장하였으며 국내외 연구에서 양성적인 사람이 한 가지 성 역할에 고정된 사람보다 자존감, 자아실현, 성취동기, 결혼만족도, 도덕성 발달 및 자아수준이 높고 정신적으로 더 건강한 것으로 나타났다(홍숙자, 2000; 송진숙 외, 2006).

양성성의 행동 특성을 살펴보면 크게 세 가지 유형으로 볼 수 있다. 첫째, 남성적 행동, 여성적 행동 모두 할 수 있어 다양한 행동수행이 가능하고 둘째, 다양한 행동수행이 가능하므로 어떤 상황에서든지 문제를 적절하게 대처할 수 있고, 셋째, 상황의 요구에 따라 적절한 유연성의 반응을 보여 환경에 효과적으로 대처할 수 있다. 이상적인 여성과 남성은 매우 유사하다. 이들의 주요 특성은 성실성, 수용적인 품성 및 융통성이다.

여성주의 영화 감독 샐리 포터가 버지니아 울프의 동명소설을 영화로 만든 〈올란도〉는 '양성론'(androgyny)을 다룬 작품이다. 양성론은 남성이 '우월'하고 여성이 '열등'하다는 이분법적인 통념을 해체하고, 이상적인 상태인 중성에 다가서려는 열망의 표현이다. '올란도'(Orlando)란 이름은 여성 혹은(or) / 그리고(and) 남성을 자유롭게 오고갈 수 있다는 의미를 내포한다. 비유적으로 말하면, 양수에 음수가 보태져서 '정수'라는 개념을 만들어 내는 것과 같다.

물론 양성론은 버지니아 울프의 독창적인 생각은 아니다. 낭만주의 시인 콜리지가 "위대한 마음은 양성적이다."라고 말을 한데서 빌려온 것이다. 칼 융도 "인간은 누구나 각자의 심리 속에 양성적인 특질을 지니며 이것은 상호 의존적으로 존재한다."라고 말했다. 버지니아 울프의 생각도 이와 일맥상통한다. 즉 이상적인 인간상은 '여성적인 특질을 지닌 남성'과 '남성적인 특질을 지닌 여성'이어야 한다는 것이다. 가냘픈 여성음과 묵직한 남성음이 어우러져 화음을 만들어 내듯, 남성의 지성과 여성의 감성이 조화로운 상태를 지향해야 한다는 것이다.

또한 버지니아 울프의 에세이 「자기만의 방」(A Room of One's Own)은 흔히 여성주의 연구의 복음서로 평가받는다. 여기서 말하는 자기만의 방은 고립된 무덤이 아니라 주체성을 보존하는 최후의 은신처이다. 「자기만의 방」에서 울프는 남성 중심의 가부장적 문화구조 속에서 여성이 처한 열악한 사회적 지위에 대해서 성찰한다. 그녀의 입장은 여성의 자기성찰 혹은 주체(성) 확립을 강조하는 데 있다. 「자기만의 방」에서 언급된 가장 핵심적인 내용은 "여성이 글쓰기를 위해서 자기만의 방(room)과 돈(money)이 있어야 한다."는 것이다. 지적인 활동을 가능케 해 주는 사적인 공간과 지적 노동을 가능케 하는 물질적 토대의 중요성을 강조하는 말이다.

마지막으로 「자기만의 방」에서 버지니아 울프는 남성의 이성과 여성의 감성이 조화를 이룬 '양성적인 마음'을 추구한다. 울프는 창 밖에서 두 남녀가 함께 택시에 오르는 아름다운 광경을 보면서 양성론을 찬양한다. 남성 지배와 여성 종속 혹은 그 정반대의 경우는, 모두가 지배와 종속이란 수직적인 구조를 벗어나지 못한 것이다. 반면에 양성론은 중성을 지향한다(나임윤경, 2005).

21세기 가족에서 젠더의 이슈가 중요한 것은 대부분의 가족이 남성과 여성의 결합으로 이루어지며, 가족이라는 공간에서 어린 자녀들에 대한 사회화가 이루어짐에 따라 가족의 이러한 역동이 횡적으로는 당시대 사회의 역동을 결정하고, 종적으로는 다음 세대 사람들의 삶의 방향을 결정하는 중요한 요소로 작용하기 때문일 것이다(장혜정 외, 2010).

2. 성 역할 사회화이론

성 역할 사회화이론은 본성을 강조하는 시각 대 양육을 강조하는 시각으로 나눌 수 있다.

정신분석이론에 기초한 동일시이론이 본성을 강조하는 대표적 시각이라면, 사회학습이론은 양육을 강조하는 대표적인 시각이며, 인지발달이론은 본성과 양육간 상호작용에 초점을 두고 있다.

1) 생물학적 관점

이 관점은 남성과 여성 간의 차이가 자연적이고 필연적이라고 보는 것으로, 남녀간의 기본적인 특징은 태어날 때부터 비롯된 것으로 본다. 생물학적 결정론자들은 '남녀 차이는 유전적이며 그 이유는 호르몬이다'라고 보고 있다. 남성의 주된 호르몬은 안드로겐과 테스토스테론이며, 여성의 주된 호르몬은 에스트로겐과 프로게스테론이다. 이러한 호르몬의 차이가 성숙기에 접어든 남성과 여성의 이차성징 발달을 가져온다. 이뿐만 아니라 여성의 불안과 우울 등의 정서적인 변화와 남성이 가지고 있는 공격성 등이 호르몬의 분비수준과 관련있는 것으로 설명하고 있다. 그러나 남녀 간의 성 정형화된 행동이 생물학적인 영향을 받았다고 말하는 것은 대부분 인간을 대상으로 한 연구보다는 동물연구에서 잘 나타나고 있다는 주장들이며, 또한 테스토스테론 수준이 곧 공격성과 연결되지 않는다는 연구(Charies Doering, 1974), 여성의 정서적 변화가 호르몬 때문이 아니라는 연구(Judith Bardwick, 1968) 등을 통해 이러한 관점이 비판되고 있다(송관재, 2003).

2) 정신분석학의 동일화이론

프로이드는 유아들의 적합한 성 역할 행동들은 동성의 부모와 자신의 무의식적 동일화에 의해서 단계를 거쳐서 발달한다고 주장하였다. 발달의 각 단계적 특징은 제1, 2단계는 구강 및 항문기로서 이 단계는 남녀 모두 유사한 경험을 하며, 돌보아 주는 주체인 자신의 어머니와 동일화하는 과정이라고 한다.

제3단계는 남근기 단계로서, 남녀 유아는 각기 상이한 발달을 경험한다. 자신의 생식기에 대한 인식과 함께 반대의 성에 대해 인식하게 되며, 이 단계에서 유아들은 자신과 같은 성의 부모와 동일화함으로써 역할모델을 삼고 성 역할을 습득한다.

이 단계의 남아의 발달단계는 오이디푸스 콤플렉스로 설명하였다. 즉 이 단계 남아는 어머니를 향하여 성적 감정을 경험한다. 자신과 아버지는 어머니에 대한 애정의 경쟁자라고 생각하고 무의식적으로 아버지를 제거하기를 원한다. 동시에 남아는 자신은 음경을 가졌으나 어머니는 가지지 않았음을 인식한다. 무의식적으로 만일 아버지가 어머니를 향한 자신의 감정을 알아챈다면 자신의 음경을 거세할 것이라고 두려워한다. 그리하여 남아는 자신을 아버지와 동일시하고 어머니에 대한 욕망을 포기함으로써 오이디푸스 콤플렉스를 극복한다.

한편 이 단계의 여아는 남아가 자신이 자신이 가지지 않은 음경을 가지고 있음을 인식하게 된다. 여아는 음경의 결여로 인해 열등감 · 시기심을 발달시키고 자신의 결함을 초래한 어머니를 무의식적으로 비난하게 된다고 한다.

여아는 어머니에게서 사랑을 거두고 아버지를 사랑의 대상으로 생각한다. 그러나 점차적으로 여아는 자신이 아버지를 가질 수 없음을 인식하고 어머니와 자신을 동일시함으로써 자신의 정체감을 회복한다고 본다.

그러나 프로이드의 정신분석학적 동일화 이론은 다음과 같은 비판을 받고 있다.

첫째, 동일화 과정이 무의식적으로 일어나는 것은 실험적 증명이 불가능하다고 본다.

둘째, 그 연령의 아이가 성과 성기에 대한 이해가 가능한지에 대한 의문이다

셋째, 여성을 불완전한 존재로 인식하고 있는 점이다. 여성의 남근선망은 남성의 성기가 아니라 남성들의 상위지위, 자유, 권력이 상징화된 것들이라는 비판이 제기된다(Horney, 1967). 또한 성의 정체감은 부모역할의 사회적인 조직으로부터 나타나는 것이라 주장하였으며 여성에게만 부가되는 자녀양육의 비대칭적인 조직에 대한 문제를 제기함과 동시에 역할모델이 되는 부모의 공동육아의 중요성을 강조하고 있다(Chodrow, 1987).

한편 프로이드의 시각은 에릭슨(E. Erikson)에 이르러 긍정적으로 재해석된다. 프로이드가 남성성과 여성성의 확립의 실마리를 불안감 및 열등감 등과 같은 병리적이고 부정적인 정서에서 찾으려 했던 반면, 에릭슨은 남성성과 여성성의 확립을 건강성과 연결짓는다. 다시 말해 자신이 속한 사회나 문화권의 요구에 적합한 여성다움과 남성다움의 성 정체성을 확립하는 것이 위기 상황에 적절히 대응할 수 있는 건강함을 의미한다는 가정에서 출발하는 것이다.

에릭슨은 여성과 남성의 생리적 기능 및 재생산기관의 차이에 주목하여 남녀간 인성 및 심리의 차이를 설명한다. 예를 들어 여성은 질과 자궁 등 몸안의 환경에 적응하여 남성에 의존하여 아이를 임신하게 되고 이러한 특성으로 하여 여성은 모성역할 및 타인관계 지향의 성 역할 정체감을 형성하게 된다고 한다(이여봉, 2010).

3) 사회학습이론

성 역할 습득에 관한 사회학습이론은 행동주의 이론에 기반을 두고 있다. 이 이론의 관점은 인간의 행동을 물리적 자극 또는 상황에 대한 반응으로 이해하였다. 성 역할과 성 정체감은 직접적인 방법으로 긍정적인 강화(보상)와 부정적인 강화(체벌)체제에 의하여 학습되어질 수 있으며, 간접적인 방법으로는 관찰, 모델화, 모방 등을 통해서 학습된다고 설명한다. 이 이론에서는 우리 사회가 생물학적 성에 따라 강화와 모델링을 차별적으로 제공하기 때문에 남아와 여아는 성 역할을 상이하게 습득한다는 것이다. 특히 우리 사회는 아이들에게 동성모델을 보고 모방하도록 유도하고 강화하는 경향이 있다. 이에 따라 아이들은 주어진 동성의 모델을 관찰하고 모방하면서 점차 해당 사회의 성 역할을 답습하게 된다. 결국 사회학습이론은 성 역할 습득이 전적으로 후천적인 환경에 대해 인간이 수동적으로 반응한 결과인 것으로 설명한다(이여봉, 2010).

4) 인지발달이론

인지발달이론은 행위에 있어서 인간의 주체적 인지능력을 강조한다. 그래서 피아제(Piaget)와 콜버그(Kohlberg)는 인간의 사회화를 인지적 성숙과정으로 설명한다.

콜버그에 따르면 아동은 특히 구체적 조작기(5~6세경)에 부모와 친구 및 대중매체의 영향에 의해 남성과 여성에 관한 도식을 형성하게 된다. 그리고 자아중심적 사고를 하는 구체적 조작기의 특성상 반대편 성 역할보다는 자신의 성 역할을 선호하게 됨에 따라 동성부모를 모방하고 동성부모에게 애착을 갖게 된다고 설명한다.

콜버그는 아동이 2.5~3세 정도면 자신의 성별을 알게 되고, 타인의 성을 구분짓는 성정체감이 형성되며, 5~6세가 되면 성에 관련된 가치, 행동 등에 관한 고정관념이 형성된다는 데 주목한다(이영찬, 2005). 아동의 자기중심적 사고로 인하여 자신의 성과 성 역할을 선호하는 경향이 있고, 그 결과 동성부모 및 동성의 성인과 동일시하며 동성 성인의 행동을 모방하게 된다는 점에서 콜버그의 설명은 피아제의 설명과 일치한다.

동일시이론과 비교해 보면 동일시이론이 동성 부모와의 동일시를 통해서 성 역할 정체감을 형성하게 되는 것으로 설명하는 데 반해 인지발달이론은 성 정체감 및 성 역할 정체감이 먼저 안정되고 난 후 동성 부모를 모방하게 된다고 설명한다.

이 밖에 포스트모더니즘으로부터 발전된 사회구성주의에서는 각 개인이 타인들과의 언어적 상호작용을 통하여 실재를 주관적으로 구성한다고 본다. 따라서 젠더란 개인이 소유한 특성으로 구성되는 것이 아니라 사람들이 서로 상호작용하면서 의미를 부여할 때 발생하는 것이다(Lips, 2008). 어떤 특정 행동이 특정 상황에서 여성과 남성에게 적절하다는 사회적 동의가 곧 젠더인 것이다. 사회구성주의에 의하면 우리가 지금까지 정의한 젠더의 개념은 수세기 동안 가부장제 사회의 상호작용 속에서 규정되고 구별된 것일 뿐이다. 따라서 특정한 사회적 상황에 속한 사람들이 그 의미를 공유함에 따라 젠더와 관련된 개념은 다르게 구성될 수 있다.

3. 성 역할 사회화 촉진 요인

성차의 형성이 일생에 걸쳐 이루어진다는 입장에서 환경적 요인을 크게 가족, 학교, 대중매체로 나누어 살펴보면 다음과 같다.

1) 가족적 요인

가족은 일차적인 사회화가 이루어지는 주요한 장소이다. 성에 기초한 차별적 사회화는 부모들이 첫째, 성에 대한 고정관념을 갖고 있으며, 둘째 성에 적합하다고 여겨지는 행동을 가르치기를 원하고, 셋째, 성에 적합한 행동이 형성되도록 아동과 상호작용을 하며, 넷째, 성에 적합한 행동을 할 때는 긍정적으로 보상을 하고 그렇지 않을 때에는 벌을 주기 때문인 것(장상희, 1992)으로 보고 있다.

부모들은 성에 대한 이러한 기준들로 아이들을 사회화시키게 되는데 그 내용은 다음의 몇 가지로 살펴볼 수 있다.

먼저, 부모는 자녀의 성별에 따라 기대와 태도 및 의식적인 보상을 달리 한다. 어려서부터 아들은 씩씩하고 용감하며 책임감있게 양육되는 반면, 딸은 착하고 예쁘게 그리고 온순하게 길러지도록 한다.

두 번째로 부모들이 제공하는 장난감이나 놀이, 과제부여의 체험이 성에 따라 다르게 제공된다. 남아들에게는 성취와 경쟁, 교육적인 것과 관련된 장난감이, 여아에게는 주로 소꿉놀이, 인형, 요리 등과 관련된 놀이를 제공한다. 자녀가 성장하면서 자녀에게 할당하는 과제와 종류에서도 남아들은 주로 힘을 필요로 하는 일과 사회망에 관련된 심부름의 과제를 할당받는 반면, 여아들은 다른 사람을 돌보는 과제나 가족과의 상호작용이 많은 과제들을 더 많이 할당받는다.

세 번째로 가치나 의식 면에서도 다르게 반영되어진다. 의식적으로는 아들과 딸을 구별하지 않는다고 하면서도 아들에 비해 딸에게는 일류대학의 진학 희망이나 사회적 성공과 같은 절실하고 적극적인 기대를 하고 있지 않다. 때로는 딸의 학업이 직업적 성취를 위한 기초로 생각되기보다는 결혼을 잘 하기 위한 수단으로 여겨지는 경우가 많았다. 이러한 의식과 가치는 부모가 지닌 성역할 태도에 따라서도 관련이 있었다(송정아, 2006). 부모의 성 역할 태도가 근대적일수록 자녀의 성 역할에 대한 태도 또한 근대적이며 융통성이 있었으며 어머니의 태도가 아버지보다 더 큰 영향을 미쳤다. 또한 확대가족 형태에서 자란 아동들이 핵가족 형태에서 자란 아동들보다 더욱 고정화된 성 역할 태도를 가지고 있었다.

부모가 자녀의 성별에 따라 사회화를 다르게 하는 것은 어느 문화에서나 공통적인 현상으로 부모가 딸보다 아들에게 더 많은 관심을 보이며, 딸과 더 사교적으로 상호작용하고, 아들에게 성취와 자율성을 더 강조하는 것은 어느 문화에서나 공통된 현상이다(Lips, 2008).

2) 학교 요인

학교는 가정과 더불어 성차 형성에 영향을 미치는 중요한 기관이다. 교과 내용에 나타난 성 고정관념이나 성 차별적인 요소들은 교과서에 등장한 남녀의 비율, 남녀의 역할이나 성격 혹은 행동특성, 직업묘사 등에서 잘 나타난다.

맥코비와 재클린(Maccoby & Jacklin, 2004)에 의하면 여자 등장인물은 감정적, 의존적, 가정적, 수동적, 복종적이며 능력이 적은 것으로 표현되는 반면에 남자 등자인물은 창조적이고 능동적이며 총명하고 능력있는 강하고 독립적인 존재로 묘사되고 있다(송정아, 2006).

중학교 1학년 국어 교과서의 내용분석에 대한 김애희(2004)의 연구는 이러한 내용들이 잘 반영되어 있다. 중학교 1학년 제7차 국어교과서의 예를 들어 보면 등장인물 180명 중 남성은 67.8%, 여성은 32.2%였으며, 특히 중심인물의 경우 남성은 전체 49명 중 77.6%를, 여성은 22.4%에 그쳤다. 또 전문직업인으로 분류된 45명 중 남성이 여성(10명)의 3배 이상인 것으로 집계됐고, 소설 '소나기'의 '소녀'나 설화 '지네장터'의 '순이' 등 대부분의 여성 등장인물은 가족이나, 부모, 남편을 위해 희생하는 인물로 묘사됐다고 지적했다. 등장인물의 성격도 남성은 주체적인 삶의 영위자로서의 특성이 부각된 반면, 여성은 정서적인 면이 강조됐으며 국어 교과서에 수록된 글의 저자 중 성별 확인이 된 47명 중 남성 74.5%, 여성 25.5%로 집계됐다. 교과서 구성상의 이 같은 성차별은 잠재적으로 드러나고 있으나 성 역할 의식을 확립해 나가는 사춘기 청소년들에게 여성은 남성에 비해 덜 중요한 직업에 종사하며 남성의 보조적인 역할을 수행한다는 부정적인 인식을 심어줄 가능성을 배제할 수 없게 됨을 강조하고 있다.

한편 이수 교과목의 내용에서도 이러한 측면을 발견할 수 있다. 6차교육과정에 의해 비로소 남녀학생이 중학교 단계에서 기술과 가정을 공동이수하게 됨에 따라 문제들을 다소 극복하게 되었지만 아직도 고등학교 단계에서는 남녀학생에 따라 여학생은 가정과 가사를, 남학생은 기술과 공업 또는 정보산업을 배우고 있는 경우가 대부분이다. 체육교과목의 공식적인 교육과정에서는 성 구분 없이 동일함에도 불구하고 실제 교육활동에 들어가면 남녀학생이 받는 교육내용이 달라지는 양상을 보이는데 여학생은 개인종목 운동 또는 무용과 같이 여성답고 육체적인 활동이 많지 않은 체육활동을 하게 되는 반면, 남학생에게는 단체경기인 구기종목을 주로 하게 되는 것으로 조사되었다. 단체경기는 조직의 규칙을 따르고 필요한 경우에는 조직원들의 합의에 의해 규칙을 만들거나 수정하며, 공동의 이익을 위해 협력하고, 조직 속에서 자신의 역할과 기능을 적절히 수행하는 훈련을 하게 하는 등 중요한 교육적 경험을 갖게 하는 기회인데 이를 여학생에게 차단하고 있는 경우다.

교사의 차별적 태도 또한 성차에 대한 압력을 가져오는 요인으로 작용하게 될 것이다. 예를 들어 교수들이 여학생보다 남학생에게 발표기회나 질문할 기회를 더 많이 허용하며, 남녀학생에 대한 보상이나 벌, 실수에 대한 대처방법도 성별에 따라 차이가 있었다. 즉 남학생은 공부를 잘 했을 때,

여학생은 선행이나 깔끔한 외모에 대한 칭찬을 더 받으며, 여학생에게는 실수에 대해 노력하라는 격려를 덜 받는 것으로 나타났다(Sadker & Sadker, 1985). 새로 또한 학교의 운영전반에 걸친 교원조직을 보면 남성중심성을 벗어나지 못하고 있다. 학교의 운영과 교육적 결정을 내려야 하는 학교 의사결정조직에 여성이 과소대표되는 현상이 지적될 수 있다. 일선 학교에서의 교장, 교감 또는 주임교사와 같은 의사결정직의 절대다수가 남성이고 여성은 평교사라는 성별위계 구조가 가지는 성 역할 모델의 교육적 의미가 간과될 수 없을 것이다(경향닷컴, 2008. 1. 22).

3) 대중매체의 요인

대중매체는 사회의 현실을 정의해 줄 뿐만 아니라 사회 안에서 무엇이 중요하고 문제인가를 알려줌으로써 사회구성원으로 하여금 어떻게 파악할 것인가를 결정하게 하는 힘을 갖고 있다. 따라서 대중매체에서 남녀간의 관계의 정의와 묘사는 우리의 성에 대한 의식과 행동양식에 지대한 영향을 미치게 된다.

TV드라마에서 표현되어지는 남성, 여성의 캐릭터, 주인공들의 직업들, 남녀 간의 관계에서 묘사되는 사랑과 갈등의 표현들에서 자연스럽게 성별과 일치하는 규범과 역할들을 습득하게 된다. 최근의 대다수 드라마에서 묘사되는 남녀간의 관계에서 여성의 역할은 낭만적 사랑이나 신데렐라 콤플렉스를 자극하거나 혹은 극적인 갈등을 초래하는 대상으로 묘사되고 있는 경우가 많다. 이는 우리가 매일 접하는 TV라는 매체를 통해 올바른 남녀간의 관계맺음과 긍정적인 소통에 대한 역할모델을 거의 찾아볼 수 없게 만든다.

또한 거의 무차별적으로 접하는 광고 속에서도 예외가 아니다. 광고에서 나타나고 있는 대부분의 여성모델의 경우는 가정을 배경으로 하거나 성적 매력이나 미모가 강조되는 반면, 남성모델은 일터나 성공을 암시하는 배경이 많다. 광고 속의 여성 표현의 특징을 보면, 과다노출, 특정부위를 지나치게 강조, 상품 속성이나 기능과 관계없는 여성의 등장, 여성역할을 집안일이나 가사 종사자로만 한정하거나 혹은 가정, 집안일을 완벽하게 해내는 슈퍼우먼의 묘사 등으로 왜곡된 여성상을 보여주고 있다(이성희 외, 2009).

생각해 보기

1. 성 역할 사회화에 대한 이론적 관점들의 장점과 제한점들에 대해 논의해 봅시다.

2. 남녀 간의 차이에 대한 각자의 고정관념의 내용과 이러한 고정관념이 일상생활에 어떤 영향을 미치게 되는지에 대해 서로 생각해 보고 논의해 봅시다.

제3장

가부장제 가족의 역사와 변천

1. 가부장제와 자본주의 : 성 차별의 사회 문화적 통제의 배경
2. 서구의 가부장적 가족제도의 변화
3. 우리나라 가부장적 가족제도의 변화

1. 가부장제와 자본주의 : 성 차별의 사회 문화적 통제의 배경

먼저 성 차별의 사회 문화적 배경이 되는 가부장제와 자본주의와의 관계와 그 내용에 대해 구체적으로 살펴보면 다음과 같다.

1) 가부장제

바댕테르는 남녀관계의 역사를 크게 셋으로 구분했다.

우선 남자와 여자가 평등하게 서로를 보완하고 돕는, 보완의 시대가 있었다. 다음으로 남자가 여자를 배제하고 억압하는 적대관계가 오랫동안 지속되었다. 그리고 이제 남자와 여자의 구별이 없어지고 '꼭 닮은 쌍둥이' 관계가 시작되려 한다.

그런데 맨처음 남녀평등의 시대는 역사에 기록되어 있지 않고, 세 번째 시대 역시 이제 막 시작되려고 하는 참이다. 결국 역사는 남자와 여자의 적대관계였던 시대만을 기록하고 있는 셈이다.

남자가 사냥을 하고 여자는 식물을 채취하던 그 시절, 남자와 여자는 평등한 보완관계에 있었다. 짐승을 잡고, 그 사체를 다루는 남성의 모습은 굉장한 권위를 가지고 있었으나, 아기를 낳는 신비를 체험하는 여성의 위엄도 그에 견줄 만한 것이었다.

기원전 8000년부터 6000년경이 되면서, 경제의 기초는 농업과 목축으로 옮겨졌다. 농업의 발명자가 여성이라는 설은 이제 거의 정설로 받아들여지고 있다. 남성은 사냥으로, 다음에는 목축으로 바빠서 농업에 종사하기 힘들었지만 식물의 채취를 도맡았던 여성이 식물의 자라는 모습을 관찰하고, 스스로 키워 보려고 시도했던 것은 극히 자연스러운 과정이었다.

곡물이 주식이 되어 농업의 중요성이 조금씩 커지면서 농업을 담당했던 여성의 힘이 강력해지고, 사냥꾼의 그림자는 엷어졌다. 이렇게 해서 신석기 시대에서 청동기 시대까지는 지모신(地母神)의 위광이 최고조에 달했다. 지모신은 어머니이며 아버지이며 자식이었다. 즉 모든 일의 시작이며 끝이고 우주 그 자체였던 것이다.

"남자가 통치하고 여자가 지배"함으로써 남자의 힘과 여자의 힘이 가장 좋은 균형관계를 유지하던 시대는 기원전 4000년서부터 2000년경이었다고 바댕테르는 결론짓고 있다. 그 후 남자와 여자가 보완관계를 유지하면서 평등하게 지내는 시대는 다시 오지 않았다.

그리스 비극 오레스테스 신화는 모권제에서 부권제로 넘어가는 시점이 시작되었음을 나타내는 신화라고 볼 수 있다. 그리스 비극의 대표작인 아이스킬로스의 〈자비로운 여신들〉과 에우리피데스의 〈오레스테스 신화〉 두 비극은 같은 소재를 다루고 있으며 하나의 큰 어려운 문제를 주제로 하고 있다. 오레스테스가 어머니를 죽인 것이 유죄인가, 무죄인가하는 문제이다.

오레스테스의 어머니는 남편이 전쟁으로 집을 비운 사이에 간통을 하고, 남편이 전쟁에서 돌아오자 환대하는 척하면서 목욕탕에 데리고 들어가 살해하였다. 오레스테스는 아버지의 복수를 위하여 어머니의 가슴을 찔러 죽였다. 그 때문에 그는 미친 사람이 되고 지옥에서 어머니가 보낸 에리뉘에스라는 뱀의 머리털을 가진 복수의 여신에게 쫓기는 신세가 된다.

오레스테스는 구제되어야 하는가, 아니면 영원히 에리뉘에스에게 쫓기는 벌을 받아야 하는가라는 문제가 남는데 만약 오레스테스가 어머니의 자식이라면 그는 중대하고, 용서받을 수 없는 죄를 지은 것이다. 그러나 아버지의 자식이라면, 장하게도 아버지의 원수를 갚은 오레스테스는 무죄가 된다.

이것은 바로 모권과 부권의 대결을 상징한다. 결국 오레스테스가 용서받음으로써 부권이 승리하지만, 그 아슬아슬한 승리는 모권에 대한 뿌리깊은 공포의 자취를 남겨놓았다(우에무라 구니코, 2005).

인류의 집단 무의식이나 원형의 중요성을 주장한 융이나 바흐오펜에 따르면 아마조네스 신화 등의 신화소에서 남녀가 평등하거나 오히려 여성이 약간 우세했던 사회를 발견할 수 있다는 주장도 있다(정현백 · 김정안, 2010). 목수정은 그의 저서 「야성의 사회학」에서 에리히 프롬이 주장하는 모권제 사회에 대한 영감을 제공한 신화학자이자 인류학자인 바흐오펜(Johann J. Bachofen)의 예를 들면서 하나님 아버지가 천지를 창조하시고 아담이라는 최초의 인류가 만들어진 후, 그의 갈비뼈로부터 여자가 생겨났다는 구약성서의 〈창세기〉 신화가 전하는 대로 인류의 시작부터 가부장제는 인간의 삶이 잉태되기 위한 조건이었으며 앞으로도 가부장제가 점하는 위치는 변함이 없을 것이라고 믿는 이들에게, 실은 인류의 역사가 여자와 남자 사이에 벌어져 온 또다른 투쟁의 역사라는 것을 환기시키는 것은 역동하는 역사로 인한 존재적 불안을 불러일으키기에 충분할 수도 있었을 것이라고 한다(목수정, 야성의 사랑학, 웅진지식하우스, 2010). 그러나 엥겔스에 따르면 원시공산제가 해체되고 인구증가와 경제력 발전과 같은 변화가 일어나면서 야만시대에서 일부일처제에 기반을 둔 문명시대로 넘어가는 과도기에서 대우혼 과정을 거쳐 남성의 적자상속을 위한 수단으로 이른 바 "여성의 세계사적 패배"라 지칭되는 모권의 전복이 이루어지고 부권사회로 이행하면서 여성은 남성적인 욕구의 노예이자 자녀생산의 단순한 도구로 전락하게 되었다고 한다(정현백 · 김정안, 2011).

가부장제(Patriarchy)란 가장 나이가 많은 남자에게 가족 내의 모든 권위가 집중되는 제도이다. 이러한 문화권에서는 아버지 및 남편이 아내와 자녀들의 모든 것을 책임지고 보호하며 통솔하는 주인이자 결정권자이다. 또한 아내나 자녀들은 남자 및 연장자의 권위에 복종하고 따르는 것을 당연시한다(이여봉, 2008).

임지현(2008)에 의하면 근대 가부장제의 등장은 경제적인 측면에서는 자본주의 임노동제, 즉 가장이 돈을 벌어오고 가족을 책임진다는 자본주의 임노동제와 연결됨과 동시에 정치적으로는 징병제와 관련이 있다. 말하자면 남성이 신성한 조국을 위해 복무하는 동안 여성은 집에서 가정을 지키고 아이를 잘 교육시키는 자애로운 모성으로서 자리매김하게 된다. 이렇게 징병제 도입을 통해 남성을 공적 영역에 배치하고 여성을 사적 영역에 배치하는 방식이 근대국가의 주요 체제 중 하나로 자리잡게 되었다는 것이다. 뿐만 아니라 원기숙과 강준만에 의하면 남성은 실종이나 가출, 사망과 같은 부재 중에도 의례와 권위의 상징적인 인물로서 공적인 영역을 대표해 왔으며 심지어 사후 귀신이 되어서까지 여성은 남성의 힘과 권위를 빌어 명예를 회복하고 복수를 할 수 있을 정도로 사적 존재로 치부되어 왔다고 한다(최기숙, 2010; 강준만, 2009).

현대 자본주의 사회에서 성억압의 형태로서의 가부장제에 대해 보다 자세히 살펴보면 다음과 같다(조흥식, 2006).

첫째, 노동시장에서 가부장적 관념으로 성위계적 조직화와 통제를 사용하여 여성을 중요한 생산영역에서 배제시킨다. 그렇지 않으면 직무의 분리를 통하여 노동과정 내에서 여성을 남성에게 예속적인 위치로 만들거나, 관리, 감독에 있어 가부장적 관계의 기본적인 형태로 여성노동을 통제한다. 이런 상황 속에서 낮은 임금으로도 여성 노동자들을 가정 밖으로 이끌어낼 수 있는 것은 집안일이 전혀 화폐가치가 없는 무보수 노동이기 때문이다.

둘째, 이와 같은 가부장적 관계의 강화는 주로 가족제도의 유지를 통해서 이루어지는데, 자본주의 사회에서는 가족의 그 경제적 역할의 중요성에도 불구하고 경제적 단위로서 보다는 사적인 제도로 간주함으로써 가족을 중심으로 이루어지는 여성의 활동을 비생산적인 것으로 간주한다. 실제적으로도 여성 자신의 한 개인으로서 자기 활동에 대한 객관적 가치를 인정받기보다는 가족의 유지와 출산, 양육에 관련된 역할의 수행 여부에 따라 사회적 중요성이 다르게 평가된다(M. Meis, 1987).

이러한 가부장제에서의 결혼을 통한 성규범의 특성을 살펴보면 다음과 같다(조흥식, 2006).

첫째, 가부장제 결혼은 이중적 성윤리의 전통을 가지고 있다.

둘째, 남녀간의 지위를 불평등하게 규정짓는 가부장제에서 결혼을 통한 성적 결합은 지배와 복종의 관계를 바탕으로 성립된다.

셋째, 극도로 성이 억압되는 구조 속에서 여성은 성에 대한 욕망을 가지지 않은 비성적인 존재인 반면 남성은 성적 본능이 강한 존재로 규정하는 신화가 존재한다.

넷째, 가부장 사회에서 규정된 성 역할은 남녀 성별에 따라 이중기준을 적용하는 규범을 탄생시킨다.

다섯째, 성교중심적이고 남근 숭배적 속성을 가지고 있다.

이와 같은 성규범의 이중체계는 여성을 경제적 무능력자로 남편에게 의존하도록 가족 내에 안주하게 함으로써 여성 억압을 유지하는 기제로 작용함과 동시에 가족 내에서도 부부간의 성적인 면에서의 불평등을 재생산한다. 여성을 자신의 성적 욕구와 관계없이 남성의 욕구를 충족시키는 서비스적 존재로 규정짓고 육체적 욕망은 모성애로 대체될 수 있다고 정의함으로써 성적 충족에 있어서의 남녀 불평등 관계를 가족 내에서 더욱 강화시키는 결과를 낳는다.

이러한 이중 성문화의 단적인 표현은 혼외관계에서 찾을 수 있는데 부부간의 성생활이 중요함을 인정하면서 성의 자유는 여자보다 남자에게 더 적용되는 것이다.

병적인 가부장제의 모습은 나치즘에서 볼 수 있다. 나치즘은 여성의 가치를 우수한 아리아인 남자를 낳는 동물로서만 인정하고 있다. 여성은 아이를 양육하는 가정 외에는 자기만의 우주를 가져서는 안 된다. '남자는 문화이자 선(善)'이고, '여자는 자연이며 악(惡)'이라는 형식이다.

히틀러가 쓴 「나의 투쟁」을 연구한 어느 여성학자는 이 책 속에서 여성을 지칭하는 말로 Frau 대신 Weib가 사용된 것에 주목한다. 히틀러는 1934년 나치당 대회에서 순수한 민족의 피를 갖지 않은 여성에게는 불임처치를 하는 한편 순수한 혈통의 아이를 많이 낳는 여자에게는 혜택을 주자고 주장했다.

전쟁이 점차 종말로 치닫던 1942년, 인구를 늘릴 필요가 절실해지자, 히틀러는 40만 명의 여성을 수용할 수 있는 '생명의 샘'을 설치하도록 명령했다. SS(친위대) 국가장관인 히믈러는 생식, 육아조직인 '생명의 샘'을 설립하여 SS의 아내나 약혼자에게 될 수 있는 대로 많은 아기를 낳게 하였다.

가부장제에 처음으로 독을 주입한 것은 여성이 아니었다. 절대군주제를 타도하려던 프랑스 혁명의 자유와 평등의 외침은 가부장제까지 위험하게 만드는 칼날로 작용했다.

정치와 종교가 하나였던 구제도하에서는 아버지이자 신의 대리인인 왕에게 절대 복종해야 했다. 그러한 왕을 단두대의 이슬로 사라지게 했으니 이것은 부권사회의 종이 바위에 가한 최초의 일격이라고 할 수 있다(우에무라 구니코, 2005).

가부장제를 해결하기 위해서는 공식적인 남성 지배와 가정적 여성지배의 분열된 사회구조를 극복하는 일이다. 즉 공사영역의 이분화, 즉 일과 생활, 소외된 노동 위주의 외부세계와 개인 감정 중심의 내면세계, 그리고 도구적 인간과 정서적 인간의 분열을 초래한다는 사실을 깨닫게 될 때, 비로소 생활양식의 변화를 통한 가부장제 극복이 가능해질 것이다.

2) 자본주의 제도

(1) 성의 억압

성의 억압은 자본주의의 유일한 산물은 아니나, 자본주의적 성적 억압의 고유한 형태를 만들어 냄으로써 이를 세계적인 수준에서 극단적으로 추진시켰다. 특히 자본주의가 가족에 미친 영향 중 하나는 사유재산을 기초로 한 전통적 가부장적 가족구조의 쇠퇴이며, 다른 하나는 노동과 사회생활의 영역 밖에서 경험되는 개인적 삶을 강조하는 현상이다(김정희, 1986).

후자의 경우 19세기에 산업자본주의가 발달되는 과정에서 부르주아(상층계급) 가족은 생산노동이 이루어지는 외부 사회로부터 개체성과 개인의 정서생활, 그리고 친밀한 인간관계를 보호하는 피난처로서 가정생활을 예찬하며, 특히 청교도 윤리와 결합하여 가족을 청교도 윤리를 실천하는 규범적, 정신적 모범의 장으로 취급한다. 여기서부터 여성의 가사 역할이 미화되고 전업주부가 이상화됨으로써 여성의 직업활동은 가족 개개인의 생활에 손해를 주며, 여성의 직업과 가사역할은 상호 갈등관계에 있다고 보는 관념이 생겨나게 된다. 또한 주부의 취업은 그 가정의 낮은 지위를 대변하는 것으로 간주되기도 한다(Hareven, 1986).

(2) 노동과 성의 이원화

생산력의 극대화를 최상의 목적으로 삼는 자본주의 경제는 인간의 노동영역으로부터 모든 비합리적인 것을 배제시켜 그 도구성을 높인다. 특히 성은 합리성과 대립된 개념으로써 노동과 공식조직으로부터 엄격히 분리되어 사적 영역으로 귀착된다. 즉, 합리성이 지배하는 일과 사회는 남성의 영역으로, 감수성이 주도하는 가정과 사생활은 여성의 영역으로 대립시키는 이분법적 경향이 강화된다는 것이다.

이러한 이분법적 경향은 여성에게 세 가지 의미를 갖게 한다(이영자, 1991). 우선, 성모델로 취급되는 여성은 직업세계와 공식조직에서 열세한 위치의 주변적인 존재로 규정된다. 둘째, 합리성을 이상화하는 자본주의 사회에서 비합리적인 여성의 역할과 세계는 자연히 남성의 세계에 비해 부차적인 것으로 평가절하된다. 셋째, 여성은 성모델로서 남성에게 노동과 합리성에서 배제된 에로틱한 감성을 제공하고 충족시키는 성적 대상의 존재로 취급된다. 이 세 가지는 결과적으로 성과 여성의 세계가 노동과 남성의 세계에 의해 지배되는 것으로 나타나며, 결국 전통적인 성의 이중구조를 심화시키는 측면을 나타낸다.

한편, 이러한 성도덕을 강조하는 부르주아 가족의 이데올로기와 노동영역의 탈성화는 가족과 노동 밖의 영역에서의 성 부도덕의 증가, 즉 매매춘제도의 증가로 나타났다. 산업화와 도시화에 따라 유동적인 노동집단과 이산가족, 독신남성이 늘어남에 따라 매매춘 여성과의 관계를 성욕 충족의 유일한 배출구로 이용하는 인구가 증가한 것이다. 동시에 이러한 수용에 부응하여 저임금 노동을 보조하는 방편이나 또는 본격적인 직업으로 매매춘업에 종사하는 여성인력의 공급도 증대하였다. 결국 금욕의 원칙과 방종의 현실 사이의 괴리가 더 심해지면서 성의 이중구조가 더 확고하게 나타난 것이다.

(3) 성의 자유와 성혁명

자본주의는 공식적으로 가족과 노동을 통해 성억압을 강화하는 이면에, 성의 자유를 부추기는 잠재적인 요소들을 내포하고 있다. 푸코는 자본주의 성장이 성적 쾌락의 증대를 야기한 배경에는 부르주아 계급이 자손과 혈통과 상속권에 대한 각별한 관심을 가졌고, 이 때문에 육체와 성에 관한 집착이 매우 컸음을 주장한다. 그리고 가장 중요한 변화는 부르주아 가족이 과거에는 주로 경제적 요구, 혈연, 상속에 의존하였던 것이 점차 사랑과 성의 결합의 의미를 중시하는 경향을 나타낸 것이다. 출산율이 낮아지고 부부중심의 소가족이 보편화되는 상황에서 개인주의의 발달과 함께 성의 자유와 쾌락을 추구하는 사회 문화적 풍조가 부르주아적 가정생활의 전통에까지 침투, 확대된 변화로 볼 수 있다. 그 결과 가족은 더 이상 성적 금기의 장이 아니라 성화(sexualization)의 주요 생활공간이 되었으며, 아울러 성 쾌락에서의 남녀의 상호성과 성적 평등의 문제가 제기되었다. 그후 서구사회는 1960년대를 기점으로 여권의식이 고조되면서 결혼과 가정에 집착하던 여성들이 조직화되고 사회 정치적 요구와 주장을 확대해가는 상황을 발전한다. 성혁명은 혼전 성의 자유, 평등주의에 입각한 여성의 성생활과 여성의 자율적인 성적 권리의 추구, 성에 대한 공개토론의 증가로 나타난다. 피임약의 보급과 함께 여성에게 생식적인 성과 쾌락적인 성의 구분이 가능해진 것도 성혁명을 부추기는 요인이 되었다. 특히 부부생활의 문제가 심각해지고, 이혼이 증가하고, 또 한편에서는 개방결혼이 등장하는 등 전통적인 가족모델에 일련의 변화를 요구하는 추세가 나타나면서 기존의 가족제도가 위기를 맞게 된다(이영자, 1991).

(4) 성의 상품화

성혁명에 의한 성해방은 소비사회의 발달과 연관성을 갖는다. 소비사회는 절제와 검약의 자본주의 정신을 '소비의 미덕'으로 대치시키면서 쾌락주의를 적극 장려하게 된다. 소비사회에서 성은 하나의 상품으로서 모든 계층의 일상생활에 침투하게 되고 인간의 성생활은 이러한 상품적 성격의 지배를 받는다.

이러한 성상품화가 인간에게 주는 영향은 첫째, 인간적인 자질을 상실시키고 객체화함으로써 성욕을 자극하는 매커니즘에 의해 성적 대상의 물신성을 강조하게 된다. 둘째, 성욕을 인위적으로 조작함으로써 성의 소외현상을 야기시킨다. 셋째, 성상품화와 직결된 성해방은 성적 민주주의의 허위의식을 심어 준다. 성해방은 마치 누구나 일상생활 속에서 성의 자유와 쾌락을 즐길 수 있는 가능성이 있고, 또 대중의 성생활이 동질화되어 가는 것 같은 환상을 주지만, 실제로 성생활에서 계급과 인종과 성별 간의 차이와 상이성이 적지 않다.

결국 성해방은 사회정치 의식과 계급 간의 위화감 및 갈등을 성적 쾌락으로 둔화시킴으로써 체제 내적인 순응주의와 합의를 조작하는 사회통제의 기제로 이용된다고 볼 수 있다. 또 계급적인 연대감이나 정치참여의 의지 대신에 극히 개인주의적인 이해관계와 쾌락주의에 몰입하는 성향을 조장한다. 지배계급의 입장에서는 대중의 불만과 비판의식을 약화시키거나 심지어는 우민화시키기 위해 성적 상징의 조작을 이용하는 경향을 나타낸다(이영자, 1991).

2. 서구의 가부장적 가족제도의 변화

시대의 흐름을 따라 사람들의 삶의 모습과 특징을 이해하고, 그 안에서 여성들의 위치와 경험을 파악하는 것은 오늘날 여성의 삶을 이해하고 그 변화의 방향을 파악하기 위해 긴요한 일이다.

1) 원시시대의 가족

초기 인류는 여성과 남성의 생물학적 조건에 따라 남성은 수렵을 하고 여성은 채집을 통해 식량을 마련하면서 상호의존하며 모여 살았던 것으로 전해진다. 물론 남성이 공급하던 육류는 중요한 단백질 공급원이긴 했겠으나 공급이 불규칙했던 반면에, 규칙적으로 식량을 마련하던 존재는 채집에 종사하던 여성이었으므로 여성의 기여도는 남성에 뒤지지 않았을 것이다. 게다가 생산력이 낮고 저장기술 역시 발달하지 않았던 시절이므로 있는 대로 먹고 남으면 버리고 부족하면 굶는 식으로 공동생산하고 공동분배하는 비교적 평등한 사회였을 것이다. 그래서 남성과 여성의 역할 역시 달랐을 뿐 그에 따른 사회적 차별은 존재하지 않았을 것으로 여겨진다(김선주, 1999). 또한 집단혼 혹은 난혼사회여서 자녀는 모계의 혈통만을 확인할 수 있었으므로 모계제 사회였을 것으로 추정된다(김선주, 1999; Engels, 1884). 모계제 사회가 곧 여성이 통치하는 모권사회였다고 보는 주장도 있기는 하지만, 모권까지는 아니더라도 최소한 여성이 사회적 지위나 생산력 면에서 남성에 의해 소외되거나 불리한 사회는 아니었을 것이다.

토기와 직조 및 초기 농경으로 대표되는 신석기 문화는 식량채집이 아니라 정착하여 식량을 생산하는 단계로의 변화와 더불어 시작된다. 그런데 초기 농경시대까지는 농경과 식량조리, 토기제작 및 직조 등을 담당한 존재는 여성이었던 것으로 알려져 있다. 그리고 농사가 잘 되기를 기원하는 제사장의 역할을 여성이 맡았다는 추정은 신석기 사회도 모계사회였을 것이라는 주장을 뒷받침한다.

2) 계층과 성 불평등의 발생

(1) 금속도구의 발달과 생산력 혁신, 그리고 전쟁

수렵도구의 지속적인 개발은 금속도구의 출현과 목축시대를 열었다. 금속을 두드리고 부어 만드는 생산에서 여성보다는 물리적 힘이 강한 남성이 유리했고, 여성은 점차 금속도구의 생산과 소유로부터 소외되어 갔다. 게다가 무거운 청동농기구의 보급으로 농경에서도 신체적 노동력이 중요해지면서, 남성의 참여 비중이 높아졌고 여성은 점차 농사의 중심에서 밀려났다. 그뿐 아니라 배를 어로수단으로 이용하게 되면서 여타 생산활동에서도 남성들의 비중이 커지고 여성들의 비중은 축소되어 갔다.

금속도구의 발달로 인해 공동노동의 필요성이 줄어들게 되자, 공동체적 생산관계가 무너지고 개별노동화되면서 생산수단도 사유화되었다. 점차 생산량이 늘고 저장기술이 발달하면서, 잉여생산물을 독점하는 권력층이 생겨나고 씨족집단 간에도 경제적 불평등이 생기게 된다. 그리고 금속무기를 활용할 수 있는 집단이 열세인 집단을 정복하고 피정복민을 노예로 부리기 시작했다. 전쟁을 통해 인적 노동력을 확보하고 그 노동력을 통해 생산량을 증대시키게 되면서, 무력이 지닌 가치는 더욱 부각되었다. 반면 무기와 전쟁 그리고 경제활동으로부터 소외된 여성들은 결국 공적인 영역에서 배제되면서 사회적 독립성을 상실하게 되었다(김선주, 1999). 이제 사회는 경제력과 군사력 면에서 우위에 있는 집단과 그렇지 못한 집단 간 그리고 남성과 여성 간 권력의 불평등 시대가 펼쳐지기 시작했다.

(2) 고대국가 시대의 여성과 남성 그리고 노예제 사회

한반도에서는 청동기 시대에 출현한 고조선을 고대국가로 보는 설이 있고, 철기와 더불어 부흥한 삼국시대를 고대국가의 시작으로 보기도 한다. 한편 서구에서는 철제도구를 사용했던 아테네와 스파르타 등의 도시국가들이 노예제와 성 차별적인 가부장제 사회를 일구고 있었다. 이들은 모두 생산수단과 부를 소유한 남성에 의해 세워지고 통치되었던 고대국가들이었다.

남성들이 생산의 중심에 서서 잉여생산물의 축적과 더불어 경제력을 장악하고 사유재산이 발생하면서, 생물학적으로 출산에서 소외된 남성들이 자신의 생물학적 자손을 확인하여 소유함으로써 확실한 노동력과 군사력을 확보하고, 또한 지식과 재산을 자신의 자녀에게 상속하고자 시도하였다. 이것이 부계혈통의 가부장적 공동체이자 남성이 중심이 되는 일부일처제 가족의 기원이라고 전해진다. 그런데 이 과정이 남성의 자식을 낳기 위해 여성으로 하여금 정조를 지키도록 요구하고 자손 번식을 위해 여성을 도구화하는 계기였던 것으로 해석된다. 일부일처제의 초기형태였던 대우혼의 경우 혼인의 구속력은 약해서 결혼과 이혼도 어느 한쪽의 의사에 따라 자유롭게 성립되고, 이후 쌍방은 모두 자유롭게 다시 결혼할 수 있었다(한국여성연구회, 1996). 그러나 점차 여성은 결혼과 이혼의 자유를 상실하고 경제적, 정서적으로 남성에게 예속되면서 부계를 통해서만 자식과 재산이 상속되고 계승되는 부권제적 부계사회가 자리를 잡게 되었다.

이 시대의 노예제 사회 또한 가부장제, 즉 남성가장이 아내와 자식 그리고 노예와 생산수단을 사적으로 소유하는 제도에 기초한다. 이러한 가부장적 일부일처제하에서 여성은 결혼과 이혼의 자유도, 재산을 상속할 권리도, 자녀에 대한 친권도 없으며, 다만 주인인 남편을 위해 정조를 지켜야 하는 존재로 대우받았다. 자신의 재산을 직접 소유하고 정치적 참여나 경제적 결정을 할 권리를 가졌던 존재는 귀족 남성과 시민계급의 남성뿐이었다. 여성은 계층에 상관없이 이러한 권리로부터 제외되었다. 이렇듯 강력한 가부장권은 로마시대에 완성된 것으로 알려져 있다.

그런데 당시에도 계층과 성은 씨실과 날실처럼 엮여 있어서, 여성의 종속 모습도 계층에 따라 달랐다. 귀족 여성들은 남편의 성적 대상이자 그의 지위와 재산을 상속할 자손을 낳는 존재로서 역할이 한정되었다. 귀족계급에서 가내노동은 노예에게 전적으로 위임되었고 사회적 활동은 여성의 몫이 아니었으므로 귀족 여성에게는 남편으로부터 사랑받기 위해 치장하는 일만 주어졌다. 반면에 자유시민층의 여성은 사회적 지위 면에서는 귀족 여성보다 낮았으나, 비교적 자유롭게 경제활동에 종사할 수 있었고 가사를 책임지는 존재로 여겨졌다. 그러나 자유시민층의 여성 역시 생산노동의 결과물에 대한 권리를 지닐 수 있었던 것은 아니고 다만 노동력을 제공할 수 있었을 뿐이다. 한편 노예계급의 경우에는 남녀를 불문하고 생산물의 소유, 유통, 분배로부터는 소외된 채 주인에 의해 소유된 노동도구와 마찬가지로 교환과 판매 대상이었고, 노예계급의 여성은 주인의 성적 대상이 되는 경우도 많았던 것으로 전해진다(한국여성연구회, 1996).

여성의 지위가 높았던 보다 확실한 역사적 사례는 이집트이다. 부계혈통이 일반적이었으나 모계혈통 역시도 동등한 지위에 있었고 왕위 계승에서도 모계 혈통의 경향이 나타났다. 그러나 이런 사회에서도 지속되던 모계적이고 분절화된 질서가 서서히 중앙조직에 잠식되었다(김기봉 외, 2009).

3) 중세봉건 사회의 여성과 남성

서구의 중세는 장원 안에서 영주와 기사, 그리고 농조로 이어지는 신분체계와 영주의 막강한 가부장권으로 이루어진 시대이다. 봉건영주의 토지에 대한 사적 소유와 농노에 대한 부분적 소유가 생산관계의 기초를 이룬다(한국여성연구회, 1996). 고대의 노예와 달리 중세의 농노는 영주의 토지에 부속된 존재이지만 자신들의 생산도구와 경작권을 소유하고 있어서 형식적으로는 독립적 가족을 이룰 수 있었다. 하지만 봉건사회에서 영주의 가부장권은 자신의 식솔뿐 아니라 농노의 가족에게까지 막강한 영향력을 지니고 있었다. 즉 영주는 아내와 자녀의 재산과 결혼에 관한 결정권뿐 아니라 농노의 아내와 딸들의 노동과 성에 대한 지배권까지 장악하고 있었다.

지배계급 여성의 사회, 정치, 경제적 지위는 아버지와 남편에게 전적으로 예속되어 있었고 결혼과 이혼은 정략적으로 이루어졌으며, 남편의 가문과 재산을 유지할 자녀를 낳는 일이 여성에게 주어진 주역할이었다. 농노가정 역시 남자가장을 중심으로 한 가부장제 가족구조였지만, 전반적으로 여성농노의 노동과 성은 영주에게 예속되어 있었다. 다만 수공업자와 상인층 여성은 직물과 양조업 및 상업 등에 종사하면서 제한적이나마 동업 조합인 길드에 참여하고, 자신의 사회적 생산활동의 몫에 대한 권리도 행사할 수 있었으며, 독자적인 사회, 경제적 지위를 누릴 수 있었다(한국여성연구회, 1996).

중세는 기독교적 창조신화를 중심으로 하여 남성지배적 기독교가 지배했던 사회이다. 혼전 순결을 중시하고, 쾌락적 성을 신의 은총에 대한 장애물로 여겨 형식적으로는 금욕을 강조했다. 그래서 당시를 대표하는 아름다운 사랑이란 고귀하고 순결한 영주 부인을 보호하고 지키는 용맹한 기사의 헌신적이고 정신적이 사랑이었다. 그러나 실제로 영주부인과 기사 간의 사랑이 정신적인 것에만 한정되었던 것은 아니었다. 또한 사회적으로 성매매 역시 성행했던 것으로 알려져 있다. 중세사회는 여성을 두 부류, 즉 영주부인으로 대표되는 고결하고 순결하며 보호되어야 할 여성과 남성의 성을 충족시켜주는 대상으로서 보호될 필요가 없는 타락한 여성으로 나누던 시절이었다. 여성을 두 부류로 나누었던 시각은 오늘날에 이르기까지도 여전히 지속되면서 가부장제를 지탱하는 또하나의 논리로 작동하고 있다.

4) 근대 이래의 여성과 남성

인본주의로 대표되는 르네상스시대와 바로크시대에 이르기까지도 인간이란 남성을 일컫는 것으로 간주했을 뿐 여성을 남성과 대등한 존재로 보지 않았다. 여성은 그저 자궁을 지니고 출산을 하는 도구로 여겨졌다. 바로크시대(17세기)에 이르러 여성 일각에서 더 이상 '태아를 키워내는 용기' 취급을 받지 않겠다는 움직임이 일기 시작했다. 그러나 당시의 사회는 여성의 경제력이나 지식소유 및 성욕표현을 용납하지 않았으므로 이들을 마녀로 몰아 박해하고 마녀재판이라는 이름으로 처형했다. 계몽주의시대(18세기)에 칸트나 몽테스키외, 루소 등의 철학자들 역시, 여성을 이성적 존재로 여기지 않았고 신체적으로나 정신적으로 남자보다 열등한 존재로 보고 있다.

18세기 후반부터 유럽을 중심으로 자유주의 페미니즘이 불붙으면서 여성의 교육권과 직업권 및 재산권 그리고 참정권 등을 격렬히 요구하기 시작했지만, 남성 기득권층의 저항은 만만치 않았고 여성들 앞에 놓인 길은 험난했다. 그래서 빅토리아시대(19세기)에도 여성은 나약하고 보호받아야 할 존재로만 여겨졌다. 빅토리아 시기는 몸을 코르셋으로 조이고 겹겹의 페티코트에 싸인 채 햇빛과 육체활동을 피해서 창백한 얼굴을 지닌 그리고 수시로 졸도하는 허약한 여성을 미인으로 여겼던 시기이다. 이 시기에도 여전히 생식기관의 건강 정도로만 여성의 가치를 측정하고자 했으며 여성은 지식을 배우기보다는 남편에게 순종하고 아들을 많이 낳아 키우는 것이 사회에 기여하는 것이라는 설득이 보편적이었다.

이와 같이 가부장성이 강력한 사회에서 성애(sexuality)는 생식을 목적으로 할 때 가치가 있다는 가부장적 성 각본이 팽배했다. 여성은 병약해서 남자와 동등한 직업을 갖거나 경쟁하는 것이 부당하는 논리로 중산층 이상 여성에게 교육과 직업의 문이 닫혀 있던 시기였지만, 미숙련 단순 직업은 언제나 그랬듯이 저임금 여성노동력을 끊임없이 부리고 있었다.

20세기 이후 여성의 지위는 획기적인 변화를 맞이하였다. 100여 년에 걸친 자유주의 페미니스트들의 요구가 결실을 맺으면서, 여성들은 교육을 받고 경제활동을 하며 선거에 참여하면서 여러 영역에서 권리를 확보하기 시작했다. 그리고 일단 확보한 기본적 권리를 토대로 사회에 진출하면서 여성들의 삶은 질적, 양적 변화를 거듭해 왔다. 그러나 여성의 지위는 사회전반의 구조적 특성 및 필요와 밀접히 맞물려 있기 때문에 단선적으로 진행할 것이라는 성급한 예측은 위험하며 변화의 가능성이 다양한 시대에 있다고 보아야 할 것이다.

3. 우리나라 가부장적 가족제도의 변화[2]

1) 고려시대의 가족제도: 양계제와 부계 우위의 비단계적 가족

먼저, 가부장적 가족의 형성과정에 대해 논의하기 전에 비교를 위해 고려시대 가족에 대해 살펴보는 것이 도움이 될 것이다. 고려시대 가족에 초점을 맞춘 이유는 이 시대의 가족이 조선 이후 가족제도 및 관습과 상당한 차이를 나타내면서도 상대적으로 많은 자료들이 남아 있어 정확한 검토가 가능하기 때문이다. 또한 고려시대 전후의 가족변화의 원인과 과정에 대한 검토를 통해 가족이 시대와 사회의 조건을 반영하는 제도인 동시에 영향을 미치는 변화 가능한 영역이라는 것을 이해할 수 있게 될 것이다.

고려시대 가족은 우선 일부일처에 기반한 부부와 미혼자녀로 구성된 핵가족이 가장 일반화된 가구형태였다. 조부모나 부모가 살아있는 데도 자손이 분가하여 제대로 모시지 않으면 처벌한다는 별적 이재금지법이 존재하였으나, 법 위반에 대한 처벌이 가볍고 실제로 잘 지켜지지 않았던 것으로 보인다. 오히려 부모의 공양에 문제가 없으면 형제자매가 분가하는 것이 일반적

2) 이 절에서 소개된 고려시대와 조선시대, 근대와 현대의 가족에 대해서는 다음 자료를 참고하였다.
이효재(1990). "한국가부장제의 확립과 변형". 〈한국가족론〉. 여성한국사회연구회편. 까치.
권순형(2006). 〈고려의 혼인제와 여성의 삶〉. 해안.
최홍기(1997). "유교적 친족제도에로의 변천과정". 〈종교와 가족문화〉, 한국가족학회 추계학술대회발표문, 1997. 11. 15.
이재경 외(2003). 〈가족의 이름으로: 한국근대가족과 페미니즘〉. 또 하나의 문화.
강준만(2009). 어머니 수난사. 인물과 사상사.
이효재(1996). 가족과 사회. 경문사.

이었고, 때로 부부의 노부모나 생활능력이 없는 가까운 미성년 친척들이 함께 가족을 구성하기도 하였던 것으로 여러 기록들에서 나타나고 있다.

가계계승의 원리 및 친족의 범위는 왕위계승을 포함한 가계계승 및 상속제도 등에서 부계계승의 원리와 모계 및 처계계승의 두 원리가 동시에 나타나고 있는 것이 특징이다. 즉 현재의 가족구성 원리보다 훨씬 융통성이 있고 포괄적인 친족관계가 이루어지고 있었다는 것을 알 수 있다.

호주 및 그 부인의 가계계승과 관련된 조상의 분계수를 보면 호주와 처의 분계수는 10:6이며, 호주와 처의 세대수는 6:5로 부계와 모계가 동등하지는 않으나, 4대 조상까지의 기록을 보면, 부부 모두 부계와 모계, 즉 친가와 외가를 함께 기록하고 있어 부계와 함께 모계도 비교적 중시하고 있었음을 알 수 있다.

또한 조상관계도 역시 조상 중심의 친족관계인 출계집단보다는 본인을 기준으로 하는 다변적 관계망을 중시하였다. 즉 고려 호적에는 호주부부의 부모, 조부, 증조부와 외조부까지 거슬러 기록하는 사조호구와 사조 외에 그 조부모, 증조부모, 처부모의 4조를 추가로 기록하는 팔조호구의 두 양식이 함께 존재하였다. 이와 같이 여계를 포함한다면 가족계보는 선구조가 아니라 망구조가 되며, 망구조 속에서 무슨 성씨 무슨 파 몇 대손이라는 위치는 표시되기 어렵다.

당시의 다른 가족관련 제도들을 살펴보아도 유사한 결과들을 확인할 수 있다. 먼저, 근친 간의 강한 유대가 공적 질서에 미치는 영향을 견제하고자, 동일한 관청에서 일하거나 관련되는 업무에 종사할 수 없도록 상피제도가 존재하였는데, 이때 제한되는 근친의 종류를 살펴보면 조선조에는 포함되지 않은 이질(부인의 자매의 아들)과 이종형제(어머니의 자매의 아들)가 포함되어 있어 모계 친족과의 친밀성을 확인할 수 있다.

또한 고위관직을 지낸 자의 자손에게 과거를 거치지 않고 관직을 수여하는 제도인 음서제도 역시 인종대에 음직을 부계의 아들, 손자, 조카 외에

외손과 사위까지 계승자를 확대하였고, 고종대에는 승음자의 수를 1인으로 제한하면서도 아들이 없을 경우 호주의 조카뿐 아니라 부인쪽의 조카나 사위도 인정하였다고 기록되어 있다. 심지어 충렬왕대 이후에는 승음자 순위에서 부인쪽 조카를 호주쪽 조카보다 우선시하였다는 기록도 나타난다.

장례제도 중 가장 중요한 복상제도는 사망한 사람과의 관계에 따라 입게 되는 상복의 종류와 상복을 입는 기간을 규정한 것인데, 고려시대의 복상제는 중국의 오복제도에 비해 상대적으로로 모계와 체계가족을 더 중시하는 것으로 나타난다. 중국의 오복제도는 사망한 사람과의 부계 친족관계를 중심으로 상장과 상기를 각각 5등급으로 구분하고 있다. 그러나 고려의 복상제도에 의하면 부모 모두 동일하게 3년복이었고, 상례나 제례를 위한 휴가나 봉양 등에서도 동일하였다. 처가와 친가의 차이는 있었으나, 중국이나 조선 후기와 비교하면 처가와 외가가 상대적으로 더 중시되었다.

한편, 고려왕조 이전부터 지배적이었던 상층의 혼인관습은 거듭되는 '친족간혼인금지령'을 통해서도 알 수 있듯이, 왕족이나 귀족뿐 아니라 평민에 이르기까지 광범위하게 시행되고 있었음을 알 수 있다. 근치혼에 따른 결합은 친족집단에 특별한 결속력으로 작용하게 되는데, 많은 경우 부계와 모계 친족 간의 구별이 어려워 친족의식도 양계의 전체 친족체계로 응집되게 된다.

고려시대의 결혼풍습 역시 비록 소수 귀족계층에서는 중국의 부계제를 따르기도 하였지만, 대부분 부계제와 모계제가 혼재된 형태였다. 예를 들어 고대 이래 17세기에 이르기까지 서류부가혼 또는 솔서혼(데릴사위제)이 보편적으로 시행되었다. 서류부가혼은 신부집에서 혼례식을 올린 뒤 일정기간 머무르다가 아이가 큰 뒤 시가로 돌아가는 제도이다. 부모들은 혼인한 아들이나 딸 구별하지 않고 어느 쪽과도 동거하였으며, 많은 경우 사위는 아들과 다름 없었던 것으로 여겨진다. 이 제도는 조선 중기 이후 18세기경부터 붕괴되기 시작하였으나, 20세기 이후에도 해묵이와 3일신행 등의 풍습으로 일부 남아 있다.

조선시대에 여성의 재혼을 금지하였던 것과는 달리, 고려시대에는 3남 4녀의 전 남편의 자식을 데리고 재가한 충서 비 허씨의 예를 통해 알 수 있듯이 여성의 재혼이 일반적이었다. 전 남편의 자식과 재산을 가지고 재혼한 여성들의 사례를 보면, 재혼과 관련하여 여성들이 특별히 불이익을 받지는 않았던 것으로 여겨진다.

반대로 여성들이 결혼을 한 뒤에도 친정부모에게 효도를 하거나, 아예 결혼하지 않고 친정부모를 모시는 사례들도 종종 발견된다. 개인의 결혼을 그다지 강요하지 않았던 것은 친족집단에 대한 종법의식이 확고히 자리잡지 못하였던 것도 연관이 있지만, 당시에 지배적이었던 불교의 영향이 컸다. 불교의 윤회설에 의하면 당사자의 전생의 업보에 의해 현재의 신분별 존재가 규정되므로, 불교는 기본적으로 가족적이라기보다 개인주의에 기반하고 있어, 조상에 대한 숭배나 그를 정점으로 한 부계 공동체 의식이 확립되는 데는 한계가 있었을 것이다. 따라서 재산도 부계 공동체를 중심으로 상속되기보다는 모든 자녀에게 균등하게 분배되어, 여성과 남성은 동등한 상속권을 지녔던 것으로 보인다. 딸이 친정에서 받은 재산은 남편에게 귀속되지 않고, 독자적인 재산권을 지니고 있었던 것으로 여겨진다. 고려시대 절에 기증된 토지 중에는 여성의 토지가 적지 않고, 남편과 구분하여 부인의 소유라 명시되고 있다. 남편이 죽은 뒤 아내는 남편의 재산을 물려받았고, 반대로 아내가 죽었을 때 아내의 재산은 남편이 소유하였지만, 남편이 죽은 뒤 자식이 없으면 그 재산은 다시 아내의 친정으로 귀속되었다.

호적의 기재도 연령 순으로 해 아들과 딸을 차별하지 않았고, 장성한 아들이 있어도 어머니가 호주로 되는 경우도 많아 맏아들로서의 우위의식은 상대적으로 약했던 것으로 보인다. 제사의 경우도 고려시대는 불교의 영향을 받아 절에서 재를 올리는 것이 일반적이었다. 절에서 재를 지낼 경우 행사 주관은 승려가 하고 가족들은 비용만 내면 되므로 형제자매가 돌아가면서 재를 베푸는 윤회봉사가 가능하였다.

이러한 관습은 특히 고려시대에 동성양자제도가 없었다는 사실로도 확인할 수 있다. 고려시대의 양자제도는 집안의 대를 잇기 위해 문중에서 들이는 것이 아니므로 이성양자를 들이는 경우도 많았고, 양자가 되어도 본래의 성을 반드시 바꾸는 것이 아니었다. 즉 아들 외에도 딸이나 사위가 노부모 봉양, 윤회봉사 등을 통해 가계계승을 할 수 있으므로 특별히 아들을 대신할 동일부계의 양자에 대한 필요성은 높지 않았다. 오히려 양자보다는 양녀를 들이거나 외손주에게 가계를 잇게 한 기록도 발견된다.

또한 이 시기는 가부장이라는 용어가 사용되지 않았고 가족관계는 부모, 자녀, 부처, 조부모와 손자녀 등 개별적 관계로 파악되었을 뿐이며 가장과 가족관계로 파악하지 않았다고 한다. 따라서 가장은 법률상 고식적으로 집을 대표하고 일상적인 집안일을 관장하고 통솔하는 대외적인 가족의 대표를 의미했으며 가족원 간의 관계는 성별 상호존중과 분리원칙에 입각하여 이루어졌다. 가부장적 가장의 실질적 권위는 가족이나 친족구조가 부계성씨 중심의 동족부락을 이루었던 조선 후기 사회에 가서야 비로소 확립된 것으로 보인다.

물론 고려사회의 가족제도가 비부계적이거나 양성평등적이라고 하기는 어렵다. 부모의 지위에 있어서는 비교적 동등한 위상을 갖고 있었으나 부부간의 지위에 있어서는 차이가 있었던 것으로 보여진다. 즉 여성의 불효가 남성에 비해 더 심하게 규제되었고 처에게 있어 남편은 부모와 동격이었으나 남편에게 처는 그러한 존재가 아니었다는 기록도 있다. 상복제도에서도 남편이 죽었을 때 처와 첩은 3년복을 입었지만, 처가 죽었을 때 남편은 1년복을 입었고, 정절관념도 여성에 대해 더 엄격했으며, 간통죄 처벌 내용도 여성에게 더 엄격하였다. 이혼시에도 남편과 아내의 지위 차이가 커, 남편은 부귀나 출세, 정치적 이유로 아내를 버리는 경우가 많았던 반면, 처의 이혼은 아주 어려웠던 것으로 보인다. 그럼에도 불구하고, 다음에서 살펴보게 될 조선 중기 이후의 가부장제 사회와 비교해 볼 때 상대적으로 여성이나 모계,

처에 대한 사회적 인정이 이루어졌던 양계제 또는 부계우위의 비단계적 가족제도가 지배적인 사회라 할 수 있다.

2) 조선시대의 가족: 가부장제의 형성과 확립

조선조는 엄격한 유교적 개혁을 단행하여 가족을 포함하는 사회 전반적 변화를 도모하였다. 유교의 기본적인 인간관은 사회체계를 성립시키는 두 가지 사회관계인 차등주의(義)와 친소관계(仁)로 설명된다. 차등적인 사회관계를 바탕으로 하는 위계적인 사회질서가 사회의 본질적인 상태라는 것이다. 이러한 수직적 상하에 따라 위계관계를 구분하는 차등주의는 가족관계에서는 성, 세대에 의한 차등으로 나타나게 된다.

유교의 기본적인 인간관과 가부장제의 핵심이 되는 가치나 태도를 소학과 같은 전통적 문헌을 통해 보면, 일상생활을 지배한 가부장적인 요소들은 남녀유별과 부내부천이 대표적이다. 남녀유별의 개념은 삼종지도나 칠거지악의 개념과 연결되며, 부내부천의 이념은 가장과 다른 가족원간의 관계를 군왕과 신하의 관계처럼 지배복종의 관계로 규정한다. 또한 유교에서는 개인의 존재가 죽은 뒤 영생불멸을 통해 살아남는 것이 아니라 자식을 통해 자기존재의 연장을 꾀한다. 따라서 가족관계에서도 부부관계보다 부모-자녀관계가 우선시된다.

조선 초 새나라 건국의 정당성을 확보하고, 고려조 패망의 당위성을 역설하기 위해 불교를 배척하고, 무속 등의 관습을 비판하는 대신 유교를 새로운 정치이념으로 삼고, 중앙집권적 양반관료체계를 확립하는 동시에 유교적 가족, 친족이념과 제도를 공식화하였다. 그러나 상층부터 수용하기 시작한 새로운 가족제도가 일반화하는 데는 상당한 시차가 존재하여 17세기경에 와서야 전체 사회로 확산되었다. 이 시기는 조선사회의 유교적 생활규범이 전 사회적으로 파급되고 정착되기 시작한 시기이며, 부계우위 비단계적 가족이 가부장적 가족으로 급격히 변화하고 여성의 사회적, 가족 내의 지위도 크게 변화하는 우리나라 가족사에서 매우 중요한 전환적 시기이다.

가부장제 가족은 주거나 혈통 계승의 기준, 가족 내 권력관계, 상속의 성격 등 다양한 요소들에 의해 형성되며, 부계제, 부거제, 부권제가 통합될 경우 강력한 가부장제를 이루게 된다. 이 시기를 전후로 혼인거주 규칙과 그에 따른 가족유형, 상속과 양자제도, 상제, 족보 등 가족제도 영역에 부계적 요소가 강화되면서 가족의 범위도 부계혈연의 배타적 가족 체제를 강화하게 되었으며, 가족 내의 역할구조도 가장권과 효중심의 생활원리가 뿌리를 내리게 되었다. 특히 조선시대의 가부장권의 근거는 부계혈연적 원리에 의한 것이며 가족 내 제반 사항들은 가장의 의견을 중심으로 결정되었다. 유교적 이상인 장유유서와 효의 원리에 의해 가장권이 강화되었다. 이와 함께 주부권도 존재하였으나 전통가족에서 주부권은 가장권에 복속되는 하위개념이었다. 가장은 혈연의 가족원 뿐만 아니라 첩, 노비, 고공 등 비혈연 가족원의 주인으로서 가족을 통솔하는 등 가장의 법적 지위 및 책임도 제도화되었다. 예를 들어 공법상으로 호구신고의 의무, 가족혼인에 대한 의무, 그리고 국가 법령으로 금하는 행위를 가족이 범하는 경우 책임을 지는 '금제위반 감독의 의무' 등이 주어졌다. 가장권은 후기로 갈수록 더욱 강화되었고, 사법상의 재산권리권도 점차 뚜렷하게 강화되었다.

가족원의 범위는 조선의 호구기록을 통해 볼 때, 호주 부부의 4대조상 및 동거하는 자손, 동생, 조카와 노비가 기재되는 반면, 여자 후손과 사위는 배제됨으로써 고려시대 가족원의 범위보다 협소해졌음을 알 수 있다. 17~19세기의 기록에 의하면 부부가족의 비율이 65%에 이르고 있으나 분가한 경우에도 호주 상속을 통한 지위계승의 의무, 제사상속, 부모부양의 책임은 여전히 지속되었다. 따라서 근친의 부모와 함께 모계 및 처계와도 친밀한 친족관계를 유지하던 고려의 친족제도는 조선조에 이르러 동성 또는 부계친족으로 범위가 축소되는 대신, 부계 내 친족범위는 점차 확대되게 되었다.

이에 따라 제례에 있어서도 유교의 가묘제에서는 가묘를 설치해 제사를 지내므로, 자연히 맏아들을 중심으로 하나 부계친족 중심의 가문개념과 여성배제 경향, 동성양자제가 정착되게 되었으며 상속제도에 관해서도 장자우대 차등상속제가 제정되는 등 점차 장남우대와 남녀차별의 경향이 지배적으로 되었다.

또한 상호보완적 남녀관에 대한 음양오행의 담론과는 별개로 실제 가부장적 가족제도하의 결혼생활에서는 남편이 아내를 지배하고 아내는 복종해야만 하는 억압적 구조를 가졌다.

3) 근대와 현대의 가부장적 가족

(1) 여성의 활동이 더욱 확대되는 혼란기: 현모양처 이데올로기의 대두

17세기 이후 실학과 천주교의 전파로 여성에 대한 기존의 전통적 관념에 도전하는 사건들이 발생했다.

예를 들어 박용옥(1876)은 상소문을 통해

① 부녀가 음독하여 타태함을 금할 것

② 남편이 그 아내에게 강포를 행함을 금할 것

③ 유년 가취를 금하고 고속(古俗)에 의한 가취의 연한을 지킬 것

④ 소중학교를 설립하여 남녀 6세 이상으로 하여금 모두 취학 위학케 할 것

⑤ 법령으로써 남자의 취첩은 금하게 하고 상부의 임의 개가를 허용할 것

⑥ 반, 상, 중, 서인으로 하여금 임의로 혼인케 하고 재덕이 있는 자는 비록 천하더라도 대관에 임용할 것 등을 주장하였으며, 서재필은 독립신문 사설을 통해 "여자들을 교육하여 놓게 되면 나라에 대단히 유익하니, 첫째는 지혜있는 부인들도 국사를 의논하여 정치가 진보케 될 것이요, 둘째는 남자

가 혼인 후에 집안일을 서로 의논하여 가도를 흥왕케 하되, 능히 그 남편을 도와 편지도 대서하며, 문서도 기록하며, 한가할 때에 서적을 보며 학문을 토론하니 집안에 화기가 충만하여 백년을 해로하는 내외가 될 뿐 아니라 생전에 다정한 친구가 될 것이요, 셋째는, 어린 아이들이 십세 이전에는 항상 그 모친 휘하에서 자라며 언행과 동정을 배우나니 그 어머니가 학문이 있으면 학교에 보내기 전에는 그 모친이 가르치리니 이것이 양육하는 모친만 될 뿐 아니라 자녀의 스승이 되는 것이라. 여자의 학문있는 것이 어찌 나라와 백성에게 유익함이 적다하리요(1898년 9월 13일)"라고 주장하며 여성에 대한 차별처례를 주장하기도 하였다.

또한 1920년대에는 '신여성'의 등장으로 자유연애에 의한 결혼과 신정조론이 대두되기도 했으나 현실적으로는 사회활동을 선택한 독신적 삶과 전통적 시어머니 지배에 들어가는 것에 한정되었다.

이후 일제의 식민지 정책시기에는 도시 중산층, 도시 핵가족이 등장하기 시작했으며 여성의 고유한 모성적 역할에 가치를 부여하여 이광수(1936)는 그의 모성 찬양론을 통해 "모성은 다만 여자로서만 최고의 천직이 아니라 진실로 인류로서의 최고의 성직이다"라는 내용을 글을 남기기도 했으며, 1930년대 〈삼천리〉지에서는 "가정 일을 전적으로 같이하며, 가계를 절약하며, 사치하지 않고 질서정연하게 가정을 꾸미고 어린애를 청결히 씻기며, 남편의 마음을 헤아리며, 꽃같이 방글방글 피어오르는 미소 속에서 이야기를 나누는 아내", "남자가 밖에서 받은 상처를 잘 어루만져 주며 위로하여서 사회사업을 하는 원동력을 길러주는 것은 오로지 아내의 힘밖에 없구나(……) 남자가 그 아내와 힘을 합하여야 비로소 완전한 한 사람으로서 일을 할 수 있는 이상 여자가 가정에만 있다고 결코 사회사업을 하지 못하는 것은 아니다"는 요지의 글을 통하여 이상적인 아내상을 제시하기도 했다. 특히 이 시기에 '현모양처'상이 도입되었다. 원래 '현모양처'란 단어는 일본에서 온 것으로 1868년 명치유신 정부는 현대적 산업국가체제를 확립하고 서구

열강의 존경받는 이웃이 되기 위하여 국민생활 전반에 걸친 개혁을 시도한다. 이 목표에 맞춰 정부는 새로운 여성상을 제시하는 데 이 새 여성상은 봉건 시대의 농촌이나 상민층이 아니라 무사 관료층의 가족유형을 그 기본으로 삼고 있다. 이 이상형은 '양처현모'라는 슬로건으로 집약되는데, '양처'가 먼저 나온 것은 한편으로는 도쿠가와 시대부터 일본에서는 가장의 실질적 권한이 상당히 강하였으며, 여성의 아내로서의 역할이 어머니로서의 역할 못지않게 비중을 가졌었다는 전통적인 특성과, 다른 한편으로는 도시화가 진행된 근대적 사회로의 변화의 측면에서 이해될 수 있겠다.

사실상 일제 식민지 통치 하에서 내선일체, 천황제 군국주의와 식민지 여성의 성노예화 등으로 인해 가부장적 사회관계와 제도는 보다 강화되었다. 특히 1909년 식민지 통치의 목적으로 가족구성원에 대한 통제와 감시를 강화하기 위해 일본식의 민적법을 시행하였다.

1960년대 이후 본격적인 국가 주도의 산업화가 진행되는 동안 형성된 공, 사 여역간의 엄격한 구분, 공적 영역의 중요성 강조, 성장과 저임금 위주의 가부장적 노사관계도 가부장적 가족을 재강화하는 역할을 했다. 그러나 가부장적 가족제도와 이데올로기와 달리, 현실 상황은 계급에 따라, 가족유형에 따라 그리고 시기에 따라 매우 다양한 양상을 나타낸다. 공적, 제도적 영역이 붕괴 내지 축소되는 대신 '가족 단위 중심의 생존'이 개인의 삶의 목표가 되었으며 부재한 남성을 대신한 여성들의 바깥 활동이 증대되었다. 소설〈토지〉(박경리, 1979)에서 우리는 두 가지 남성상을 볼 수 있으며 오빠에 대한 기다림의 노래들 속에서 부재 중에도 여전히 남성은 부권의 상징적 권위로서 존재하면서 부계혈통 중심의 남성 우월주의를 존속해 나갔음을 볼 수 있다.

문학평론가 최원식(1987)은 근대사를 통해 소설가들이 아버지를 별로 다루고 있지 않으며 이광수, 염상섭 등의 소설의 주인공들은 대다수가 일종의 고아의식에 사로잡혀 있다는 점을 지적하면서 '아버지' 부재의 현상을 분석할 필요성을 주장하였다. 그는 새로운 역사는 근대사의 격동 속에서 실종된 아버지, 즉 숨어 있는 아버지를 발견하고, 그 세대의 실패를 엄정하게 보고 극복하는 작업에서부터 시작되어야 함을 강조하고 있다. 그 동안의 아버지의 부재는 실상 적극적인 여성들의 활약에 의하여 메워져 왔으며, 부재한 남편의 자리를 남겨 두고 그의 실추된 권위를 세워주는 일이 여성 역할의 주요한 부분이 되어 왔던 것이다. 남성의 '일시적인' 부재로 가족적 삶이 흔들릴 리가 없다는 것을 보여주기 위해서라도 가족의 주인공이 된 여성들은 더욱 가부장적 명분에 충실하려고 했던 것이다.

이렇게 강력한 가부장적 가족제도는 2005년 호주제의 폐지로 인해 조선조 이후 확립된 부계혈통 가족의 붕괴기반이 되었다.

이와 같이 서구나 우리나라의 가족사를 반추하면 가족의 속성에서 가부장성이 탈각한 것은 아니지만 꾸준히 민주적인 발전을 경험해 왔으며 역사적 고찰을 통해서 가족은 불변의 실체가 아님을 알 수 있다. 이러한 역사성의 확인을 통해 우리는 가족도 '주어진 것'이라기보다는 '만들어 가는 것'(김기봉 외, 2009)이고 대안적 가족의 모색과 가족모델의 다양성을 고려해 가는 노력과 논의가 필요해졌음을 알 수 있다.

생각해 보기

1. 고려시대와 조선시대 간의 가족제도의 공통점과 차이점에 대해 논의해 봅시다.

2. 고려시대와 조선시대의 결혼풍습과 가족생활 형태가 현대의 우리 가족생활 형태에 미치는 영향이나 합의점에 대해 논의해 봅시다.

제4장

젠더와 건강

1. 건강의 개념 및 여성의 생애주기별 건강문제
2. 여성과 정신건강
3. 젠더와 신체 건강문제

1. 건강의 개념 및 여성의 생애주기별 건강문제

1) 건강의 개념

건강(health)이란 정신적으로나 육체적으로 아무런 문제가 없고 튼튼한 상태를 의미한다. 일반적으로는 어떤 신체적 곤란이나 어려움이 없으며, 병에 걸리지 않은 상태를 의미함으로써 주로 신체적 건강에 치우치는 경향이 있지만, 사실은 신체적, 심리적, 정신적인 측면을 모두 통합하는 개념이라 할 수 있다. 그러므로 건강을 정의하거나 건강문제를 논할 때는 신체적 건강과 함께 심리적, 정신적 측면의 건강문제도 매우 중요하게 다루어야 한다.

2) 건강에 영향을 미치는 요인들

건강은 기존의 성에 의한 생물학적 차이뿐 아니라 건강에 대한 인식과 건강을 돌보는 행위, 사회 문화적 인식 등의 영향을 받는다. 즉, 생물학적 차이에 대한 차별이 사회적인 측면과 만나면서 여성의 삶의 질에 영향을 미치게 되고 특히 사회적 불평등을 경험하면서 자아의 발달이나 행동방식에도 영향을 미치게 된다. 특히 근래와 같이 빈곤의 여성화가 지속되고 심화되는 상황에서 성별 분리 때문에 여성들이 사회적으로 가치를 덜 인정받는 것은 정신건강의 발달을 저해할 뿐만 아니라 양질의 보건서비스에 대한 접근의 어려움을 야기함으로써 좋지 않은 불건강을 초래할 수 있다(보건복지부, 1999).

이와 같이 복합적인 요소들의 영향을 받는 건강문제는 여성이 생애주기 중 중년기에 이르면 질병이나 질환으로 표출될 가능성이 높아진다. 중년기에 이르면서 많은 여성들이 갱년기 증상, 골다공증, 요실금, 골관절염 등 잠재되어 있는 건강문제를 경험하게 된다. 그러나 가사와 자녀양육 및 교육, 부모공양 등과 같은 과중한 가정 내 역할과 이를 당연히 여기는 사회적 분위기의 영향 때문에 여성 스스로 자신의 건강관리에 우선순위를 두지 않기 때문에 여러 질환이나 건강문제를 미리 발견하고 해결할 수 있는 예방적 기능도 하지 못하고 있어 이에 대한 관심이 필요하다(박형숙 외, 2003).

또한 성 차별은 신체적, 정서적 측면에 부정적인 영향을 미칠 뿐만 아니라, 성에 근거한 폭력과 종속, HIV AIDS 감염의 위험을 높이기도 한다. 또 교육기회의 접근도 제한하여 여성이 보건정책의 입안자, 의사결정자, 교육자로서 여성의 입장을 대변하지 못하게 되기 때문에 결과적으로 성인지적 사회환경을 생산해 내는 데에도 매우 부정적인다.

이와 같이 다차원적인 측면에서 부정적인 영향을 미치는 성 차별적 관행과 사회적 풍토 때문에 여성은 어려서부터 자신의 건강에 관심을 갖거나 혹은 자신의 건강을 돌보는 것보다는 가족구성원에게 순종하도록 사회화되어 왔다. 성인이 되어서도 가족을 돌보는 아내와 어머니로서의 일차적인 역할을 감당할 수 있는 사람으로 준비되는 과정을 경험하게 되고, 또 아내와 어머니가 되면서부터는 자녀양육과 가사수행부터 노부모를 돌보는 역할까지 전담하고 있다.

그러나 이와 같은 전통적인 여성의 일은 신체적인 측면에서 여성들을 끊임없이 위협한다. 우리 일상에서 지속적으로 반복되는 자녀양육과 가사, 돌봄노동은 중요하고 특별한 일이 아닌 것으로 평가되면서도 신체적으로 근골격계의 약화를 초래하고, 심리적인 우울감과 분노를 유발한다. 하지만 여성의 감정표현에 대해 억압적이고 분노를 감추는 것을 사회적 덕목으로 여겨온 가부장제의 사회 문화적 분위기 때문에 여성들은 이를 적절히 표출하지 못하며 살아가고 있고, 이로 인해 사실 높은 혈압문제와 심혈관계 질환 등과 같은 건강상태를 경험하기도 한다(최일림, 2009).

신체적인 영향 이외에도 성 역할 정체감이나 성 차별적인 사회의 분위기는 여성에게 더욱더 여성스러워질 것을 강요함으로써 건강과 안녕을 위협하는 결과를 초래할 수 있다. 사회적으로 여성은 보호받아야 할 약한 존재로 이미지화시키고 따라서 여성들은 위험한 곳, 거리가 먼 곳을 회피하고 주로 가정과 지역사회에 머물도록 하며, 이런 과정은 결국 여성을 무력하고 나약한 존재로 인식하도록 만들어 심각하게는 우울증에 취약한 특성을 보이게 하는 역기능적 결과를 초래한다.

성 정체감이 자신을 생물학적인 여성 혹은 남성으로 개념화하는 측면이라면 성 역할 정체감은 개인이 사회 문화적으로 각 성에 적절하다고 인정하는 특성, 태도, 흥미 등을 내면화한 정도라 할 수 있다. 초기의 성 역할 정체감 척도(Terman & Miles, 1936)는 여성성과 남성성이라는 두 가지 차원으로 구성되었으며, 여성성과 남성성은 심리적으로 '반대'이며 또 이 두 차원은 단일한 차원의 양극단으로 여겨졌다. 이후 개인이 여성성과 남성성을 동시에 가질 수 있다는 사고에 기초하여 성 역할 정체감을 측정하기 위한 도구를 처음으로 설계한 사람은 산드라 벰(Bem, 1974)으로서 그녀는 벰 성 역할척도라는 척도를 개발하였다.

양성성은 여성적 특성과 남성적 특성을 모두 갖추고 있는 심리상태를 의미한다. 한 개인이 남성적 특성과 여성적 특성을 모두 가지고 있을 수 있다는 시각은 벰이 최초로 시도한 개념이 아니며, 그 이전부터 서구의 문학과 신화 속에서 인간을 남성과 여성의 가장 우수한 특성을 종합하는 것으로 정의하는 전통이 있었다(Heibrun, 1973). 또한 20세기에 융(Jung, 1945)은 인간에게 남성성과 여성성의 두 가지 특성이 어느 정도 공존한다고 하면서, 모든 인간에게는 아니마와 아니무스라는 원형이 존재한다고 하였다. 아니마는 의식선상에서는 남성적 성격을 가지고 있는 사람들의 무의식 속에 남아 있는 여성적 요소를 말하며, 아니무스는 의식선상에서는 여성적 성격을 가지고 있는 사람들의 무의식 속에 남아 있는 남성적 요소를 말한다. 융은 개인의 심리적 건강을 위해서는 아니마와 아니무스를 모두 표현하는 것이 중요하다고 강조하였다. 개인이 양성적 특성을 표현하지 못하면 건강한 성격발달이 이루어지지 못하고 성격의 일부가 억압되고 한쪽으로 치우친다는 것이다(이재경 외, 2007). 실제로 여러 연구들에서 양성적이거나 남성적 정체감을 가지고 있는 여성이 자아존중감과 생활만족도, 심리적 적응성이 더 높은 것으로 나타나고 있다(유숙자 · 양수 · 윤재인, 2000; 최임숙, 2005).

이와 같이 여성의 건강에는 다양한 개인적, 가족적, 사회 문화적 요인들이 영향을 미친다. 같은 영향요인이라 할지라도 성별에 따라 다르게 경험되고 또다른 결과를 낳을 수 있는 것이다. 그러므로 여성의 건강을 이해하기 위해서는 무엇보다 이와 같은 차이에 대해 관심을 기울여야 하는데 최근에는 이런 필요성을 바탕으로 기존의 남성중심주의적 시각에서 벗어나 남녀의 차이를 밝히고 여성의 건강권을 보장하는 개선책을 제시해야 한다는 시각으로 변화되고 있다(정진주, 2002).

3) 여성의 생애주기별 건강문제

1999년에 개최된 세계 여성건강회의에서는 모든 연령층의 여성에게 질병과 사망을 초래할 수 있는 현저한 위험요인과 생애주기에 따라 나타날 수 있는 건강문제들에 적용되는 공통적인 요인들을 제시한 바 있다. 그 기준을 충족시키는 여성 건강문제는 영양, 생식건강, 폭력에 의해 발생하는 건강문제, 노령화로 인한 건강문제, 생활형태와 관련된 건강문제, 그리고 노동환경이다(이은희 외, 1997).

또 세계보건기구에서는 여성들이 모든 생애기간 동안 공통적으로 경험하는 건강문제가 있는 한편, 특정 생애주기에 특히 중요하게 다루어야 할 건강문제도 있다고 하였는데 다음과 같다.

첫째, 영양의 문제이다. 이것은 출생 이후 성장, 발육기의 건강에 매우 중요한 요소가 되며, 생식활동과 성활동은 가임기 동안 여성건강에 주요한 요소가 된다.

둘째, 성폭력은 출생 이후 사망에 이르는 전 생애 동안 여성의 건강을 위협하는 요인이라 할 수 있다.

셋째, 음주나 흡연과 같은 잘못된 생활양식들은 임신에서부터 출산에 이르는 기간 동안 특히 여성과 자녀의 건강을 해치는 요소가 될 뿐만 아니라 성인기에도 성인병의 원인이 될 수 있다.

넷째, 노화는 중년 및 노년기 여성에게 신체적으로나 심리적으로 건강을 위협하는 요인이 될 수 있다.

다섯째, 최근 사회, 경제적 활동에 참여하는 여성이 증가하면서 여성들이 일하는 환경이 건강에 미치는 영향 또한 중요해지고 있다. 여성의 대부분이 아직까지는 비정규직의 상태에 머물고 있고, 근로환경 또한 상용 300인 이하의 소규모 사업장이나 자영업에 종사하는 경우가 많아 다양한 질환에 노출될 위험성이 높기 때문이다.

이외에 미국의 국립보건원에서는 여성의 생애주기를 사춘기(1~15세), 청소년기에서 폐경 전 중년기(15~45세), 폐경 후 65세 전의 노년기(45~64세), 그리고 65세 이후의 노년기로 분류하고 각 시기의 여성건강에 영향을 미치는 요인을 세분화하였다. 구체적으로 살펴보면 다음과 같다.

첫째, 청소년기인 만 15세 이하까지는 성별에 따른 발달 차이와 어머니의 건강, 그리고 영아의 심리사회적 발달과 자아개념이 건강에 영향을 미칠 수 있다.

둘째, 청소년기부터 폐경 전 중년기까지는 성접촉으로 인한 감염과 피임, 임신, 출산, 악성종양, 우울증, 심장질환, 만성 골반통 등이 부정적인 영향을 미칠 수 있다.

넷째, 65세 이후의 노년기에는 노화문제, 삶의 질, 상실과 슬픔, 우울 등이 여성의 건강에 직, 간접적으로 영향을 미칠 수 있다(이은희 외, 1997).

2. 여성과 정신건강

정신건강 진단과 패턴은 남녀에 따라 달라 정신장애의 전반적인 발병률에서 남녀 차이는 없지만 여성과 남성이 경험하는 장애의 종류에서는 차이가 있고, 특정 정신장애 증상의 진단 발병률에서 남녀 차이가 있다. 즉 여성은 남성보다 주부우울증, 공포장애, 불안장애, 섭식장애로 진단받는 경향이 더 높으며, 남성은 여성보다 다양한 종류의 물질남용, 도박중독장애, 자기도취, 반사회적 성격장애 및 강박적 성격장애로 진단받는 경향이 더 높다(Lips, 2008).

또한 성 역할 정신장애 패턴에 미치는 영향은 여성이 남성보다 자신의 증상에 대해 더 많이 이야기하고 치료를 받으려는 경향이 더 높다는 연구 결과(Muller, 1990)에서 잘 나타난다. 성 역할 고정관념에 의하면 여성이 자신의 약함을 인정하고 도움을 요청하는 것에 대해 더 허용적이다. 그러나 여성의 도움 요청행동은 간접적으로 의존성을 강화하며 자존감을 약화시킬 수 있고, 의존성은 무력감을 강화할 수 있으며, 결국 증상이 더 악화될 수 있다(Lips, 2008). 반면 남성은 고정관념적 남성 역할에 따라 치료를 받기보다 약물이나 알코올에 의존함으로써 우울증에 대처하는 경향이 더 높다(Williams & Spitzer, 1983).

젠더와 관련된 정신건강문제를 우울증, 불안장애, 알코올중독, 식이장애를 중심으로 살펴보면 다음과 같다.

1) 우울증

사전에서는 슬픔, 정신운동 저하, 의욕상실 등이 특징인 기분이나 감정상태라고 정의하고 있다. 어떤 사람에게 불행을 초래한 사건이 있을 경우, 그 우울한 기분이 그 사건의 발생시점이나 정도에 비해 지나치게 오래 지속되거나 심한 감정의 상태를 우울증으로 간주한다. 실제로, 여성들은 남성들에 비해 우울증에 더 많이 걸리고, 혼자 사는 남성이 결혼한 남성보다 우울증에 걸릴 가능성이 더 크다. 반면에 결혼한 여성은 결혼하지 않은 여성보다 우울증에 더 많이 걸리는 것으로 나타났다. 이러한 차이의 주요원인은 결혼유무, 전통적 가사노동에 대한 과소평가와 관련이 있다. 여성의 세계가 가정으로 국한될 때 여성의 정신건강은 직장을 가진 여성이나 남성보다 더 위험에 빠질 수 있다. 한 예로 여성의 어머니다움은 정신건강 측면에서 문제가 될 수 있다(Pascall, 1997; 조흥식 외, 2008).

여성들이 우울증에 잘 걸리는 요소들은 낮은 자존감을 가지고 있고, 폭력에 취약하며, 사회에서 여성이 수행하는 역할들을 제대로 평가해 주지 않고, 여성들의 영역이 제한적이고 상실감이 크기 때문이다. 대개 여성들의 역할은 제대로 인정받지 못하며 보상도 역시 적다.

이와 같이 우울증이 젠더와 연관되어 있음은 다음과 같은 여섯 가지로 요약할 수 있다(Lips, 2008).

① 여성성 역할은 여성으로 하여금 무력하게 느끼고 행동하도록 함으로써 우울증에 걸리기 쉽도록 한다. 즉 여성성 역할은 여성이 스트레스에 무력하고 무기력하게 반응하도록 가르치며, 자신의 행동은 자신이 처한 상황에 아무 영향을 미치지 못한다는 '학습된 무기력감'을 전달하고 강화한다.

② 여성이 남성보다 스트레스 상황에 더 많이 처하고, 그리하여 여성이

남성보다 더 무력하거나 무기력한 경향이 있다. 여성은 남성보다 더 낮은 지위에 있고, 또 다양한 종류의 만성적인 생활 스트레스 상황에 처할 가능성이 더 높다. 또 여성은 남성에 비해 무거운 책임감, 빈곤과 경제적 의존, 폭력, 여성에 대한 부정적 태도, 사회적 소외, 무력감, 과도한 일 등을 경험할 가능성이 더 높다

③ 여성은 특히 대인관계 와해와 관계가 있는 스트레스원에 더욱 민감하다. 여성은 타인의 거부나 유기에 대해 남성보다 더 많은 걱정을 한다. 관계의 상실이나 와해는 여성과 남성 모두에게 우울증의 중요한 전조이다.

④ 우울증에서의 성차는 생물학적 요인을 반영하기도 한다. 우울증은 여성의 재생산과정(월경, 출산 후 기간, 폐경)과 관련있는 호르몬 변화와 관계가 있을 수 있다. 그러나 사춘기의 시작과 우울증이 관계가 있다는 점은 아직 완전히 입증되지 못하였다.

⑤ 여성과 남성은 자신의 우울한 감정에 대해 다른 양식으로 반응한다. 남성은 우울한 기분을 다른 곳으로 돌리는 활동을 함으로써 우울증에 반응하는 경향이 있다. 반면 여성은 우울증에 대해 곰곰이 생각하고 그 원인과 의미하는 바가 무엇인가에 대해 생각하는 경향이 있다. 여성의 이러한 경향은 우울한 기분을 더 증가시킬 수 있고 반면 남성의 반응은 우울한 기분을 더 줄일 수 있다.

⑥ 청소년기에 발달한 여성성 특성은 여성 우울증의 발병률을 더 높일 수 있다. 남성은 활동적이고 공격적이고 경쟁적 생활양식을 유지하는데 반해, 여성은 청소년기 이전부터 자기에게 집중하고 협동과 좋은 인간관계를 유지하는 것을 더 중시하도록 사회화된다. 청소년기에 부모가 딸의 활동에 더 많은 규제를 가한다는 점, 여성적인 역할기대에 따라 행동하라는 친구들의 압력, 성희롱이나 성학대의 증가 등은 우울증에 처할 위험을 높인다.

이와 같이 여성이 남성보다 우울증을 더 많이 경험한다는 것은 생물학적 성별 때문이라기보다 성 역할 고정관념이나 성 역할 때문임을 알 수 있다.

우울증 자가진단법

번호	질문문항	항상 그렇다 주5회 (3점)	자주 그렇다 주3회 (2점)	가끔 그렇다 주2회 1점)	거의 그렇지 않다 (0점)	나의 점수
1	자꾸 슬퍼진다.					
2	스스로 실패자라는 생각이 든다.					
3	앞날에 대해 비관적이다.					
4	일상생활에서 만족하지 못한다.					
5	죄책감을 자주 느낀다.					
6	벌을 받고 있다는 생각이 들 때가 많다.					
7	나 자신이 실망스럽다.					
8	다른 사람보다 못 하다는 생각이 들 때가 많다.					
9	자살을 생각한 적이 있다.					
10	평소보다 많이 운다.					
11	평소보다 화를 더 많이 낸다.					
12	다른 사람들에게 관심이 없다.					
13	집중력이 떨어지거나 결정을 잘 내리지 못한다.					
14	내 모습이 추하게 느껴진다.					
15	일할 의욕이 없다.					
16	평소처럼 잠을 자지 못한다.					
17	쉽게 피곤해진다.					
18	식욕이 떨어진다.					
19	몸무게가 줄었다.					
20	건강에 자신감이 없다.					
21	성생활에 대한 관심을 잃었다.					
우울증점수: 나에게 V로 해당되는 문항점수 총합						

21개 문항에서 자신이 선택했던 0~3의 점수 총합계
0~9점 정상
10~16점 가벼운 우울증 의심
17~23점 우울증 의심(이 상태가 2개월 이상 지속될 경우 전문가와 상담 요함)
24점 이상: 심각한 우울증 의심
출처: 고려대 안암병원 우울증센터(2008), BDI검사지

(1) 여성 우울증의 사회적 특징

① 미혼

우리나라에서는 미혼을 선택한 여성이 남성을 찾지 못해 결혼하지 못한 여성으로 낙인찍힌다. 이는 결혼을 높이 평가하는 한국 사회에서는 일종의 일탈행위로 규정지어지거나 무능력자 내지는 문제로 인식된다. 그러나 결혼한 여성이 결혼하지 않은 여성보다 우울증에 걸릴 가능성이 높다. 배우자의 부재는 충족되지 못한 심리적, 사회적, 성적 욕구들을 낳는다.

② 취업

여성들이 종사하는 많은 직업들은 사회적 지위가 결여되어 있거나 가사일과 유사한 반복적이며 일상적인 일들이다. 급여수준은 매우 낮고 노동시장에서의 영향력도 적다. 또한 자신들의 교육적 배경과 상관없는 직업을 갖는 비율이 많고 직장에서 동일한 승진을 위해 남성들보다 더 많은 노력을 필요로 하며 자녀를 집에 두고 나오는데 대한 죄의식도 가지며 직장에서의 성희롱에 대해서도 심한 스트레스를 받고 있다.

특히 기혼여성의 취업은 자녀양육 문제와 상충되어 여성의 취업여건에 따라 우울증에 노출될 가능성도 달라진다. 이는 여성 개인의 인성특성과 자녀보호시설의 가용성, 직장에서 어떠한 일을 하고, 어느 만큼의 일을 하는가에 달려 있다. 예를 들어 공공화장실에서 남자들이 소변을 보고있는 데도 여성 청소원들을 활동하게 하는 것과 같은 일이 여성성에 대해 사회에서 천대받는다는 느낌과 자존감을 잃게 만든다.

③ 결혼생활

남성에게는 결혼이 보호막의 역할을 하지만 대체로 여성들은 결혼이 심각한 스트레스가 되고 있다. 일반적으로 남성은 자신이 원하는 욕구를 여성을 통해 충족하는 반면에 여성은 가족 중 아무에게도 그들의 욕구가 받아들여지기 힘든 환경에서 살고 있다. 더구나 남성은 결혼을 하고 대인관계나 자신의 개인적 성취도가 커지는 반면에 여성은 결혼을 통해 개인의 모든 욕구와 성취감을 희생해 가는 경향이 일반적이다. 그래서 여성들은 남편과 자녀의 요구에 반응하다 보니 여성 개인의 정체성은 거의 없어져 버린다. 또한 여성이 화를 내고 분노하는 것은 아름답지 못하다고 배워 왔기에 억눌린 분노의 감정은 결국 우울증으로 표출된다. 특히 가부장적인 남편을 둔 여성, 독립적이고 자아감이 강한 지성적 여성에게 이런 저항감과 스트레스가 더 많이 실린다.

④ 어머니다움

자녀를 출산하는 일은 여성들 뿐 아니라 모든 가족들에게 중요한 경험이 된다. 그럼에도 불구하고 통계에 의하면 처음 출산을 하는 여성의 15~24% 정도가 '임상적 산후우울증'을 경험하는 것으로 나타났다(Corob, 1987; 조흥식 외, 2008).

출산은 여성의 행복이자 그 동안 자신이 가진 정체감에 혼란을 가져다주는 좌절감을 맛보게 한다. 직장을 잃기도 하고, 혼자서 경험해 보지 못한 아기양육에 육체적으로나 정신적으로 지치게 되고 혼자서 이 모든 것을 감당해야 하는 고립감에 빠지기도 한다.

⑤ 외상 후 스트레스

여성들만의 외상 사건들인 낙태, 유산, 유방절제술, 자궁 적출술 등 여성성을 상징하는 신체적 사건에 대해서 여성들은 심한 상실감과 괴로움을 느낀다.

또한 가 정내에서의 남편에 의한 폭력이나 성폭력 등은 심한 자괴감을 느끼게 하고 자기비난, 죄의식, 무가치함, 무력감과 공포심을 불러일으키고, 더구나 성폭력의 경우에는 경찰이나 병원 등과 같은 기관이 여성을 대하는 태도 때문에 더더욱 사회적 단절감과 소외감을 경험한다.

(2) 한국 중년여성의 우울증 특성

① 주부우울증

한국문화의 특징상 가사에만 집중하는 중년 여성이 최근 우울증에 걸리는 경우가 늘어나고 이들에게 나타나는 신체증상(불안, 초조, 가슴답답함, 두통, 불면 등)이 많아지고 있어 이를 '주부우울증'으로 부른다.

이는 남성중심의 사회에서 오는 성불평등, 출산과 육아로 인한 육체적, 심리적 스트레스, 생리와 출산, 완경 등 급격한 홀몬 변화등의 요인과 가정과 사회적 환경요소가 겹쳐서 당연히 우울증에 노출될 확률이 더 높다. 대개 주부우울증이 일반적인 우울증과 다른 점은 건망증이나 판단부족과 같은 인지기능장애와 가슴이 답답하고 소화가 안되며 머리가 아픈 등의 심신장애를 주요특징으로 한다. 슬프거나 우울한 감정보다는 머리가 아프고 기억력이 떨어지는 등 신체증상을 주로 호소한다는 것이다. 이런 증상이 2주 이상 지속되고 일상생활에 지장을 준다면 일반적인 우울증으로 의심해보아야 한다.

<주부우울증 자가진단표>

* 다음의 12개 문항 중에서 자신에게 반복적으로 나타나는 증상에 V표시를 한다.

번호	질문문항	해당사항
1	사소한 일에 신경 쓰이고 걱정거리가 많다.	
2	하루종일 피곤하다.	
3	의욕이 떨어지고 만사가 귀찮아진다.	
4	즐거운 일이 없고 세상 일이 재미가 없다.	
5	모든 일이 비관적으로 생각되고 재미가 없다.	

6	내 처지가 초라하고 죄의식에 사로잡힌다.	
7	잠을 설치고 수면 중 1회 이상 깬다.	
8	입맛이 떨어지고 한 달 사이 체중이 3kg 이상 늘거나 줄었다.	
9	답답하고 불안하며 쉽게 짜증이 난다.	
10	집중력이 떨어지고 건망증이 늘어난다.	
11	매일 죽고싶은 생각이 든다.	
12	두통, 소화기장애, 만성통증 등 신겨성 신체증상이 2주 이상 계속된다.	
	우울증 점수: 나에게 V로 해당되는 문항 수의 총합	

2개 이하는 정상, 3~5개 이하는 가벼운 우울증, 6개 이상은 심한 우울증으로 이 증상이 2주 이상 지속될 경우 스스로 치유는 어렵고 전문의와 상담 필요.
출처: 서울대병원(2007), 설문지

② 명절 우울증

대체로 90% 이상의 여성에게 나타나는 증상으로서 명절을 앞두고 가고 싶지 않은 시댁에 가야 한다던지 혹은 명절에 해야 할 일이 감당하기가 어려운 경우에 자주 발생한다.

심지어는 명절을 1~2일 앞두고 갑자기 마비가 오며 쓰러져서 병원에 입원하는 경우도 허다하다. 특히 이런 경우에는 한방병원으로의 입원이 유난히 많다. 대체로 주부우울증처럼 중년의 주부에게 자주 나타나는 증상이다. 다행히도 명절이 지나면 그 증상이 빨리 소멸된다. 그러나 주부우울증이나 명절우울증 같이 신체적 증상을 주로 하는 경증의 우울증이 오래 지속되면 약 15%범위 내에서 중증의 우울증으로 진행된다는 사실이다.

2) 불안장애

불안은 부정적인 결과가 나타날 수도 있는 위협적이고 위험한 상황에서 경험하게 되는 불쾌하고 고통스러운 정서적 반응이다. 불안을 느끼면 부정적 결과가 일어나지 않도록 긴장을 하고 경계를 하며 조심스러운 행동을 하게 된다. 그래서 위협적인 상황을 벗어나게 되면 안도감을 느끼고 긴장을 풀며 편안한 기분으로 되돌아가게 된다. 이처럼 위험한 상황에서 적절한 불안을 느끼는 것은 매우 자연스럽고 정상적인 것이나 병적인 불안은 다음과 같은 점에서 정상적인 불안과 구별된다.

첫째, 현실적인 위험이 없는 상황이나 대상에 대해 불안을 느끼는 경우

둘째, 현실적인 위험의 정도에 비해 과도하게 심한 불안을 느끼는 경우

셋째. 불안을 느끼게 한 위험요인이 사라졌음에도 불구하고 불안이 과도하게 지속되는 경우

사전적 의미의 불안장애는 병적인 불안으로 인하여 과도한 심리적 고통을 느끼거나 현실적인 적응에 심한 어려움을 겪는 경우를 말한다. 여성들에게 많이 나타나는 불안장애 유형은 다음과 같다(이보연 아동가족센터 홈페이지).

첫째, 특정공포증으로 특정한 대상이나 상황에 대한 비합리적 두려움과 회피행동을 지속적으로 나타내는 장애이다(예: 성폭력 피해여성).

둘째, 사회공포증으로 다른 사람들과 상호작용하는 사회적 상황을 두려워하여 회피하는 공포증의 한 유형이다. 이 경우도 여성에게만 있는 신체적 차이로 인해 외부의 사람을 만나기를 꺼려하고 두려워하는 경우로서 남성들에게 나타나는 것과 이유가 조금 다르다. 남성의 원인은 주로 개인적 욕망이나 자아실현의 부적응이 많고 여성은 여성성에 대한 편견과 부정적 경험에서 주로 표출된다.

셋째, 공황장애로 갑자기 엄습하는 강렬한 불안, 즉 공황발작을 반복적으로 경험하는 장애를 말한다. 흔히, 첫 공황발작은 피곤, 흥분, 성행위, 정서적 충격 등을 경험한 후에 나타나는 경향이 있으나 대부분의 경우 예측하기가 어렵고 갑작스럽게 나타난다. 공황발작은 10~20분간 지속되다가 빠르게 또는 서서히 사라진다. 특히 갱년기 여성에게 자주 나타나는데 심할 땐 자동차 운전을 하면서 도로가 두 층으로 보여 위험한 상황에 직면하기도 한다.

3) 알코올중독

알코올중독은 일반적으로 사회에서 허용되는 영양적, 사회적 용도 이상의 주류를 과량으로 계속 마심으로써 심리적, 신체적 및 사회적 기능을 해치는 만성적 행동장애이다(민성길, 1995). 알코올중독의 명확한 원인은 아직 밝혀지지 않았으나 젠더의 이슈가 관련이 있음을 알 수 있다. 대부분의 문화권에서 여성의 음주와 여성의 알코올중독은 남성보다 더 부정적으로 평가된다. 그런데 알코올중독은 남성의 문제라고 생각되어 여성 알코올중독에 대한 연구는 매우 소홀하였다. 그 결과 남성의 음주행동을 여성 음주행동의 기준으로 판단하고 기술함으로써 여성 알코올중독자의 증상이 더 심하고 치료가 어렵게 된 측면이 있다(정원후 등, 1997).

문제가 되는 음주의 동기에서도 성차가 발견되는데 여성 알코올중독자의 음주 시작동기는 대인관계를 위한 사교목적, 심리적 갈등이나 다른 정신적인 문제, 가족과의 갈등 등이 비슷하게 많은 것으로 나타난 반면, 남성 알코올중독자는 대인관계를 위한 사교목적으로 음주를 하는 경우가 절대적으로 많았다(정원후 등, 1997). 알코올중독이 되는 과정에도 성차가 있어서 여성은 알코올을 집에서 남용하는 경향이 남성보다 더 높다. 또한 알코올 문제가 있는 여성의 많은 비율이 성학대 경험이 있어서 아동기 성학대 경험이 있는 여성이 그런 경험이 없는 여성보다 알코올 사용, 술에 취함, 음주관련 문제, 알코올 의존증상, 심리치료를 위한 약물이나 기타 금지 약물을 사용하는 경향이 더 높다. 이 여성들은 또한 불안과 우울증상을 보고하는 경향이 더 높다(Wlsnack, Volgeltanz, Klassen, & Harris, 1997).

3. 젠더와 신체 건강문제

고정관념에 입각한 성 역할 사회화는 남성들의 신체적 건강에 부정적인 영향을 미칠 수 있다. 첫째, 남성성 사회화 과정에서 남성들은 자신의 감정과 느낌에 주의를 기울이거나 표현하지 않도록 사회화된다. 그 결과 남성들은 스트레스를 남에게 보이려 하지 않고, 또 몸에 어떤 나쁜 징조가 나타날 때에도 이를 표현하기를 주저하거나 무시하고 병이 상당히 악화될 때까지 계속해서 일한다. 말이나 행동으로 표현되지 않는 감정은 육체적 고통이나 질병을 통해 방출될 수 있기 때문에 남성의 질병은 대개 갑작스럽게 나타난다. 둘째, 남성은 항상 강해야 한다고 사회화된다. 셋째, 남성성 사회화 과정에서 남성들은 직업 등에서 성공하도록 사회화된다. 그리하여 자신의 생활목표와 꿈이 기대에 미치지 못한다고 느낄 때 심한 절망을 경험하며, 실업에 대한 두려움과 승진에 대한 불안감은 중년 남성에게 스트레스와 긴장이 될 수 있다(이미숙, 2001).

남성이 성 역할과 관련하여 느끼는 스트레스는 남성의 신체건강과 밀접한 연관이 있는 것으로 보이는데, 아이슬러와 스키드모어(Eisler & Skidmore, 1987)는 남성 성 역할 스트레스 척도를 개발하여 이 척도와 남성의 신체건강의 관련성을 연구하였다. 남성 성 역할 스트레스는 주장성, 자기확신, 자율성 같이 사회적으로 바람직하게 여겨지는 남성성 고정관념과 차이가 있으며, 이 척도에는 신체적 부적절성, 정서적 표현의 억제, 여성의 지배를 받음, 지적인 열등감, 수행실패 등 다섯 가지 요인이 포함된다.

여성 성 역할도 신체건강에서의 성차를 설명할 수 있는 요인이다. 표현성과 친밀성을 지향하는 여성 성 고정관념으로 인해 여성들은 경쟁을 하기 위해 스트레스를 일으키는 활동을 피하며 남성들처럼 고통을 겪으면서까지 표현을 하지 않거나 참지 않는 경향이 강하다. 특히 힘이나 강함을 보일 필요가 없기 때문에 여성들은 위험한 상황을 굳이 선택하지 않아도 될 것이다. 다양한 종류의 스포츠 활동이 여전히 남성적인 것으로 간주되고 있는 반면 운동이 여성의 건강에 중요하다는 연구결과가 제시되고 있다. 그리하여 규칙적인 운동은 여성의 유방암 위험 감소, 체력증강 및 체지방 수치감소(Lips, 2008)와 관련이 있는 것으로 나타났다.

특히 여성의 몸에 과도한 성적 의미를 부여하는 가부장적 문화가 여성의 건강을 위협하는 환경이 될 수 있다(임인숙, 2006). 가부장적 사회에서 여성의 몸은 언제나 여성성을 규정하고 통제하는 사회적 담론의 중심이었기 때문이다.

이러한 시각에서 볼 때 여성의 질병은 의학적 시각에서 뿐 아니라 젠더시각에서 숙고해 보아야 할 문제이다. 자궁경부암과 함께 가장 대표적으로 여성의 생명을 위협하는 가장 중요한 질환의 하나인 유방암에 대한 경험에는 젠더의 이슈가 복합적으로 반영되어 있다(임인숙, 2006). 남성의 경우 주로 위암과 간암, 폐암순으로 발병률이 높으며 여성에 비해 건강에 해로운 행위를 더 많이 하고, 예방적 행위를 덜 하는 것으로 나타났다(박은옥 · 박영숙, 1999). 따라서 남녀 모두 양성성을 발달시키도록 장려하는 것이 신체적 건강의 유지에 바람직할 것이다.

생각해 보기

1. 자신의 여성 성 혹은 남성 성이 정신건강과 스트레스 관리에 미친 영향에 대해 구체적으로 논의해 봅시다.

2. 신체건강에서의 성차에 대한 사례에 대해 논의해 봅시다.

제5장

젠더와 성

1. 성과 성행동
2. 이중적 성문화의 현실과 성각본
3. 성적 자기결정권
4. 성매매
5. 성폭력

1. 성과 성행동

1) 성의 기능 및 개념

성은 인간의 삶에서 유기적이고 정상적이고 육체적이고 감정적인 기능을 담당하고 있다. 그럼에도 우리 문화는 성욕을 외음부에 국한시켜 생각하지만 성욕의 표현 그 이상으로 인간은 성적 욕구와 그 기능이 단지 생식활동에만 국한되어 있지 않은 유일한 영장류이다(Christiance, 2003).

모리스(Morris, 1991)는 인간의 성행위의 기능을 다음과 같이 분류하고 있다(장선철, 2008).

첫째, 생식의 기능이다. 이는 성이 가지고 있는 가장 기본적인 기능이다. 둘째, 짝짓기의 기능이다. 인간은 원래 암수가 짝을 짓는 동물이며 배우자가 될 가능성이 있는 한 쌍의 남녀는 성행위를 통해 짝을 짓는다. 짝짓기 기능이 워낙 중요하기 때문에 성행위가 가장 격렬하게 그리고 규칙적으로 일어나는 시기는 처음 짝을 짓는 시기에 집중되어 있다. 셋째, 유대감 강화의 기능이다. 성행위는 짝과의 유대감을 강화하는 기능을 갖고 있기 때문에 짝짓기를 끝냈다고 해서 성행위가 사라지는 것이 아니라, 별거했던 부부들이 재회하면 짝짓기 과정을 다시 거치는 것이나 마찬가지이기 때문에 신혼초야처럼 격렬한 성행위가 되살아나는 경우가 많다. 넷째, 긴장완화기능이다. 성행위의 또다른 기능은 긴장을 감소시키는 것이다. 생리적 욕구가 해소되지 않으면 긴장감이 증가하기 때문에 해소되지 않은 성적 긴장감을 발산하기 위해서 성행위를 하게 된다. 다섯째, 호기심 충족기능이다. 인간이 가지고 있는 가장 훌륭한 자질 중의 하나는 호기심과 탐구심이다. 성행위에 참여하는 남녀는 다양한 동작, 소리, 접촉, 체위, 향수 등을 써서 새로운 자극방법을 끊임없이 탐구함으로써 타고난 호기심을 서로 충족하고 있다. 여섯째, 마음의 안정기능으로 성행위는 자극을 제공해 줄 뿐 아니라 과도한 자극상황에서 마음을 안정시키는 기능도 갖고 있다.

이처럼 성행위는 종족을 번식시키는 기능을 가지고 있을 뿐만 아니라 쾌감과 한 인간으로서의 존재 가치를 제공하기도 하며 이성 간의 사랑을 발전시키고 부부간의 유대감을 유지하는 중요한 기능을 가지고 있다.

남성의 성, 여성의 성과 관련된 사회적 통념들

1. 남성의 성과 관련된 통념

- 성과 사랑, 결혼은 분리될 수 있다.
- 남성의 혼전순결은 중요하지 않으며 외도도 허용되나 결혼은 정숙한 여성과 한다.
- 남성은 여성이 원하면 언제든지 성행위를 할 준비가 되어 있어야 한다.
- 남성은 항상 성행위를 주도해야 하고 성적 능력은 남성성의 기준이다.
- 피임이나 임신은 여성의 몸과 연관되므로 여성이 책임져야 할 문제이다.
- 여성이 원하는 것을 말하지 않아도 다 알고 있어야 한다.
- 남성은 일단 발기가 되면 반드시 사정을 해야 하며 그래야 몸에 해롭지 않다. 또는 사정을 참으면 정력이 강해진다.
- 남성의 성기의 크기가 성적 능력을 좌우한다.
- 남성은 한 번 시작하면 멈출 수 없다.
- 술은 성욕을 강화시킨다.

2. 여성의 성과 관련된 통념

- 여성은 사랑하는 사람 외에는 성적 욕구를 느끼지 않는다.
- 여성이 자신의 성적 느낌을 표현하거나 성행위를 주도하는 것은 여성답지 못하다.
- 여성은 삽입에 의한 성교를 통해서만 오르가즘을 느낄 수 있다.

- 여성의 거절은 동의를 의미한다.
- 여성의 가슴 크기는 성적 능력과 직접 관련이 있다.

출처: 최규련(2007), p. 71.

뉴톤과 월톤(Newton & Walton)은 성의 네 가지 요소를 제시함으로써 성에 대한 이해의 청사진을 마련해 주었다. 그것은 성적 정체감, 성적 역할, 성적 행위 그리고 성적 선호이다(Barber & Allen, 1992). 성적 정체감은 개인이 자신을 성적인 대상으로 어떻게 생각하는가를 말하며, 사회계층, 성적 지향 등 개인의 역사와 문화의 상호관련성에 의해 영향을 받는다. 전통적인 시각은 남녀 모두 이성애 정체감을 갖는 것을 당연시하였으나 오늘날에는 동성애를 인정하고 있는 추세이다. 두 번째 요소인 성적 역할은 파트너와의 성관계시 어떤 역할을 하고 어떤 행동을 하는가이다. 성적 성체감이 한 개인의 성적 자아상이라면 성적 역할은 파트너와의 성행위를 어떻게 시작하고 반응하고 지속하는가 등 성적인 관계과정과 상호작용을 말한다. 성별이나 성적 지향이 반드시 성적 상호작용 동안의 성적 역할과 관련이 있는 것은 아니다. 세 번째 요소는 성적 행위로서 개인의 섹슈얼리티의 내용을 말한다. 성적 행위는 성적인 표현을 어떻게 하는지, 성감대는 어디인지, 성적으로 자극을 받는 것은 무엇인지, 어떤 특정 장면이 성적 자극물이 되는지 등을 포함한다. 마지막으로 성적 선호는 성행위 파트너가 동성이냐 이성이냐를 말하는데, 이런 의미에서 성적 지향과 비슷하다. 엄밀히 구분하면 성적 선호는 성적 파트너를 선택하고 결정하는 상황과 관련이 있다. 예컨대, 어떤 여성이 성적 지향은 양성애자이지만, 동성애를 옹호하는 정치적인 이유 때문에 여성만을 성적 파트너로 선호하여 선택할 수 있다.

성적 지향(sexual orientation)은 정서적, 낭만적, 성적 파트너로서 이성, 동성 혹은 양성에게 지속적으로 이끌리거나 반응하는 정도이며, 이성 혹은 동성과 성적 관계와 성적 행동을 맺고자 하는 성향이다. 성적 지향은 여성됨 혹은 남성됨의 해부학적, 생리적, 유전적 특징에 기반한 생물학적 성, 여성됨 혹은 남성됨의 심리적 측면인 성 정체감(gender identity), 그리고 여성적 혹은 남성적 행동을 정의하는 문화적 규범인 사회적 성 역할 등 젠더의 여러 다른 요소와 구분되는 개념이다(정혜정 외, 2009).

성적 지향은 대개 상호배타적인 네 가지 범주, 즉 이성을 정서적, 낭만적, 성적 파트너로 선호하는 이성애, 동성을 선호하는 동성애, 두 가지 성별 모두를 선호하는 양성애 그리고 어느 성도 선호하지 않는 무성애로 분류하는 것이 보편적인 시각이다.

성 정체감이나 성 역할 정체감과 마찬가지로 성적 지향에 대한 전통적 시각도 한 사람의 성적 지향은 생물학적으로 결정되므로 이성애만이 정상이며 동성애나 양성애는 일종의 정신병으로 간주하였으나 오늘날 특히 서구에서는 동성애를 한 사람의 성적 지향을 나타내는 것으로 보는 경향이 많이 보급되어 있으며, 동성애 공동체가 형성되고 동성애자들의 권익을 내세우기 위한 활동이 활발히 이루어지고 있기도 하다.

서구에서 남자 동성애(소년애)에 대한 역사는 길어 〈향연〉에서 희극 작가 아리스토파네스는 동성애와 관련된 신화 하나를 소개하고 있다. 처음에 사람은 성이 두 가지가 아니라 남성, 여성, 남녀성 세 가지였고, 모두 요즘과 달리 팔 네 개, 다리 네 개, 얼굴 두 개, 귀 네 개, 성기 두 개를 가지고 있었다. 남성은 성기가 둘 다 남자 것이었고, 여성은 둘 다 여자 것이며, 남녀성은 하나씩이었다. 이런 이상한 몸을 가진 사람들은 힘이 세고 야심도 대단하여 신들을 공격하려고 했다. 신들이 분노했고 제우스는 모든 사람을 반쪽으로 쪼개는 벌을 내렸다.

오늘날 모든 사람은 온전하지 못한 반쪽이며, 그래서 나머지 반쪽을 그리워한다. 따라서 소년애도 이성애와 마찬가지로 온전해지려는 욕망에서 비롯한 자연스러운 일이라는 것이 아리스토파네스의 결론이다(한국방송통신대학교 문화교양학과, 2005).

한편 우리나라에서 동성애에 대한 공공의 담론이 등장하기 시작한 시기는 1990년 이후 동성애자의 인권단체나 모임이 생겨나면서부터며, 이를 계기로 동성애자의 존재를 인식하는 계기가 되었다. 우리나라에서 남성 동성연애자와 남성 이성애자의 삶의 질과 정신건강을 비교한 연구(공성옥 · 오강섭 · 노경선, 2002)에 의하면 동성애자들은 이성애자들에 비해 불안정한 가족관계, 가족의 낮은 지지, 주변사람들로부터의 소외와 고립 등의 문제를 경험할 수 있고, 이러한 상황은 우울감과 자살 구상 등의 정신건강에 영향을 미침을 알 수 있다.

2) 성행동과 성차

여성과 남성의 신체적, 생리적 성반응 주기는 비슷하다. 그러나 이것이 남녀가 경험하는 성의 모든 측면이 비슷하다는 의미는 아니다. 최근 사회심리학자인 앤 페플로(Lips, 2008; Peplau, 2003; 정혜정 외, 2009)는 여성과 남성의 성은 다음과 같이 크게 네 가지 측면에서 차이가 있다고 하였다.

- 남성이 여성보다 성적 소망이 더 크다.
- 성의 맥락에서 여성은 남성보다 친밀한 관계를 더 많이 강조한다.
- 공격성은 여성보다 남성의 성과 더 밀접한 연관이 있다.
- 시간이 지남에 따라 여성의 성이 더 유동적이고 변하기 쉬운 경향이 있다.

2. 이중적 성문화의 현실과 성각본

1) 가부장적 성각본과 이중적 성문화

가부장제 사회는 남성과 여성에게 비대칭적인 성윤리를 기대함으로써 성애에 있어서도 불평등한 권력관계를 강요하는데, 성애에 관한 전통 관념들을 총체적으로 가부장적 성각본(sex script)이라고 한다.

이에 관해 급진주의 페미니즘은 남성이 여성의 성을 소유하고 지배하려는 욕망을 낭만화하고 성애화시켜서 권력관계를 은폐하고, 여성이 경제적으로 남성에게 의지하며 그 대가로 성적 서비스를 제공하는 낭만적 이성애 관계를 평등한 것처럼 미화할 뿐이라고 공격한다(이재경 외, 2007).

성각본은 성에 대해 사회가 인정하는 일련의 행위와 지위, 기르고 이러한 행위와 지위를 지배하는 규칙과 기대, 규약을 모두 말하는 것으로서(Laws & Schwartz, 1977), 사회적 규범이 성에 대한 역할, 성적 정체성, 성행위에 대한 의미에 어떤 영향을 미치는가를 이해할 때 도움이 된다. 한 개인이 속한 사회 문화적 및 역사적 맥락 안에서 그리고 생후부터 시작되는 젠더화 과정을 통해 개인은 성각본을 발전시킨다. 성각본은 첫째, 누구와 성관계를 가지며, 둘째, 어떠한 성행위가 용납될 수 있고, 셋째, 언제 성관계를 갖는 것이 적절하며, 넷째, 어디에서 성관계를 갖는 것이 용납될 수 있고, 다섯째, 성행위의 이유는 무엇인가를 포함한다(Barber & Allen, 11982).

그런데 가부장제 사회는 "남성은 강한 성욕을 지니고 여성은 비성적 존재"라는 규정의 토대 위에 일부일처제를 정착시켰다. 가부장적 일부일처제의 틀에서 남편의 성욕을 해소해 주는 것은 아내의 의무이므로, 기혼여성은 스스로 성관계를 주도해서는 안 되지만 남편의 일방적 성관계를 위해 늘 대기하고 준비되어 있어야 하는 존재로 그려진다. 그래서 순수하고 비성적인 아내가 남편의 강한 성욕을 충족시키지 못할 때 남편의 성적 욕망을 분출할 돌파구로서 성매매나 외도가 정당화된다. 이러한 이중적인 가부장적 성각본은 교묘하게 아내의 성욕이나 외도는 금기시하되 남편의 외도나 성매매에 관대함으로써, 남성들에게 혈통의 순수성을 보장하는 순결하고 정숙한 여자와의 안정된 결혼과 집 밖에서 성적 만족을 제공할 대상을 동시에 허용한다. 그 와중에 남편의 성적 욕구를 충족시켜 주지 못하고 외도를 하게 한 아내의 성적 무능력과 남성을 성적으로 유혹하는 외도상대나 성매매 여성의 타락은 동시에 비난받는다. 결국 남성을 사이에 둔 두 부류의 여성들 간 경쟁과 다툼이 있을 뿐 정작 성을 사는 주체인 남성에게는 억누를 수 없는 성적 본능이라는 면죄부를 주는 것이다.

남성이 결혼 안의 성과 결혼 밖의 성을 넘나들 수 있게 용인되어 온 반면, '좋은 여성'과 '타락한 여성'으로 이분화된 여성들의 경우 일단 한 부류에 속하면 다른 부류에서는 배제된다(장필화, 1999). 즉, 주부와 매춘은 한 여성이 넘나들 수 없는 별개의 영역으로 여겨지는 것이다. 가부장적 성각본은 이런 방식으로 남성과 여성에게 이중적 성윤리를 내면화시킬 뿐만 아니라 이를 유지하기 위해 여성들을 다시 이분하여 양쪽 여성들에게 전혀 상반되는 성문화—순결하고 비성적인 정숙함과 팜므파탈적인 매력이라는 상호 배타적 특성 간 경계—를 넘나들면서 남성의 성을 위해 종속될 것을 요구한다.

우리 사회가 남성의 성욕을 억제할 필요가 없는 강한 힘의 발현으로 여겨 왔기 때문에 남성들은 성욕이 왕성하지 않다고 느껴질 때 남성성 자체가 훼손된 듯 느끼게 되는데, 이러한 현상 역시 성기능을 남성적 능력과 동일시해 온 성고정관념이 내면화된 데 따른 부작용이다. 성행위에 있어서 적극적이고 주도적이며 공격적이어야 한다는 남성성에 대한 고정관념은 극단적으로는 남성의 성을 자신에게조차 분열시키는 결과를 초래한다. 이러한 강박 내지 불안으로 인해 남성은 생산적이고 지속적인 관계보다는 오히려 배설적이고 찰나적인 성을 통해 자신을 방어하려는 경향을 보이기도 한다. 또한 여성적 수동성을 과소평가해 온 사회적 관념을 받아들인 나머지, 남성 자신 안에 내재되어 있는 여성성에 대한 경멸로서 여성혐오증을 보이게 되기도 한다. 이 역시 지나친 남성성에 대한 강박의 결과이다.

즉 이중기준은 여성과 남성의 성행동과 경험뿐 아니라 남녀 간의 권력관계에 많은 시사점을 제공한다. 일례로 여성의 성적 소망이 중요할 수 있다는 점을 거부하면서 여성의 성적 감정을 대수롭지 않게 여기는 반면, 남성의 성적 충동은 자연스럽고 어찌할 수 없는 것이므로 남성의 성적 충동조절 능력을 중시하지 않는다. 따라서 여성이 성적으로 적극적일 경우 남성보다 더 부정적인 평가를 받는 반면, 남성은 성적으로 소극적이면 부정적인 평가를 받게 된다. 또한 성희롱이나 성추행, 강간을 당한 여성을 오히려 비난하는 경향이 더 많다. 이중기준을 적용하는 경우 남성은 자신의 성행동을 조절할 책임을 지기 위해 배울 필요가 없고, 여성은 스스로 성적 즐거움을 학습할 필요가 없으며, 남녀로 이루어진 성적 파트너는 성적 감정에 대해 의사소통할 필요가 없게 된다(Lips, 2008). 한국 사회에서 여전히 이중기준에 근거한 순결이데올로기는 여성의 성적 주체성을 억압하는 핵심적인 코드이며 여성의 성에 대한 은폐되고 이중화된 정조 관념(양현아, 2004)은 성적 책임과 결정권을 제한하는 중요한 요소가 되고 있다.

성행동에 대한 이중기준의 역사가 오래되었음에도 불구하고, 사실에 근거하고 있는 것은 아니다. 여성과 남성은 성반응 주기가 매우 비슷하고, 여성도 성적으로 쾌락을 느낄 수 있는 능력이 있다. 성행동에 대한 사회적인 이중기준 그리고 성행동이 여성에게 더 큰 영향(임신의 가능성)을 미친다는 점을 여성 스스로 자각하고 있기 때문일 수 있다.

2) 대안으로서의 표현적 성각본

표현적 성각본은 남녀평등과 성 자유화 분위기 속에서 탄생하였으므로 성행동에 대한 이중기준으로부터 벗어나 있다. 남녀의 평등한 권리가 보장되므로 남성이 여성의 성을 소유하는 권한이 인정되지 않고, 성은 남녀 모두에게 의미있는 것으로 받아들여진다. 성의 기능은 생물학적 자녀출산에 있을 뿐 아니라 친밀한 두 사람 간의 의사소통 수단이고 정서적 유대감을 나누기 위한 매체이며, 쾌락은 성의 중요한 기능으로 여겨진다. 성적 욕망은 남성뿐 아니라 여성에게도 자연스럽고 필요한 것으로 여겨지며, 다양한 형태의 성행동이 용납되고, 자녀출산과는 무관한 사람들 사이에서의 성도 자연스러운 행동으로 받아들여진다.

한 마디로 성은 남성과 여성 모두가 인간적임을 표현하는 기초로서 누구나 성적인 자아(sexual self)를 표현할 자유가 있다는 것이 표현적 성각본의 대전제이다. 즉, 남성과 여성의 성욕에 대한 가정들이 타고난 본능적 차이에 기인하는 것이 아니라, 남성들은 포르노를 보고 또래들과의 비공식적 대화를 통해 성을 왜곡하여 받아들이고 여성들은 낭만적 사랑의 결합을 다룬 동화나 소설 및 드라마에 몰입하면서 남성들의 성적 선호를 자연스럽게 습득하는 과정에서 사회적으로 구성된다는 점에 주목한다(이재경 외, 2007). 그런데 이처럼 성적 위계 및 차별적 질서가 사회적으로 구성되었다는 것은 변화가 가능하다는 의미와 통한다.

성의 가장 내밀한 부분을 서로 교통하는 성애는 육체적 즐거움뿐 아니라 정서적 친밀함을 표현하는 수단이며, 이를 통해 양자가 더욱 친밀해지고 유대를 강화할 수 있는 소통과정이다. 또한 남성뿐 아니라 여성도 성적 흥분을 느낄 수 있으며, 여성도 성욕을 억압하지 않고 남성과 대등한 위치에서 자유롭게 성관계를 주도하고 오르가슴을 느끼는 것이 필요하다. 표현된 성각본을 기본으로 할 때 성애는 출산기능과 상관없이 즐길 수 있는 것이므로 노년의 성애나 비혼의 성애 역시 남성뿐 아니라 여성에게도 금기일 이유가 없다.

그런데 고정관념적인 성 역할 사회화는 성행동이나 태도에서 권력 차이를 가져오고, 성이 권력과 밀접히 연결되어 있음을 시사한다. 성 역할 사회화 과정에서 남성과 여성에게 강요되는 성과 관련된 성 역할 규칙의 예는 다음과 같다. 먼저 남성에 관련된 것으로서 남성은 신체적으로 공격적이고, 역동적이며, 지배적이어야 한다. 성행위는 정복으로 간주된다. '아니오'라고 말하는 여성이 진짜 의미하는 것은 '괜찮아'이다, 남성은 데이트 비용을 지불해야 하고, 여성은 그들에게 성적으로 갚아야 한다, 여성은 그들을 보호하는 남성의 소유물이다, 여성은 성적 대상으로 보아도 된다, 남성은 성행위를 주도해야 하고 여성을 지배해야 한다, 남성은 우두머리가 되어야 하고 여성은 남성에게 복종해야 한다 등이다. 그리고 여성을 위한 성 역할 규칙으로는 '여성은 남성의 성적 행동을 통제할 책임이 있다', '여성은 남성에 의해 보호받을 필요가 있다', '여성은 신체적으로 강건해서는 안 된다', '좋은 여성은 처녀이다'(Worell & Rember, 2004) 등이다. 이러한 규칙을 내면화한 남자들은 성적으로 공격적이 되고, 여성을 성적 대상으로 보게 되며, 여성에 대한 성적 공격을 정당화하고, 여성이 성행위에서 복종할 것을 기대할 뿐 아니라 여성을 성폭력의 피해자가 되기 쉽게 한다. 성이 남녀간의 권력과 관계가 있음을 나타내는 대표적인 예는 음란물과 성폭력이다.

음란물에 나타난 성과 권력의 관계는 우선 성적 자극을 일으키는 대부분의 음란 자료들이 남성을 위해 제작되며, 대부분의 음란물에서 여성은 독립된 인격체라기보다 수동적이고 무기력하며, 육체적으로 이상화된 성적 대상으로 그려진다는 점에서 찾아볼 수 있다. 우리나라 연구에서 음란물은 청소년들로 하여금 성적 충동의 유발, 성도덕의 약화, 성에 대한 비정상적이고 잘못된 지식과 사고의 발달, 성행동에 대한 왜곡된 신념과 태도의 발달,

성희롱이나 강간과 같은 성범죄에 대한 억제력의 약화 가능성을 증대(양돈규 · 조남규, 2004; 윤태준, 1999)시킴으로써 청소년의 건전한 성적 사회화를 저해하는 것으로 나타났다.

하지만 어떤 경우든 양 당사자 모두에게 의미가 있고, 자신의 행위에 대한 책임을 스스로 질 수 있을 경우에 한해서 이루어져야 한다. 이것이 성적 자기결정권이다. 그런데 성적 자기결정권이 온전히 보장되기 위해서는 이러한 개인적 행위로서의 성애를 바라보는 사회의 고정관념적 변화가 선결되어야 한다. 그렇지 않을 경우 성적 자기결정권은 고독한 외침에 머물 뿐 그로 인한 비난과 불이익은 고스란히 개인 특히 여성의 몫으로 남을 수 있다.

3. 성적 자기결정권

1) 성적 자기결정권의 의미

성적 자기결정권은 성적 쾌락과 행위성에 대한 권리일 뿐 아니라 통제할 수 있고, 안전성을 보장받을 수 있는 권리의 측면을 포괄한다. 다시 말해 성적 자기결정권은 두려움없이 성적 관계에 개입하는 권리이며, 이러한 권리의 이행은 피임과 낙태접근의 권리, 그리고 원치 않는 임신, 성병, 자신의 뜻에 반하는 남성의 요구와 강제, 성희롱, 성폭력, 학대로부터의 자유를 내포한다(허라금, 2000).

이러한 성적 자기결정권이 통용되는 사회적 맥락을 개괄적으로 살펴보면 첫째, 몸적 권리, 즉 몸에 대한 소유권, 둘째, 성적 요구를 거부할 수 있는 권리(거부권) 등으로 정리할 수 있다(허라금, 2000).

첫째, 몸에 대한 소유권, 몸적 권리로서의 성적 자기결정권은 '내 몸의 주인은 나'라는 주장으로 설명된다. 즉 여성들이 자신들의 몸에 대한 주인의식을 가져야 하며, 이를 위해 여성들이 자신의 몸에 대해서 충분히 알아야 한다는 일종의 여성의 몸에 대한 권리선언이라고 볼 수 있다. 즉 여성들이 피임과 낙태 등 자신의 몸과 관련하여 자기결정권을 가져야 한다는 것을 강조함으로써 여성의 몸에 대한 새로운 인식과 여성의 몸에 대한 권리로서 건강권이 등장하는 계기를 제공하였다.

둘째, 성적 요구에 대한 거부권으로서의 성적 자기결정권은 여성들이 남성의 성적 제안에 대해서 "안돼"라고 말할 수 있는 권리를 말한다. 말하자면 여성이 남성의 성적 요구나 강제를 거부할 수 있는 권리로서 정의되고 이러한 권리의 침해는 성폭력이라는 범죄행위가 된다. 이것은 좁은 의미의 성적 자기결정권으로 간주되기도 한다(변혜정, 2006). 이러한 성적 자기결정권의 의미와 관련하여 나는 이러한 성적 권리의 주체가 되고 있는가? 피임에 있어 자기 통제권을 행사할 수 있는가? 등에 대한 질문을 통하여 스스로 자신의 성적 자기결정권에 대한 의미를 생각해 볼 수 있다.

성적 자기결정권 체크리스트

다음 문항에 대해서 5점 척도로 답해 보세요.

1점: 매우 그렇지 않다. 2점: 다소 그렇지 않다다. 3점: 중간

4점: 다소 그렇다. 5점: 매우 그렇다.

1. 좋아하다가도 싫어지는 감정이 생길 수 있다는 걸 인정하고 받아들일 수 있다.
2. 나는 나의 성적 욕망이나 지식에 대해 상대에게 이야기할 수 있다.
3. 상대에게 화났을 때, 고마울 때 나의 감정을 상대에게 표현할 수 있다.
4. 상대가 어떻게 반응할지 걱정되더라도 감정을 감추거나 왜곡하지 않는다.

5. 상대의 일방적인 요구에 대해 '부당함'을 얘기할 수 있다.
6. 나는 원하지만 상대가 싫다고 하면 강요하지 않고 상대의 의사를 존중한다.
7. 나는 여전히 좋아하는데 상대는 헤어지려 할 때 억지로 붙잡지 않는다.
8. 나는 나의 성적인 욕망에 대해 그대로 인정한다.
9. 나는 나에게 맞는 안전한 피임법에 대해 알고 있다.
10. 성적인 욕망이 생기면 나름대로 해소할 수 있는 방법을 알고 있다.
11. 성관계 의사 없이도 상대와 여행을 함께 할 수 있다.
12. 내 감정과 느낌이 소중한 만큼 상대의 상태를 충분히 고려할 수 있다.
13. 상대의 감정을 통제하기 위해 내 감정을 과장, 왜곡표현하지 않는다.
14. 합의된 신체적 접촉(예, 키스)을 하는 중에 내 맘대로 다른 행동을 하지 않는다.
15. 상대의 신체적 접촉에 대한 제안을 내가 원하지 않을 경우엔 거절할 수 있다.
16. 연애하고 싶은 사람이 생길 때, 상대에게 제안해 볼 수 있다.
17. 나는 사람을 사귈 때 '이 사람은 내 것이다'라는 생각을 우선하지 않는다.
18. 내가 고백했을 때 상대가 관심없다고 말해도, 자존심 상하지만 받아들일 수 있다.
19. 상대가 취해서 정신없을 때를 기회로 평소에 원했던 접촉을 시도하지 않는다.
20. 성적으로 끌리는 대상이 있으면 상대방의 동의를 구하면서 성관계를 제안할 수 있다.

93점 이상 파란불! 비교적 안전합니다. 실전에서도 잘 할 수 있으면 좋겠습니다.
80~92점 노란불! 잘하고 있지만 좀 더 노력합시다.
80점 이하 빨간불! 위험! 훈련이 필요합니다. 원치 않는 임신, 낙태의 가해자나 피해자가 될 수도 있습니다.

출처: 한국여성민우회 홈페이지

2) 피임

(1) 피임법

우선, 피임이란 인위적으로 임신을 예방하는 것이지만 최종적으로는 생명과 몸을 귀중히 여기고 그에 대해서 책임을 지는 것이라 하겠다. 어떤 피임법을 사용하느냐는 개인의 선택의 문제지만 다음과 같은 요인들을 고려할 필요가 있다(인구보건복지협회).

첫째, 서로가 의사소통이 충분히 되고 있는가?

둘째, 나에게 맞는 피임법은 무엇인가?

셋째, 피임은 누구의 책임인가?

넷째, 건강한 성과 안전한 성을 위하여 필요한 것은 무엇인가?

피임법에는 월경주기를 이용한 피임법, 경구피임법, 자궁 안에 기구를 넣는 피임법, 불임시술법, 콘돔, 사후피임약, 임플라논(이식형 피임제) 등이 있다. 이상과 같이 여러 가지 피임법이 있지만 아직 완벽한 100%피임을 보장하는 방법은 없다. 따라서 여성과 남성 모두가 자신에게 적합한 피임방법을 선택하여야 하며 보다 안전한 성, 건강한 성을 위하여 자신의 결정과 행동에 책임을 질 수 있어야 한다.

(2) 성선호

성선호는 개인의 성적 파트너로서의 선호를 언급하는 것이다. 우리 사회에서 자연스럽고 정상적인 것으로 간주하는 유형은 이성애로 여성은 남성을, 남성은 여성을 성적 파트너로 삼는 것이다. 그럼에도 불구하고 역사를 고찰해 보면 동성의 파트너를 선호한 예가 있다. 고대 그리스 사회에서는 양성애의 형태도 있었지만 비교적 동성애의 형태가 일반적이었으며 이성애는 오히려 자연스러운 것이 아니었다.

이와 같이 양성애적인 그리고 동성애적인 유형이 인간사회에 널리 존재되었다 할지라도 이러한 행위들이 허용되지 않고 있는 것이 일반적이다. 미국 정신의학협회에서 발간되는 DSM-1(1952)에서는 동성애를 사회병질적인 성격장애로 분류하였다. 그러나 이후 개정된 DSM-3(1980)에서는 동성애 자체를 정신질환으로 간주하지 않으며 기타의 정신성적인 장애로 분류하여 별도의 병리적 적응문제를 드러내지 않는 장애로 분류하고 있다.

4. 성매매

성매매란 성을 사고파는 행위로서 구체적으로 성교뿐 아니라 구강이나 항문 등 신체의 일부 또는 도구를 사용한 유사 성교행위까지를 포함한다. 성매매는 지구상의 곳곳에서 오랜 역사를 지니고 존속해 왔다. 전통사회에서도 성매매 여성들은 시대에 따라 이름을 달리하면서 늘 존재해 왔고, 이들의 성을 구매하는 남성들의 존재와 함께 해왔다. 오랜 세월 동안 성매매는 '사회의 필요악'이라는 말로 합리화되어 왔는데, 이는 순결하고 정숙한 여자들을 성폭력의 위험으로부터 보호하고 가부장적 일부일처제를 유지하기 위해서 남성들의 성욕 해소를 위한 하수구 역할을 할 존재가 필요하다는 논리이다. 그런데 이러한 통념은 남성의 성욕은 억제할 수 없는 본능이므로 다수의 순결한 여성을 보호하기 위해서 다른 부류의 여성들(보호받을 가치가 없는)이 필요하다는 이중적 성윤리에 근거한다.

성매매는 성의 상품화뿐 아니라 성매매 여성의 인권문제가 복잡하게 얽혀 있는 사안이다. 따라서 성매매에 관하여 성의 상품화 문제뿐 아니라 성매매 여성의 인권문제가 함께 논의되어야 한다(이재경 외, 2007).

1) 성매매를 바라보는 입장

성매매를 둘러싼 정책적 입장은 비범죄주의, 규제주의, 그리고 금지주의로 나뉜다. 비범죄주의(decriminalization)는 성매매를 자유로운 활동으로 인정하는 것으로서, 성매매를 양지로 끌어 냄으로써 성적인 인신매매를 방지하고 성노동에 대한 착취를 방지한다는 데 의미를 둔다. 그러나 이는 성산업자본의 팽배를 가속화할 위험이 있다(이재경 외, 2007). 규제주의는 행정관청의 허가와 통제하에 성매매가 실시되도록 하는 것으로, 일제시대에 시행되었던 공창제도를 예로 들 수 있다. 그런데 이 경우에는 포주와 경찰 간의 유착관계를 통한 상납과 착취의 우려가 존재한다(이재경 외, 2007). 그리고 원칙론적으로는 성적 자기결정권이 국가의 통제에 의해 침해된다는 문제가 있다. 규제주의와 비범죄주의는 가부장적 성각본에 근거하여 남성의 성욕을 본능으로 규정하고 성을 인간의 정신과 분절된 교환재로 취급한다는 점에서 공통적이다. 또한 성을 이용해서 쉽게 돈을 벌 수 있다는 기생적 사고와 불평등한 경제질서를 퍼뜨릴 수 있다는 논란에서 자유롭지 않다.

금지주의(penalization)란 성매매를 범죄로 규정하는 것으로 2004년에 제정되어 시행되고 있는 성매매특별법이 이에 해당한다(이재경 외, 2007). 인간의 성은 정신과 밀접히 관련되어 있으므로 따로 떼어 상품화될 수 없다는 본질에 가장 충실한 입장이다. 문제는 이 경우 성매매 여성을 범죄자화하는 것이므로 성매매 여성에 대해 음성적으로 이루어지는 착취와 폭력 등을 밝혀내기가 쉽지 않다. 뿐만 아니라 성매매가 음지로 숨어들거나 변종화하는 경향을 오히려 가속화할 수 있다.

2) 성매매의 역사

일제가 성매매 여성들의 질병(주로 성병)을 관리하고 감독한다는 명분으로 공창제를 실시하면서 성매매가 증가하였다. 해방 이후 법적으로는 공창제를 폐지하였으나 정책적 대안이 구체적으로 마련되지 않은 상태에서 미군기지촌을 중심으로 주한 미군을 상대로 한 성매매가 이루어졌다. 1961년 군사정부는 윤락행위방지법을 제정해서 윤락행위 알선을 금지하고 윤락여성과 포주 간의 착취 고리를 끊고자 선언했다. 그러나 현편으로는 전국에 104곳에 달하는 특정 성매매 지역을 사실상 허용하고 미군 기지촌 유흥업소에 면세 혜택을 부여하는 등 양가적인 태도를 취하고 있었다(이재경 외, 2007). 게다가 국제관광사업의 일환으로 기생관광이 제도화되었고, 1970년대에 일본인 단체관광이 본격화되면서 국제적인 성매매의 성격을 띠게 되었다. 즉, 윤락행위방지법으로 국내에서는 성매매를 불법화하면서 외국인에게 자국 여성의 성을 판매하도록 장려하는 형국이었다. 경제 고속성장의 물밑에서 비합법적인 거래를 위해 "술과 향응과 여자"를 활용하는 접대관행이 뿌리를 내리면서 성매매는 "남자들이 사회생활을 원활히 하기 위해서 어쩔 수 없이 하는 것"인 양 포장되어서 성을 사는 남자들은 비난과 처벌로부터 비켜 있었다(우리사회문화학회, 2005). 술자리를 통한 인간관계 형성을 중시하는 남성 조직 문화 속에서 성은 쉽게 이용할 수 있는 상품처럼 인식되어 온 것이다(우리사회문화학회, 2005). 1995년에 윤락행위방지법이 개정되면서 성을 파는 행위뿐 아니라 성을 사는 행위를 처벌하는 규정이 비로소 마련되었으나 실질적인 효과는 별로 없었다.

획기적인 시도는 2004년에 성매매관련 특별법이 제정되고 성매매 집결지에 대한 전격적 단속에 나선 데서 비롯된다. 성을 파는 여성과 포주뿐 아니라 성을 사는 남성의 처벌을 강화하면서 한편으로는 성매매 여성들이 새롭게 자활할 수 있도록 보호하는 데 초점을 두었다. 그런데 법의 제정에 관한 논의단계부터 사회적인 논쟁을 촉발시켜서 한편에서는 가부장적 성각본에 근거한 남성들의 반대와 또다른 한편에서는 성매매를 성노동으로 규정해야 한다는 성매매 여성들의 항의가 격렬했다. 이후 집장촌에서 밀려난 성매매는 음지로 스며들면서 여전히 사회 전반에서 암암리에 행해지고 있다. 그렇다고 해서 성매매 관련 특별법을 실패작이라고 평하는 것은 섣부르고 치우친 판단이다. 성매매와 관련된 어떤 정책도 완벽한 해결책을 제시하지는 못한다. 강력한 법과 단속을 가시화함으로써 우리 사회가 성매매를 용납하지 않는다는 메시지를 일반에 주지시키고 사회 전반의 의식 전환을 주도했다는데 큰 의의를 두어야 한다.

성관계란 친밀한 의사소통의 과정이어야 하고 그렇지 못할 경우 여성의 성뿐 아니라 남성의 성 역시 소외되고 물상화되는 것임을 자각할 때, 친밀하지 않고 앞으로의 친밀성을 기대하지도 않는 여성의 성을 소비하고 싶은 유혹을 뿌리칠 수 있을 것이다. 또한 여성이 자신의 성을 노동의 도구로 왜곡하고 화폐와 교환하는 것에 대한 문제점도 직시할 수 있을 것이다. 그러므로 시간이 걸리더라도 성문화를 바꿔 가려는 노력이 필요하다. 법과 제도적 개혁은 지속적이고 성문화를 바꿔 가는데 촉매역할을 할 것으로 생각한다.

5. 성폭력

성폭력이란 "본인의 의사에 반하는 성적 접근 및 성적 행위"를 말한다. 여기에서 성적 행위란 강제적 성교뿐 아니라 애무 및 추행 등의 신체적 접근, 외모에 대한 언급이나 음담패설 및 음란전화 등의 언어적 행위, 그리고 응시나 몸동작, 음란물의 전시 및 성기노출 등과 같은 상대방의 수치심을 유발하는 비언어적 행위까지를 포괄한다(이재경 외, 2007). 1994년에 제정되고 1997년에 개정된 성폭력특별법에서도 "강제에 의한 성관계, 즉 강간뿐 아니라 장애자에 대한 준강간, 업무상 위력 등에 의한 추행, 강간의 미수, 공공밀집 장소에서의 추행, 그리고 통신 등의 매개물을 이용한 음란행위" 등을 범죄로 간주한다.

성폭력이란 가벼운 성적 농담으로부터 강간에 이르기까지 연속선상에 있는 문제여서 가벼운 성폭력은 점점 더 심한 성폭력으로 진행될 가능성이 높다. 또한 성폭력은 가해자나 피해자 모두 연령이나 학력 및 계층과 직업의 구분이 무색하리만치 폭넓게 퍼져 있다. 그래서 사람들은 학교와 직장에서, 가족 및 친족 내에서, 거리에서, 대중교통을 이용하면서, 인터넷이나 전화를 통해, 가볍거나 혹은 심한 성폭력을 가하거나 당하면서 살아간다. 그런데 비교적 가벼운 성폭력의 경우 가해자들은 자신이 성폭력을 행하고 있다는 자각조차 없는 경우가 허다하고, 피해자들은 감히 불쾌감을 포현하는 것조차 주저하게 된다. 이는 성적 농담이나 포르노 혹은 신체접촉 등을 비교적 쉽게 허용해 온 사회분위기에 기인한다.

성폭력은 여러 가지 요인에 의해 발생하며 가장 대표적으로 성 역할 고정관념과 연관된다. 성폭력은 가부장적 전통에서 지배 복종의 관계를 당연시하는 남성 중심의 성문화, 퇴폐적이고 가학적이며 폭력적인 성을 미화하는 왜곡된 남성 중심의 성문화, 남성의 성적 쾌락을 부추기는 성의 상품화와 산업화, 남성의 성욕이 여성의 성욕보다 더 강하며 남성의 성욕은 반드시 충족되어야 한다는 등의 성에 대한 이중기준 등이 종합적으로 작용하여 나타난 결과이다. 예를 들어 직장 상사로부터의 성폭력은 남성의 우월한 사회경제적 지위를 이용해서 여성의 성을 착취하려는 결과(이명선, 1989)이다. 성폭력은 남성의 성적 충동이 어찌할 수 없다는 통념과 연관되지만, 실제 연구에 의하면 성폭력이 성적 쾌락이나 성적 만족보다는 분노나 적대감, 세력이나 지위의 확인, 통제력이나 지배 등의 공격성과 관련된 비성적인 욕구를 만족시키는 측면이 더 강한 것으로 나타났다(Fortune, 1983; 정혜정 외, 2009; 최의순 등, 1996;).

1) 성폭력의 발생원인에 관한 이론적 시각

(1) 피해자 유발론

우리 사회에는 노출이 많은 의상을 입거나 의젓한 밤길을 홀로 가는 것과 같은 여성의 행동거지가 강간을 유발할 수 있고, 여성이 정말 원치 않는다면 죽기를 각오하고 저항해서 강간을 막을 수 있을 것이라는 통념이 존재한다. 이것이 전통적인 '피해자 유발론'이다(우리사회문화학회, 2005). 남성의 성욕이 억제할 수 없는 본능이라는 가부장적 성각본을 전제로 깔고, 여성이 남성들로 하여금 성적 충동이 일어나도록 유혹했거나 적극적인 저항을 하지 않았기 때문에 성폭력이 발생했다고 보는 것이다. 이는 '보호받을 만한 가치가 있는 성'과 '보호받을 만한 가치가 없는 성'이 있다는 이분법적 논리이다.

그런데 여성이 성적 자기결정권을 능동적으로 행사한다는 것은 실제로 쉽지 않은 일이다. 왜냐하면 성적인 능동성이 기대되는 남성의 경우에는 '동의'란 자발적이고 주도적인 행위를 통해 나타나는 반면 성적인 수동성이 당연시되는 여성의 경우 '가만히 있는 것'은 '거부하지 않음'으로 해석되기 쉽다(이재경 외, 2007). 그러나 남성과 여성간 물리적 힘의 차이 때문에 여성이 강제적 성행위를 저지하기란 쉽지 않고, 공포에 질려있는 상황에서 이도저도 못하는 무력한 상황에 빠지기 십상이다. 여성이 "정말 원치 않으면 죽기를 각오하고 저항할 수 있을 것"이라는 통념은 억지스러운 남성 중심적 시각이다.

그럼에도 불구하고 이러한 가부장적 통념으로 인해 성폭력을 당한 여성은 피해자라기보다는 오히려 범죄의 빌미를 제공한 자로 여겨지기 쉽다. 가부장적 문화에 널리 퍼져 있는 피해자 유발론으로 인해, 강간 피해여성은 위로와 보호를 받기보다 사회로부터 비난과 낙인을 받는 제2의 고통을 당하는 반면 가해남성의 범죄적 성욕방출은 오히려 너그럽게 이해되곤 했다.

(2) 정신병리학적 견해

성폭력은 성도착증이나 정신분열과 같은 정신적, 심리적 장애를 가진 사회부적응자들에 의해서 일어난다고 보는 것이 정신병리학적 견해이다(우리사회문화학회, 2005). 그러나 실제로 대다수 강간의 가해자는 여타의 사회생활에서 별 문제를 지니지 않은 사람들이어서, 성폭력의 원인을 개인의 병리적 문제로 설명하려는 시각은 한계가 있다. 또한 이러한 견해는 성폭력의 가해자로 하여금 범죄의 책임을 질병에 돌림으로써 처벌을 줄일 수 있는 명분을 얻게 한다. 그리고 처벌되지 않은 범죄는 되풀이될 가능성이 높다는 사실에 입각할 때, 어떠한 이유로든 성폭력은 중범죄로서 다루어져야 한다.

(3) 페미니즘적 견해

성폭력은 개인적 차원에서 일어나는 것이 아니라 불평등한 성별 권력관계에 의해 발생하는 구조적인 문제라는 관점이 페미니즘적 견해이다(이재경 외, 2007). 또한 여성의 성적 순결에 집착하는 것은 여성의 성을 그녀 자신이 아니라 그녀와 관련된 남성집단에 의해 소유되고 통제되는 재산과 같이 보는 것이므로, 성폭력 역시 순결을 잃는 차원에서 접근할 문제가 아니다. 따라서 성폭력은 여성이 자신의 신체에 대한 권리를 침해당하는 폭력의 문제로 보아야 한다.

데이트관계나 부부 사이일 경우에도 관계유지를 조건으로 혹은 신체적 폭행 후에 상대방이 원하지 않는 성관계를 강압적으로 맺는 것은 성폭력이다. 왜냐하면 성에 관한 결정은 누구의 압력도 받지 않고 오로지 자신의 의지에 의해 이루어져야 하기 때문이다. 성폭력에 관한 페미니즘적 견해는 성이 서로에 대한 친밀감을 표현하는 주체적인 의사소통 방식이어야지 일방적이어서는 안 된다고 보는 점에서 표현적 성각본과 상통한다.

2) 성폭력의 가해와 피해에 관하여

(1) 성폭력의 발생경로에 따른 특성

성폭력 중 가장 극단적 형태인 강간은 모르는 사람에 의해서보다 아는 사람의 계획적인 준비에 의해 당하는 확률이 훨씬 높다. 즉 강간은 남성의 억제하지 못하는 성욕에 의한 충동적, 우발적 사건이 아니라 계획된 범죄일 가능성이 훨씬 높다는 것이다. 특히 양부나 친부 혹은 남자형제나 친척 남자 등에 의해 행해지는 성폭력은 일회성으로 끝나지 않고 지속적으로 이어질 가능성이 크다. 그리고 이 경우 피해자의 입을 막는 시도가 교묘히 이루어지고 피해자 역시 수치심 때문에 도움을 청하기 힘들어서, 장기간에 걸친 성적, 심리적 폭력에 시달릴 가능성이 크다. 그래서 아는 사람에 의해 행해진 성폭력의 경우 감정적 후유증은 훨씬 더 크다.

"성폭력에 허용적인 문화권에서 강간율이 높고 친밀한 사이에서의 강간을 비난하는 문화권에서 강간율이 낮다(이재경 외, 2007)"는 사실은 남성의 성적 방출에 대해 무조건 너그러운 우리 사회의 가부장적 분위기가 간접적으로 강간을 부추기는 것은 아닌지 생각해 보아야 한다.

여성의 취업이 보편화되고 있는 현실에서 노동현장에서 이루어지는 성폭력 또한 빈번하다. 노동현장에서의 성폭력은 하급노동자에 대한 노동통제의 수단으로 행해지는 경우와 직장 내 권위를 이용하여 성적 욕구를 충족시키려는 목적에서 행해지는 경우로 나눌 수 있다. 전자의 경우는 주로 생산직에 종사하는 여성 노동자를 통제하는 수단이고 후자는 대개 여성 사무직 종사자에게 행해진다(박기남, 2007). 이러한 직장 내 성폭력은 피해자의 인격침해뿐 아니라 노동의지를 상실하게 하고 평생노동권을 위협한다. 왜냐하면 성폭력의 피해자들은 모욕감과 수치심으로 인해 더 이상 직장을 다닐 수 없게 되기 때문이다.

성폭력에 대한 오해와 그릇된 통념들은 다음과 같다. '성폭력은 정숙하지 못한 여성들의 옷차림이나 행동 때문에 일어난다', '남성은 순간적인 성충동을 억제할 수 없어 강간한다', '여성이 끝까지 저항하면 성폭력은 불가능하다.' 등 성폭력에 대한 잘못된 통념으로 인해 성폭력을 범죄행위로 보기보다는 오히려 피해자인 여성의 도덕심을 의심하고 보호보다는 순결성, 정절감을 먼저 생각하게 한다. 그러므로 피해자인 여성은 사회적으로 보호를 받지 못할 뿐 아니라 자신이 가지고 있는 성에 대한 윤리적 판단에 따라 수치심과 죄책감을 느끼는 이중의 고통을 감수하게 된다(최의순 등, 1996).

성폭력은 남성에 의해 여성을 대상으로 이루어지는 것만은 아니다. 물론 여전히 여성의 순결을 중요시하는 반면 남성의 순결에는 별 중요성을 두지 않는 가부장 사회에서, 여성이 성폭력을 당한 경우 그 정신적, 사회적 불이익이 훨씬 큰 것은 사실이다. 하지만 요즘 들어 종종 남성도 피해자로 보고되고 있다. 여성 상사가 남성 부하직원을 대상으로 혹은 군대나 감옥에서 권력이 없는 남성을 대상으로 일어난다. 예를 들어 데미무어와 마이클 더글라스 주연의 영화 〈폭로(Disclosure)〉는 여성 상사에 의해 남성 부하직원에게 성폭력이 가해지는 상황을 줄거리로 삼고 있다. 이 경우 영화에서처럼 실제 상황에서도 피해남성이 오히려 가해자로 몰리기 쉽다. 따라서 성폭력은 여타 폭력과 유사하게 힘있는 자가 힘없는 자에게 가하는 억압임을 확인할 수 있다.

부부간에 이루어지는 강제적인 성관계도 성폭력에 포함된다. 부부간 성폭력은 공포 등 비자발적 요인을 통해 상대 배우자에게 강압적인 성행위를 하도록 하는 것으로 논리적으로 아내들만이 피해자가 되지 않을 수도 있지만, 대부분의 경우 남편의 강압적인 성행위 요구에 의해 발생하므로 아내강간(wife ripe)이라고도 한다. 아내강간은 그 어떤 폭력보다도 의식적, 일상적인 부부간의 불평등한 권력관계와 성 차별적인 통제욕구 및 분노로 인해 일어난다. 아내를 성폭력하는 남성들의 공통된 신념은 남편 자신이 아내의 몸을 통제할 권리를 가지고 있으며, 강압적인 성을 강간으로 여기지 않는다는 점이다(Bergen, 1996). 남편의 강압적인 성관계는 피해 아내와 부부관계에 미치는 영향이 심각함에도 불구하고, 개인의 사적인 공간에서 일어나기 때문에 부부 공동의 사생활 영역으로 남아 있는 경향이 매우 강하며 공론화하기가 어렵다(박선영, 2005)는 문제점이 있다. 더불어 남편으로부터 강압적인 성관계를 요구받는 아내들도 그것을 강간으로 정의하지 않는다는 문제점이 있다(Bergen, 1996). 아내들의 이러한 태도는 성 역할 사회화, 즉 여성은 남편에게 순종적이어야 하며 남편의 성적 요구에 순응해야 하는 등 남편이 요구하는 성관계에 응하는 것이 아내의 의무라는 고정관념 때문에 비롯되는 것이다.

(2) 순결과 성폭력

우리 사회는 여성의 성적 순결에 집착해 왔다. 그리고 혼전 여성은 처녀막을 손상되지 않게 보존함으로써 자신의 순결을 증명하고자 해왔다. 성관계를 한 번도 하지 않은 것을 순결이라고 정의한다면 처녀막은 육체적 순결을 의미할 것이다. 그리고 그 육체적 순결은 배우자와의 성관계만을 위해 간직되어야 하는 것으로 간주된다. 그렇다면 자신의 의지와 상관없이 강간을 당한 경우 그 여성은 순결을 잃었다고 보아야 하는가? 강간을 당해 일단 순결을 잃은 몸은 이미 더럽혀졌으므로 더 이상 보호할 가치가 없는 것인가? 자신의 의지와 상관없이 강제된 성행위에 대해 순결 운운하는 것은 부당하다.

여성의 성적 순결에 집착함은 여성의 성을 그녀 자신이 아니라 그녀와 관련된 남성 집단에 의해 소유되고 통제되는 재산으로 간주하는 것이다. 여성의 육체적 순결에 집착할 것이 아니라 남성과 여성 모두 자신과 타인

쌍방의 성적 결정권을 존중하고 소중히 여기는 문화가 정착되어야 한다. 상대방의 의지와 상관없이 짓밟는 과정을 통해 이루어진 성관계는 가해자에게도 온전한 성적 충족감을 줄 수 없다. 그래서 가해자 역시 성으로부터 소외되는 결과를 낳는다. 이것을 일깨우는 문화가 정착될 때 남성들 역시 자신과 자신의 성적 자아가 소중해서라도 성폭력을 시도하는 일이 줄어들 것이다.

건강한 성생활과 성적 만족을 위해서는 개인적 차원에서 몇 가지 노력이 필요하다(임정빈 · 정혜정, 1997). 첫째, 서로의 성장배경에 대한 이해와 더불어 성에 대해 어떠한 교육을 받았고 내면화했는지에 대한 상호이해가 필요하다. 개인이 성에 대해 가지고 있는 의미와 기대 등은 개인의 성장배경 및 교육과 무관할 수 없기 때문이다. 둘째, 성 역할 고정관념을 초월할 필요가 있다. 성 역할 고정관념이 강할수록 남성은 더욱 생식적인 성과 성행위 능력의 측면에서 자신을 정의하는 경향이 있으며, 반면 여성은 적극적인 성행위를 피하고 성적으로 특별한 기술이나 능력을 가져서도 안 되고, 성을 너무 즐겨서도 안 된다는 사고에 집착하기 쉽다. 성 역할 고정관념을 벗어날 때 남녀 모두 자신의 성을 자연스럽게 표현하고 즐길 수 있는 성적 행동을 할 수 있다. 셋째, 만족스런 성관계는 원활한 의사소통과 협동을 통해 이루어진다. 성관계의 분위기를 협동적으로 만들기 위해서는 각자 자신의 성적 욕구를 분명히 표현하고 상대방의 욕구와 취향을 주의깊게 듣고 그것에 반응할 수 있어야 한다. 마지막으로 성적 만족은 자동적으로 이루어지는 것이 아니라 상당한 시일을 요한다. 만족스런 성관계는 연습을 필요로 하며 수년에 걸쳐 서서히 이루어진다. 따라서 관계를 맺은 두 사람 간의 성적 만족을 위해서는 무엇보다 서로에게 헌신하는 마음을 가지고 지속적으로 노력하는 것이 필요하다고 하겠다.

사회적 차원에서 인간의 성적 자유와 존엄, 성적 만족을 지원하기 위해서는 무엇보다 성적 자기결정권이 인정되는 분위기가 마련되어야 한다. 성적 자기결정권(right to autonomy)은 성행위의 상대방을 결정할 수 있는 의사소통과 행위능력, 책임능력을 말한다. 또한 성적 자기결정권은 각 개인이 자신의 인생관을 바탕으로 사회공동체 안에서 각자 독자적으로 성적 가치관을 확립하고, 이에 따라 자기 스스로 내린 결정과 자기 책임하에서 성관계를 가질 권리로서 무제한적인 성적 권리가 아니라 상대방에 대한 인격적 존중도 포함한다(박선영, 2005).

개인이 성적 자기결정권을 가지도록 돕기 위해서는 무엇보다 고정관념에서 탈피한 사회화 과정이 제공되어야 한다. 전통적인 성 역할 사회화 과정을 거칠 경우 남성성을 정당하게 표현하는 행위로 성폭력을 간주하게 될 수 있으며, 여성들은 성폭력을 당하고서도 사회적 보호를 기대하기보다 정절/순결이데올로기에 의해 수치심과 죄책감을 갖기가 더 쉽다. 성폭력을 예방하기 위해서는 남성지배적인 문화와 성 역할 고정관념을 탈피하고 여성과 남성이 함께 살아가는 동반자로 서로를 여기며, 성폭력이 여성에 대한 인권침해 행위임을 올바로 인식하고 성 차별적 관행과 제도를 변화사키는 노력이 필요하다. 무엇보다 사적인 공간에서 부부간에도 성적 자기결정권이 인정되어야 한다.

생각해 보기

1. 우리 문화에서 성에 대해 가질 수 있는 고정관념은 구체적으로 어떤 것들이 있는지 논의해 봅시다.

2. 건강한 성문화 정착을 위해 각자가 실제적으로 할 수 있는 노력들은 구체적으로 어떤 것들이 있겠는지 구체적으로 논의해 봅시다.

제6장

결혼과 가족

1. 자본주의와 모성 이데올로기
2. 결혼과 가족
3. 이혼과 가족
4. 젠더와 돌봄노동

1. 자본주의와 모성 이데올로기

자본주의의 성립과정을 연관지어 가족, 모성 이데올로기가 어떻게 형성되어 왔는지, 가족 이데올로기 각각의 특성이 어떻게 자본의 필요에 의해서 구성되었는지를 통시적 방법을 통해 분석해 보고, 이후에 현대의 자본주의가 가족 이데올로기를 어떻게 강조하는지, 또 그 형태는 어떻게 띠고 있는지를 각종 매체의 분석을 통해 살펴보면 다음과 같다.

1) 자본주의의 성립과 가족 이데올로기의 형성

(1) 전 산업사회의 가부장제

① 전 산업사회에서 가족 이데올로기가 더 강조되었을 것이라는 신화

자본주의 성립과정을 통해 가족 이데올로기가 형성되고, 자본주의를 통해 강화된다는 가설은 오히려 성별분업이 더욱 강력하고, 가족이 더욱 중시되었던 전 산업사회가 지금보다 더 가족을 강조하지 않았냐는 사실을 통한 반론이 가능할 수 있다. 가령 한국 사회를 놓고 말할 때, 자본주의가 덜 발달되었던 60년대보다 현재가 훨씬 가족을 더 강조하고 있는 것이 아니냐는 이야기다. 이것은 서구의 예에서도 마찬가지인데 산업화 이전에 전근대적 사회에서 훨씬 더 성별분업이 엄격하고, 가부장제가 강력했으며, 오히려 자본주의가 발달하면서 이러한 가부장제나 가족이 해체되기 시작했다는 통념은 대중으로부터 진실로 믿어져 왔다.

그러나 일반적으로 현재를 지배하고 있는 가족 이데올로기가 이상적인 장소로서의 가족 신화화, 남녀의 성별분업, 아동기의 강조를 통한 모성의 강조 등으로 나타나는데 비해 전근대의 가족은 아동의 개념도, 신화화된 가족의 의미도 존재하였다고 보기 어렵다. 공적 영역은 남성의 전용구역, 사적 영역은 여성의 전용구역으로 규정되는 남녀 성별분업 이데올로기 역시 전근대에서 나타나지 않는 현상은 아니었지만 19세기에 이르러 훨씬 더 공고해졌다는 사실도 주목할 만하다(조은, 1997). 무엇보다 중요하게 논의되어야 할 사실은 전 산업사회의 가족 이데올로기와 근대 이후에 형성된 가족 이데올로기의 성격이 다르다는 점이다. 전 산업사회의 가족 이데올로기는 종교적 가부장제로서 설명이 가능하다. 그것은 동양의 유교문화, 서양의 기독교적 전통에서부터 그 유래를 찾으며, 이것은 자본주의의 발달로 근대에서 재구조화된 가족 이데올로기와는 판이한 성격을 지닌 것임을 밝히는 바이다.

② 전 산업사회 가족의 특성

전 산업사회와 산업사회의 기본적인 특성들이 있고, 그렇기 때문에 두 시대간 차이가 존재한다는 것은 자명한 사실이지만 그렇다고 역사의 특정시기를 별개의 유형으로 구분짓는 것은 상당한 어폐가 있다. 전 산업사회의 특징들은 산업사회 이후에도 지속되며, 산업사회의 독특한 특성들이 전 산업사회에서 나타나기도 하는 현상을 종종 관찰할 수가 있기 때문이다.

전 산업사회의 가장 두드러지는 특징 중의 하나인 짧은 사망력은 과거의 가족들이 현재보다 더 결속력이 강하고 안정된 제도라는 일반적 통념을 깨뜨린다. 뿐만 아니라 그것은 과거의 가족 형태가 확대가족위주였을 거라는 막연한 가정도 부정하는 논거가 되며[3], 인구의 구성이 젊은 연령 위주의 사회라는 사실을 쉽게 추측할 수 있다. 이것은 현재와는 달리 전근대적 사회에서는 부양의 책임이 훨씬 덜했을 거라는 가정을 가능하게 한다. 물론 부양

3) 전 산업사회의 평균 가구원 수는 4.75명이라는 통계가 존재함.

의 책무는 전 산업사회나 근대 이후나 여성의 책임으로 인식되었다.

생산력이 덜 발달되었던 중세사회나 근대사회 초반까지는 높은 신분의 사람들을 제외하고는 모두가 어떤 식으로든 노동에 참여해야만 하였다. 남성과 여성, 어린 자녀들까지 경제활동의 모든 영역에 적극적으로 참여해야만 경제적으로 생존할 수 있었던 것이다. 다수의 임금이 생존에 필수조건이라는 사실은 이 시기에 가족임금과 같은 개념이 없었음을 의미한다. 이런 상황에서 자녀의 재생산은 잠재적 노동력을 늘리는 확실한 방법이었고, 아직 노동력으로 활용 불가능한 어린 자녀를 보호하는 일은 중요한 것이었다. 이러한 일은 보통 여성친척에 의해서 맡아지곤 하였다.

전 산업사회의 중대한 경제적 자원은 토지였고, 이 자원의 획득을 위해서 하인으로 일하는 것은 일반적인 현상이었다. 전 산업단계의 영국에서는 젊은이의 절반 이상이 하인으로 생활하는 경험을 했다. 부유층의 경우는 도제로 보내지고는 했는데 이러한 사실은 당시의 사회가 안정적이며, 이동이 없었다는 사실을 반박하는 증거가 된다. 물론 가족과 가구도 예외가 아니다. 따라서 전 산업사회에서도 개인들이 살고 있는 가구들의 상황은 매우 다양하다. 그것은 토지의 유무, 부, 기술에서 상당한 격차를 보이며, 이러한 격차는 자본주의가 성숙하면서 더욱 두드러지기 시작했던 것이다. 그러므로 전 산업사회에서 단일 가족유형이 존재했다고 말하기는 어렵다.

(2) 근대의 전개와 가족 이데올로기의 성립

산업혁명 시기는 가족 문제에 있어 획기적인 변화를 가져왔다. 미리 말해두어야 할 것은 우리가 흔히 부르는 산업혁명이란 짧은 시기 동안 엄청난 변화를 수반한 문자 그대로의 혁명보다는 자본주의가 14세기 이후로의 계속적인 발전이 있었고—이는 13세기의 수력 동력화라는 기술혁명으로부터 시작되었다—, 이러한 현상이 18세기에 이르러 가속화되었다는 특징을 가진다. 그러므로 산업혁명이 '가족'에 어떠한 영향을 주었는가를 질문하는 것은 앞서 말한 전 산업사회의 '가족'이 매우 다양하며, 산업화가 오래 전부터 지속돼 온 점진적인 변화라고 할 때, 이것은 두 영역의 다양한 변화를 모두 무시하게 되어 버린다. 그럼에도 불구하고, 18세기와 19세기에는 개인과 수많은 가족들에게 중대한 영향을 미치는 기제들과 본질적인 변화가 분명히 존재했다. 이러한 변화를 시기의 흐름을 따라 구체적으로 살펴보고자 한다(안호용 외 역, 1997).

① 임금노동의 증가와 여성지위의 약화

18세기 영국에서의 인구증가는 극적인 변화였다. 1700년부터 1800년 사이에 영국의 인구는 약 600만 명에서 900만 명으로 증가했으며, 1900년에는 3,700만 명으로 증가했다. 이에 따른 가장 두드러진 변화는 자본의 합병과 임금노동의 보편화였다. 이는 영국뿐만 아니라 서유럽과 미국에서도 마찬가지의 현상이라고 볼 수 있다. 이는 페스트와 기타 여러 요인에 의한 사망력 위기의 감소로 인한 것이었으며, 1790년대 이후에 출생률과 생존율이 높아지면서 결혼연령에 이른 세대들이 과거보다 점차 늘어났다(Chambers, 1972). 또한 결혼연령 역시 과거에 비해 상당히 낮아졌는데, 이것은 임금노동이 증가하면서 사람들이 결혼 지참금을 마련하기 위한 하인살이 등의 일로부터 벗어날 수 있었기 때문이다.

인구가 증가한다는 사실은 한정된 자원에 대한 경쟁이 치열해진다는 것을 의미한다. 전 산업사회에서(특히 빈곤층에게) 생존에 필수적이었던 자원인 토지는 점점 부유층에게 집중되었다. 엔클로저 운동(Chudacoff, 1978)의 결과 대부분의 사람들이 토지에서 쫓겨나 임금노동에 수입을 의존하게 되었다. 이것은 특히 여성에게 큰 영향을 미쳤는데, 당시 낙농업에서 중요한 역할을 했던 것이 여성이었기 때문이다. 그 결과 과부나 미혼여성의 생계유지가 훨씬 더 어려워졌다. 특히 그녀들이 받는 임금이 남성의 임금보다 훨씬 적기 때문에 더욱 그랬다. 여성이 독립하여 생존한다는 것은 사실상 매우 어려워졌으며, 결혼에 의존하거나 임금노동에 의존하거나 둘 모두에 의존하는 것이 여성의 유일한 생존방법이 되어 버렸다.

당시의 임금수준은 전체적으로 낮은 편이었다. 남성이든 여성이든, 모든 개인은 생존하기 위해서 자기 외에 임금 소득자와 동거하는 것이 살아남는데 유리했다. 이런 상황에서는 자녀를 하인으로 보낼 필요가 없었다. 노동이 가능한 연령대의 자녀일수록 집안에 묶어 두는 것이 실질적으로 도움이 되었던 것이다. 따라서 많은 가구들이 과거에 비해 규모가 커졌다. 또한 자녀의 수입이 가구경제의 중요한 부분을 차지할 경우, 부모들은 자녀의 결혼을 늦추기 위해 상당한 압력을 행사했다. 1865년 로드 아일랜드 주 프로비던스 지역에서 신혼부부에 관한 통계를 보면(김정희 역, 1983), 전체 신혼부부의 약 10%는 부모의 집에서 공동으로 거주했으며, 3분의 1정도는 부모의 집에서 걸어갈 수 있는 거리에 살았고, 25%에서 33% 정도는 같은 도시의 1마일 이내에 적어도 한쪽의 부모가 살고 있었다. 이는 임금이 전체적으로 낮은 상황에서 서로의 소득에 기대는 하나의 방편으로 자리잡은 생활방식으로, 20세기가 빈곤층에서, 특히 불경기에 더욱 흔한 현상이다.

이 시기에 친족 간의 연대는 역시 중요했다. 사람들은 위기에 빠졌을 때, 친족연대에 의지했고, 새로운 지역에 도착한 사람들은 거기에 적응하는 수단으로 친족을 이용해야만 했다. 가령 임금노동을 찾아 도시지역에 유입해 들어온 사람들은 시골지역 친족 간의 연계를 유지할 필요가 있었다. 공장이 망할 경우를 대비하여 생계농업을 유지해야 했기 때문이다. 심지어는 모든 가족원이 산업 중심지로 이주한 경우에도 대부분의 사람들이 시골에 있는 생계기반을 완전히 포기하지 않았다.

전 산업사회에서 결혼은 정적이고 안정된 제도가 아니었다 하더라도 여성에게 집 주변과 가내 작업, 의류 제조업 등에서 경제적으로 자립할 수 있는 토대를 제공하는, 그래서 남편이 죽더라도 최소한의 생존을 보장하는 제도였다. 그러나 임금노동이 보편화되고 공사 영역이 점차로 분리되어 가면서 여성은 불안전한 결혼시장과 노동시장에 직면하게 된다. 두 시장 모두에서 여성의 지위는 낮아졌으며, 경제적 생존은 불확실해질 수밖에 없었다(김정희 역, 1983).

그런 반면에 숙련 기능이 있거나 숙련 직종에 종사하는 남성들은 자신들의 힘으로 조합을 구성해 나가기 시작했다. 이 조합의 가시적 목적은 자본가의 착취나 기계화, 임금 삭감으로부터 자신들의 이익을 지키는 것이었으나 대부분 저임금을 받는 사람들은 여성이나 어린이에 해당되기 때문에 조합 활동은 오히려 여성과 어린이의 지위를 더 열악하게 만드는 효과를 냈다. 이 조합원의 대부분은 가장 숙련된 직종과 기술을 가진 남성들로만 구성되어 있었기 때문이었다.

② 헤게모니[4]를 획득한 중간계급의 빅토리아 가족

숙련공 위주의 남성 노동조합의 본질적 목표는 '가족임금'[5]을 쟁취하는 데에 있었다. 남편/아버지가 홀로 돈벌이를 하는 새로운 현상은 '남성다움'이라는 근대적 관념을 발달시킨 강력한 요인이었다(안호용 역, 1997). 이러한 가족임금은 근대의 가족 이데올로기 형성에 있어 가장 강력한 기제 중의 하나로 작용한다. 사실 중간계급의 남성이 자신의 아내와 자녀가 노동하지 않도록 주장한 것은 신념의 문제 때문인지, 높은 임금에 대한 이론적 근거가 중간계급의 입맛에 맞았기 때문인지 여부에 대해서는 알 수 없다(Land, 1976).

4) 특정의 사회적 집단은 정치권력이나 경제력의 크기로 환원되지 않는 이데올로기적 힘을 통하여 정치와 사회에 지배력을 행사할 수 있다. 헤게모니는 이를 수용하는 사회 집단의 관점에서 말한다면, 그 가치나 요소들이 자신들의 열정과 이익에 반드시 일치하지 않을 때에도 그것이 갖는 강한 지적, 도덕적 힘을 통해 이를 능동적으로 수용하게 만드는 능력을 함축하는 개념이다. 그러나 헤게모니가 언제나 도덕적 힘을 갖는 것은 아니기 때문에 이를 수용하게 되는 과정에 있어서 다른 외부적 메커니즘들, 예컨대 국가의 강제력, 인센티브로서 물질적 혜택/보상, 여러 대중매체들에 의한 이데올로기적 행위 및 정치, 사회적 교육행위 등이 활용되는 경우가 많다.

5) 남성들이 직장에서 가족 구성원 모두를 부양할 수 있을 만큼의 충분한 임금.

그러나 그 이유가 무엇이든 상관없이 가족 임금의 이상은 중간계급의 이데올로기와 일치하는 이념이었다는 사실이 매우 중요하다는 것을 지적할 필요가 있겠다.

중간계급의 가족임금 획득은 결과적으로 이상적인 빅토리아 가정의 상을 그려냈다. 이러한 가족상은 부르주아의 이해와도 맞아 떨어지는 것이었다. 왜냐하면 자본주의는 그 생산을 위한 생산자로서의 노동자 계층을 생물학적으로 재생산하기 위해 가족이 필요하기 때문이다. 또한 옛날에는 가구가 생산과 소비의 단위였지만 자본주의가 대두함에 따라 가족은 주로 가정 밖에서 생산된 재화를 소비하는 단위가 되면서 가정이 사회적 생산의 공적 영역과는 분리된 사적인 영역으로 변화시켰다. 공적 노동세계와 사적 가정생활의 분리는 노동자의 소외감을 약화시키고 자본주의 사회가 갖는 현금위주의 성격을 보상하는 통합기제를 제공하는데 용이했기 때문에 부르주아계급에도 가족임금과 가족 이데올로기는 상당히 구미에 맞는 형태였다고 볼 수 있다.

어쨌든 이러한 중간계급의 생활방식에 따라 만들어진 남녀 간 분리는 시간에 흐름에 따라 자연적이며, 생물학적이라는 권위를 얻으며 퍼져 나가게 된다. 그들은 처음에 종교, 도덕성, 그리고 '가족'의 관점에서 헤게모니를 획득하려는 시도를 시작했다. 가령 1842년 여성과 어린이를 광산의 지하작업에서 제외하도록 한 것은 여성의 육체적 건강이나 위험성을 고려한 결과가 아닌, 도덕적 위험성을 고려한 것이다. 덥고 땀나는 조건에서, 옷을 거의 입지 않은 채로 남자들과 지하작업을 한다는 것은 부도덕의 축도로써 인식된 것이다. 이는 공장법도 마찬가지였다(안호용 역, 1997). 그러나 노동계급의 대다수는 여성이나 어린이 역시 일을 하지 않고서는 생존할 수 없었고 중간계급은 이러한 사실을 알고 있었다. 결국 그들이 생각해 낸 것은 노동계급의 여성들이 중간계급의 집에 하녀로 일하도록 하는 것이었다. 그럼으로써 노동계급의 여성들을 도덕적으로 순수하고 깨끗하게 되도록 가르치며, 가사노동이 여성의 일이라는 인식을 주입시킬 수 있었다. 1881년에 15~20세의 전체 소녀 가운데 3명 중 1명이 하녀로 일하고 있었다.

결국 19세기를 거쳐 빅토리아 가족의 이상은 모든 가족의 이상으로 자리 잡게 된다. 중간계급은 법적, 도덕적, 과학적 관점에서 핵가족 이데올로기의 정당성을 확보할 수 있었다.

요컨대, 전 산업시대의 가족들은 부의 정도, 연령별, 성별 구성, 직업에 따라 매우 가변적인 특성들을 지니고 있었는데 자본주의의 성장으로 점차 많은 가족들이 기존의 공사 영역이 구별되지 않는 노동에서 임금노동에 종속되어 갔다. 이 현상은 가능한 한 많은 가족들이 생존을 목적으로 노동해야 한다는 사실을 의미했으며, 임금이 남성에 비해 훨씬 적었던 여성의 지위는 점차로 약화될 수밖에 없었다. 한편 새롭게 대두된 중간계급들은 남성을 가계부양자로 만드는 가족임금의 목적을 쟁취하여 여성과 아동을 가정 내에 묶어 두고 그것을 자연스러운 것으로 규정해 버렸고, 점차 이 가족이 보편적 가정으로서 사회에 자리잡게 되었다. 결국 가족 이데올로기는 역사의 특정 시기에 특정계급의 이해관계에 의해 형성되었던 것이다.

2) 현대의 가족 이데올로기

현대사회 이전의 가족 이데올로기가 형성되어 오는 과정에서 어떻게 자본주의와 관련을 맺었는지를 살펴보았고, 그것은 시간의 흐름에 따른 역사적 분석방법을 통해서 이루어졌다는 것을 알 수 있었다. 보다시피 가족 이데올로기는 누군가에 의해 만들어진 것이고, 지금도 누군가의 이해관계에 의해 TV, 인터넷, 영화, 신문 등 각종 매체는 물론 제도권 교육을 통해서 가족 이데올로기가 계속적인 정당성을 확립하기 위한 시도들이 지속되고 있다. 특히 대중매체는 인간들을 이데올로기에 종속시키기 위해 사회의 지배 집단이 이용하는 대표적인 도구 중의 하나이다. 현대에 이르러 어떻게 가족 이데올로기가 매스 미디어를 통해 강화되고, 또한 강화하는 매스 미디어는 누군가의 이익에 기대하는지를 분석해 봄으로써 가족 이데올로기가 현재에 어떻게 기능하는지를 살펴보도록 보고자 한다.

(1) 가족 이데올로기를 강화하는 매스 미디어

가족 이데올로기는 여러 가지 특징들을 함축하고 있으며, 각종 매체나 광고에서 활용된 가족 이데올로기는 이러한 특성들 가운데 자신이 필요한 다양한 부분을 이용해 내재화하는 경향이 있다. 체계적인 분석을 위해서 여기서는 이러한 가족 이데올로기의 특성을 분류해 이상적 안식처로서 가족을 강조한 것, 효를 강조한 것, 모성을 강조한 것, 성별분업을 정형화한 것으로 나누어 구체적으로 이것들이 어떤 형식으로 나타나며 어떤 부분을 신화화하는지를 살펴보면 다음과 같다.

① 이상적 안식처로서 가족을 강조하는 형태

앞서 가족 이데올로기를 분석하는 과정에서 자본주의가 진행되어 온 과정에서 가정이 공적 영역인 일터 및 사회에서 분리된 안식처라는 이분법적 인식이 형성되었다는 말을 언급하였다. 가족만큼은 사회의 위기 속에서도 언제나 최후의 보루로 존재하며, 세상에 아무리 좋은 곳이 있어도 내 집만큼은 못하다는 통념은 이러한 신화에서 비롯된 대표적인 예들이다. 호르크하이머는 현재와 같은 독점적 경쟁시장 안에서 문화는 상당히 비슷한 양상을 띠는 경향이 있다는 사실을 짚어 냈다. 이들의 말대로 한국 사회의 TV광고나 드라마는 상당히 비슷한 유형의 가족을 형성해 낸다. 대부분 중산층이 배경이 되며—서민의 삶이 배경이 된다면, 금전적으로 풍족하지 못해도 가족 때문에 행복하다는 내용이 대부분이다—, 가족 형태는 핵가족 형태가 주를 이루며, 드라마나 영화의 경우 대개 이런 식의 설정이 아니라면 이러한 형식의 가족을 지향해 나가는 것이 내용의 주를 이룬다.

② **효를 강조하는 형태**

효는 유교적 가부장제의 전통이 자본주의 가족 이데올로기와 만나 혼합 작용하는 요소 중의 하나로 한국 사회에서는 가족 이데올로기를 강조하는 메커니즘 중의 가장 흔한 사례이다. 한국사람 중에 효도해야 한다는 당위성으로부터 자유로운 사람은 거의 없을 것이다. 현실에서 효도하지 않는 사람일지라도 그는 효도를 해야 한다는 규범은 항상 머릿속에 내재화하고 있을 것이다.

③ **모성을 강조하는 형태**

'여자는 약하지만, 어머니는 강하다', '세상에서 가장 아름다운 여성은 어머니입니다.'라는 말들은 모성 이데올로기를 잘 보여주는 사례들이다. 가족 이데올로기의 한 방편으로서 모성 이데올로기는 여성의 가사노동과 육아를 자연적이고 본능적인 것으로 미화함으로써 성별분업을 정당화하고, 기존의 가부장적인 가족 관계를 유지하는 데 중요한 역할을 담당해 왔다. 특히 어머니 상이 자식(특히 아들)을 위해 한평생 희생해 온 사람으로 그려지는 한국 사회의 특징상—효를 강조해 왔으므로 어머니는 숭고한 사람이어야 한다—이러한 모성 이데올로기를 활용한 광고와 영화, TV프로그램은 상당히 많다. 신파극 '불효자는 웁니다' 는 아들을 위해 희생해 온 전형적인 예의 하나이다.

그런데 이러한 기존의 모성 이데올로기는 근대의 합리주의와 과학주의와 만나 과학적 모성 이데올로기(이재경, 2003)라는 독특한 영역을 생산해 낸다. 이것은 모성의 주체인 어머니의 역할은 자녀의 돌봄과 보살핌에 한정시키는 것일 뿐만 아니라, 자녀를 돌봄에 있어서 '과학적'으로 돌봐야 한다는 역할이 더 부과된 것이다. 기존의 희생적인 어머니의 역할 외에도 과학적인 지식을 통해서 똑부러진 어머니가 되어야 한다는 규범을 내재화하는 데에 있다. 또한 이러한 광고는 대부분 중산층 전업주부라는 배경을 통해 여성의 역할 모델과 계층의 지위를 강화하는 역할을 하기도 한다.

④ **성별분업을 강조하는 형태**

가족 이데올로기를 강조하는 방법으로서 성별분업을 내재화하는 예는 사실 모든 대부분의 이데올로기를 강조하는 형태에 드러난다. 가족이 매우 이상적인 안식처라는 환상을 심을 때의 아내는 대부분 어머니 역할과 아내의 역할을 잘 수행해 내는 전업주부인 경우가 많고, 효 이데올로기도 자식의 앞날을 위해 희생해 온 어머니와, 어렵게 생계를 책임져 온 아버지를 강조하는 것에서부터 효의 당위성을 논하는 경우가 많으며, 모성의 강조는 말할 필요도 없는 여성의 역할을 강조하는 부분 중의 하나이다.

(2) 가족 이데올로기의 이용과 강화, 그 효과

텔레비전 드라마가 온통 가족에 관한 것들이고, 매일 같이 가족들이 둘러앉아 사담을 나누는 장면이 나오는 것은 매스 미디어가 매일 같이 개인의 일상과 의식을 지배한 결과이다. 아도르노와 호르크하이머는 대중 매체를 통한 자본의 지배가 만연하다는 현실을 짚은 바 있다. 이들 매스 미디어는 스스로를 산업이라고 부르고, 자신들이 생산해 내는 재화와 서비스는 대중의 필요에 의한 것이라고 하지만, 사실 이는 대중을 기만하는 이데올로기 주입이며, 이용일 뿐이다(이정춘, 2000). 결국 이러한 이데올로기 주입은 현재도 이데올로기화된 가족생활이 사회적 삶의 모든 단면에 스며들게 만드는 가족화된 사회를 만드는데 일조할 뿐만 아니라, 허구적인 가족상과 실제와의 괴리를 이용하여 자본은 이데올로기를 자극하는 작업 자체에서부터 자신들의 이익을 얻는다고 말할 수 있겠다.

2. 결혼과 가족

1) 결혼

결혼의 사전적 의미는 남자와 여자가 법적, 사회적 승인 아래 남편과 아내로서 맺는 결합하는 것으로 사회적으로 인정된 지속적인 남녀의 성적 결합이며, 특정한 규범에 바탕을 둔 동거관계이자 경제적 협력을 요구하는 사회제도라는 사실을 내포하고 있다.

(1) 결혼의 역할

① 당사자들에 대해 남편과 아내라는 지위를 사회적으로 인정하는 동시에 각각 규범에 따른 권리와 의무를 부여

② 당사자 간의 성관계를 특별히 인정하는 대신 혼외 성관계를 제한

③ 부부 사이에 태어난 자식에 대해 정실(아내)이 낳은 자식, 즉 적자(정실이 낳은 자식)로서의 자격을 부여함과 동시에 그것에 상응하는 권리와 의무를 인정

④ 결혼은 그 사회의 어느 일정한 친족조직에 개인을 편입시킴으로써 조직 강화와 제도유지에 기여하는 동시에 혼인관계 확대를 통해 사회자체의 확대를 가져오는 역할을 수행

(2) 결혼의 시대별 유형

① 원시난교

1861년 스위스의 요한 자콥 바흐펜(Johann Jakob Bachofen)은 '모권론'에서 원시시대에는 난교적 성관계(형제, 이모, 고모 등)가 이루어져 모권제가 형성되었다고 주장하였다.

② 집단혼과 대우혼

1877년 미국의 레위스 헨리 모간(Lewis Henry Mogan)은 난혼시대 이후 집단혼(혈연가족[부모-자녀 성관계 금지] / 푸날루아 가족[같은 어머니의 자녀끼리의 성관계 금지])과 대우혼을 거쳐 마지막으로 일부일처에 도달하였다는 발전도식을 제시하였다.

③ 원시난교=집단혼설의 부정

베스터마크, 슈미트, 말리노프스키 등은 오늘날의 일부일처제가 원시시대 인류사회에도 있었다고 주장하여 원시난교=집단혼설을 정면으로 부정하였다.

이는 오늘날의 인류학계에서는 원시단혼제설, 즉 일부일처제설이 주류를 이루고 있음을 알 수 있다.

④ 복혼

집단혼 이후 일처다부제와 일부다처제가 등장하였다.

- 일처다부제 : 한 여성이 다수의 남편을 거느리는 결혼형태

- 남편들 사이에 '주된 남편'과 '부차적인 남편'의 구별을 인정하는 경우가 많음
- 형제 중에서 일반적으로 주된 남편은 '맏형'
- 남부 인도의 토다족과 나얄족, 티베트(형제형 일처다부혼), 네팔, 폴리네시

아의 마르키즈섬 부족 등

- 아이의 아버지는 복수의 남편 가운데 어느 한 사람이 사회적으로 아버지로 정해지며 자녀부양에 대한 의무는 사회적으로 정해진 아버지에게 부여됨

일처다부혼의 출현 원인

첫째, 여자 아이를 살해하는 전통 등에 의해 여자가 일찍 사망해 혼인적령기 남녀성비가 불균형했기 때문이다.

둘째, 혼인 시 남편이 아내를 맞이하는데 금전적인 대가를 많이 지불해야 하는데, 남편이 혼자서는 그것을 마련하기가 힘들어 형제가 공동으로 금전을 조달하여 공동의 아내를 맞이했다.

셋째, 집안의 재산을 나누지 않는 전통을 지키고, 농경과 목축의 겸업을 효과적으로 경영하기 위해서 형제가 협력해 하나의 세대를 가지기 위해서 공동의 아내를 맞이했다.

- 일부다처제 : 한 남성이 다수의 여성을 공유하는 결혼형태
- 아내들이 서로 자매 사이인 '자매형'과 그렇지 않은 '비자매형'으로 나뉨
- 일부다처혼은 남편을 정점으로 하여 복수의 핵가족이 결부되어 있는 것으로 어느 경우이든 남편이 자식에 대해 가지는 부양의무는 동일함

일부다처혼의 출현 원인

첫째, 아내의 임신기간, 월경기간에는 남편과의 성관계가 힘들기 때문에, 남편의 성적 만족을 위해 다수의 아내를 맞이했다.

- Cooldge Effect(암컷이 바뀔수록 성적으로 새로운 자극을 얻는 효과)

둘째, 다수의 아내가 있으면 그만큼의 노동력을 확보할 수 있기 때문에, 즉 경제적인 이유 때문에 다수의 아내를 맞이했다.

- 일부일처혼(단혼) : 현재 문명사회에서 가장 일반적인 결혼형태이다. 가족, 사유재산, 국가의 기원에서 혼인에는 3개의 주요 형태가 있는데, 야만시대에는 군혼, 미개시대에서는 대우혼, 문명시대에는 일부일처제가 있었다고 주장하면서, 일부일처제 가족은 남편의 지배에 따르는 것으로 아버지의 혈통이 확실한 아이를 낳자는 가부장적 목적을 가진 결혼유형의 형태

일부일처혼의 출현 원인

첫째, 베버는 재산지참제를 주장하였다. 이는 아내의 부모가 남편에게 일부일처혼을 조건으로 딸과 함께 재산도 보내 남편이 다른 여성과 혼인을 하지 못하게 약속을 받는다는 것을 의미한다.

둘째, 일부일처제의 신화이다. 이는 사회적 안정을 위해 일부일처제가 출현하게 되었다는 것이다.

이처럼 결혼의 개념은 종족보존과 성적인 욕구를 충족하기 위한 수단이라거나 또는 가문 간의 결합을 중시하는 가족 간의 계약이라는 개념에서 당사자들의 합의에 의해 배우자에 대한 배려와 존중의 원리를 중요시하며 개인의 행복과 발전을 위한 평등한 파트너간의 결합이라는 관점으로 변화하고 있다.

결혼에 대한 개념 변화는 결혼이 어떠한 기능을 하는가를 점차 강조함은 물론 결혼은 성(性)이 다른 두 사람의 결합이라는 구조적인 측면에서조차 인식의 변화를 가져오고 있다. 프랑스 철학자 자크 데리다는 결혼이란 단어와 개념을 없애자고 제안하면서, 결혼이란 출산과 영원한 정조에 대한 맹세를 동반하는데 이는 종교적 가치에 기반을 둔 것이라고 주장했고 결혼이란 단어와 개념, 종교적 위선을 없애고 보다 보편적이고 유연한 '시민결합'이라는 말로 대체하자고 주장하였다.

2) 이혼

(1) 이혼의 의의

우리나라는 전통적으로 이혼에 대한 부정적인 시각으로 인하여 이혼문제는 사회적으로 큰 문제로 인식되어 왔다. 그러나 최근에 이혼에 대한 가치관의 변화와 여성의 지위향상과 경제력의 확보 등으로 이혼이 급증하고 있다.

또한 자녀수의 감소로 자녀에 대한 부담이 감소하고 법적으로 이혼을 가능하도록 변화하고 있다. 과거에는 결혼생활에 문제가 있더라도 자녀문제, 경제력 문제, 이혼부부에 대한 부정적인 시각 등으로 인해 이혼에 대한 부담이 많았으나 이혼에 대한 시각의 변화와 남녀 성 역할의 변화로 인하여 이혼은 증가하고 있다. 그리고 이혼 이유도 다양해지고 있다. 이혼은 여러 가지 요인과 문제에서 발생하고 있으므로 이혼문제에 대해서도 과학적으로 접근해야 한다.

(2) 이혼의 문제점

이혼은 부부와 자녀의 삶에 심각한 영향을 초래하는 중대한 사건이다. 이혼은 부부 모두에게 스트레스, 우울증, 죄의식, 외로움, 실패감, 낮은 자존심, 자아의 상실, 자기비난 등을 가져오게 하며, 자녀에게 비행, 범죄, 정신장애의 간접적인 요인으로 작용하고 있다. 또한 이혼은 자녀양육문제, 경제적 곤란, 역할상실, 사회적 고립, 부모-자녀간의 갈등, 대인관계의 문제, 이혼한 전 배우자와의 관계, 일상생활의 가사문제 등의 어려움을 겪게 한다.

결혼생활이 아무리 불행했다 하더라도 그것을 끝낸다는 것은 언제나 고통스러우며, 특히 자녀가 개입되었을 때에는 더욱 그러하다. 이혼을 많은 사람들은 부부관계에서의 실패로 보지 않고 인생 전반에서의 실패로 보기 때문에, 이혼 후에 많은 사람들은 흔히 우울증에 빠지게 된다. 이혼이 아무리

자의적인 것이었다 하여도 고통스런 적응기간이 있기 마련이다. 이러한 이혼의 원인으로는 대개 성격 차이, 배우자의 부정, 가족부양소홀, 알코올중독, 도박, 배우자학대 등이 있다.

최근 이혼율이 과거에 비해 현저하게 증가하고 있다. 과거에는 불행한 결혼생활이더라도 그것을 지속하는 것이 자녀들을 위한 길이라고 생각하여 이혼을 하지 않았지만, 최근에는 그것이 자신은 물론 자녀를 위한 최선의 길이라고 생각하지 않고 있다. 그와 더불어 남성과 여성의 경제적 지위가 동등해지고 있으며, 이혼에 대한 사회적 인식도 달라지고 있다. 또한 배우자가 자신의 삶을 풍요롭게 해 주고, 자신의 잠재능력을 향상시켜 주며, 사랑하는 동료이자 원만한 성적 상대자이기를 바라지만, 이러한 기대에 미치지 못하면 이혼을 고려하게 된다. 결혼생활에서의 이와 같은 변화들이 이혼율을 증가시키는 요인이 되고 있다.

(3) 이혼과 가족관계

이혼한 부부는 결혼생활 동안 경험하지 못했던 광범위한 문제들로 고통을 받기 때문에, 이러한 문제들을 해결하기 위한 적극적인 노력이 필요하다.

이혼으로 인한 가족관계는 심각한 문제가 발생함으로 체계적으로 접근해야 한다. 이혼에 적응하기 위해서 심리적으로는 상담과 다양한 사회 활동을, 사회적으로는 자녀교육에 대한 관심을, 그리고 경제적으로는 직업훈련과 취업 등을 필요로 한다.

(4) 이혼의 과정

이혼이라 함은 부부가 살아있는 동안에 그들의 법률상 부부관계를 해소하여 서로 갈라서는 것을 말하며, 이혼의 방법에는 “협의상 이혼”과 “재판상 이혼”의 두 가지가 있다.

협의이혼이라 함은 당사자 간의 자유로운 의사의 합치에 의하여 혼인관계를 장래를 향하여 해소시키는 신분행위로, 가정법원의 확인을 받아 신고함으로써 그 효력이 발생한다(민법 제834조).

① 실질적 요건

가. 당사자 사이에 이혼의 합의가 있을 것

이혼의 합의는 부부관계를 영구적으로 해소하려는 의사의 합치로서 자유롭고 무조건 무기한의 의사표시에 의하여 이루어져야 한다. 중혼인 경우에도 협의이혼할 수 있다.

나. 금치산자는 이혼동의를 얻을 것

금치산자는 부모 또는 후견인의 동의를 얻어서 협의이혼을 할 수 있고, 부모 또는 후견인이 없거나 또는 동의할 수 없는 때에는 친족회의의 동의를 얻어 협의이혼을 할 수 있다.

② 형식적 요건

협의이혼은 가정법원의 확인을 받아 호적법에 정하는 바에 의하여 신고함으로써 그 효력이 생긴다. 따라서 협의이혼을 하고자 하는 자는 가정법원으로부터 협의이혼 의사의 확인을 받아 확인서등본을 교부 또는 송달받은 날부터 3월 이내에 그 등본을 첨부하여 신고하여야 하는 바(법 제79조의 2 제1항, 제2항), 신고기간의 기산일에 초일은 산입한다. 확인서등본을 교부 또는 송달받은 날부터 3월이 경과한 때에는 가정법원의 확인은 그 효력을 상실한다.

③ 협의이혼 의사 확인절차

가. 신청절차

본적지 또는 주소지를 관할하는 가정법원(지원)이나 시 · 군 법원의 확인을 받아 신고하여야 한다. 부부 쌍방의 주소지가 서로 다른 경우에는 각 주소지를 관할하는 가정법원이 관할법원이 되며, 당사자 쌍방이 재외국민인 경우에는 그 확인은 서울가정법원의 관할로 한다.

나. 신청인

협의이혼 당사자인 부와 처이며, 대리인에 의한 신청은 허용되지 않는다. 또 협의이혼 의사확인 신청은 부부 중 일방이 재외국민이거나 출석하기 어려운 경우를 제외하고는 부부가 함께 출석하여야 한다.

이혼 의사확인 신청은 부부가 함께 법원에 출석하여 협의이혼 의사확인 신청서를 제출함으로써 한다. 다만, 부부 중 일방이 재외국민이거나 수감자로서 출석하기 어려운 경우에는 다른 일방이 출석하여 제출할 수 있다.

과거에는 부 또는 처가 신청하도록 되어 있었으나 2002. 6. 26. 호적예규제629호(협의이혼의 의사확인 사무 및 호적사무의 처리요령)에 의하면 부부가 함께 출석하여 신청서를 제출하여야 하는 것으로 변경되었다. 당사자 일방만이 신청을 한 경우 그 신청서는 반려한다.

다. 신청 방법

서면(협의이혼 의사확인 신청서, 예규 제347호 별지 제2호 서식)으로만 하여야 한다(규칙 제86조 제1항). 신청서에는 호적등본 1통, 해당 사항을 기재한 이혼신고서 3통, 주민등록등본 1통(주소지 관할법원에 신청할 경우에만 필요함)을 첨부하여야 한다.

협의이혼 의사확인 신청서에는 다음 각 호의 사항을 기재하고 이혼하고자 하는 부부가 공동으로 서명 또는 기명날인하여야 한다(호규 86조 2항).

- 당사자의 성명 · 본적 · 주소 및 주민등록번호
- 신청의 취지 및 연월일

④ 협의이혼의 변화과정

- 2005년 2월 이전의 협의이혼 절차는 협의이혼 의사확인 신청 후 당일 이혼의사확인등본 발급
- 2005년 3월부터 2006년 3월까지는 협의이혼 의사확인신청 1주일 뒤 이혼의사확인등본 발급(3개월 이내에 관할구청 등에 이혼신고)
- 2006년 3월 이후는 협의이혼 의사확인 신청 3주일 뒤에 이혼의사확인등본 발급

3. 이혼과 가족

1) 이혼의 개념

이혼은 결혼한 부부가 더 이상 함께 살 수 없음을 법적으로 결정하고 이전의 가족을 해체하는 것을 의미한다. 그러므로 이혼을 결혼의 종말인 동시에 한부모 가족으로 적응과정의 시작을 의미한다고 볼 수 있다(고정자, 2001).

이혼가족이란 법률상으로 유효하게 성립된 혼인의 관계를 재판상의 절차로 인해 법적으로 일체의 효과를 소멸한 상태로 이혼 전에 가족 형태보다는 축소된 형태를 말한다.

이혼에 대한 연구가 이루어지기 시작한 1950년대에는 이혼을 하나의 일탈로 규정하였다. 그러나 1970년대 이후부터는 이혼을 불행한 결혼관계, 스트레스와 갈등으로부터의 해방, 그리고 새로운 자기발견의 기회라는 긍정적인

측면으로 인식하기 시작했다. 최근에는 이혼을 하나의 사회현상으로 간주하고 결혼에서 생기는 문제를 해결하기 위한 하나의 과정으로 인식하는 경향이 강하다. 이것은 이혼이 심리적인 측면과 건강에 영향을 미치는 위기 사건인 것은 사실이지만 이혼 후 2, 3년이 지난 후에는 이혼 전의 상태로 돌아간다는 점을 고려할 때 시간이 지나면서 그 영향이 감소되는 일종의 전이 상태라는 것이다. 또한 이혼이 성인의 발달과정에서 걸림돌이 되지만 새로운 인생을 향한 촉매제인 동시에 성장을 가져다 주는 이중성을 가지고 있다고 보는 것이다.

이와 같이 하나의 과정으로서의 이혼은 법률상으로 완전 유효하게 성립된 혼인을 당사자인 부와 처가 살아가는 동안 결혼관계를 해소시킴으로써 혼인으로 인해 발생했던 일체의 효과를 소멸시키는 것이다. 그러나 법적인 이혼으로 인하여 결혼에 관한 모든 것이 끝나는 것은 아니다. 전 남편과 전 아내 사이에 도덕적이고 정서적인 계약을 남겨 두고 결혼에 토대를 둔 한 세대는 파괴되지만 자녀들로 인한 인간관계는 완전히 깨뜨려질 수 없는 것이다. 이러한 맥락에서 Bohannon(1970)은 이혼과정을 6가지로 구분하였다. 즉, 이혼은 법적으로는 하나의 간단한 사건이지만 심리 · 사회학적으로는 일련의 사건들이 고리를 이룬 복합적인 과정인 것이다.

표 6-1 이혼의 과정

법적 이혼	부부관계의 합법적 종결과 함께 양측에 재혼할 권리가 부여되는 과정
정서적 이혼	동거기간이 비교적 긴 부부에게서 많이 나타나는 것으로 한쪽 혹은 양쪽 배우자가 부부 관계에 회의를 갖고 정서적 철회 행동을 보임으로써 시작됨
경제적 이혼	재산을 분할하는 과정으로 종종 상당한 갈등을 수반
양부모역할 이혼	자녀양육권, 면접교섭권, 자녀부양 의무 등을 결정

공동체 이혼	부부가 이혼하면 친지와의 사회적 관계가 분리, 상실되는 과정
정신적 이혼	배우자와의 관계로부터 분리된 자신을 재정의하고 독신으로 되돌아가는 과정

2) 이혼의 현황

(1) 이혼의 실태와 원인

최근 우리나라에서도 이혼은 급속도로 확산되고 있다. 이혼 건수만 보더라도 1995년에 인구 1,000명당 이혼 건수가 1.5건이었던 것이 2010년에는 2.5건으로 급증하였다. 결혼건수에 대한 이혼율에서도 1995년에는 결혼 6쌍에 대해 1쌍 꼴로 이루어진 반면 2012년에는 2쌍 중 1쌍 이상이 이혼하는 것으로 나타났다.

표 6-2 결혼수와 이혼율

연도 \ 항목	결혼수	이혼건수	이혼율	결혼에 대한 이혼율
1980	400,471	23,150	0.6	5.8
1985	376,847	38,838	1.0	10.3
1990	402,911	44,608	1.0	11.1
1995	320,395	53,872	1.5	17.1
2010	326,000	117,000	2.4	41.8

자료 : 통계청(2012), 통계연보.

이처럼 1985년 이후 이혼율의 증가, 여성의 이혼 청구율 증가, 동거기간으로 볼 때 전 기간에 걸친 이혼율 확산 등 변화의 조짐이 보이고 있으며, 1990년 이후 그 현상은 더욱 또렷해지기 시작하였다. 이것은 1985년 이후 우리 사회에서 가족관계의 양상이 변화되고, 또 1990년 가족법 개정으로 인하여 여성의 자녀양육권, 재산분할 청구권을 인정함으로써 더 이상 여성이 자녀와 재산문제로 인해 불이익을 받지 않는 사회적 여건이 형성된 것으로 해석할 수 있다.

우리나라 이혼의 유형은 크게 협의이혼과 재판이혼으로 구분된다. 협의이혼은 당사자 간에 이혼할 것을 합의하여 부부가 함께 가정법원에 가서 판사로부터 이혼의사 확인을 받아 신고하는 방법으로 호적법에 따라 이혼확인서를 제출함으로써 그 효력이 발생하는 이혼형태이다. 반면 재판이혼은 법률이 정하는 일정한 원인이 있다고 인정하는 경우 법정에서의 판결에 의해 성립되는 이혼이다.

표 6-3 **혼인건수 및 혼인율 추이**

기본항목별	2001	2002	2003	2004	2005	2006	2012
혼인건수(건)	320,063	306,573	304,932	310,944	316,375	332,752	327,100
이혼건수(건)	135,014	145,324	167,096	139,365	128,468	125,032	114,300

자료 : 통계청(2012). 통계연보.

2003년까지 지속되던 증가세가 2004년부터 감소세로 전환되어 2006년에도 소폭 감소하였으며, 하루 평균 342건(쌍)이 이혼한 셈이다. 이는 유배우인구(25~49세) 감소 및 이혼숙려 기간 시범 도입 등의 영향으로 이혼이 줄어든 것으로 보인다.

2012년 한 해 동안 이혼은 114.3천 건(쌍)으로 2005년의 128.5천 건에 비해 3.4천 건 감소하였으며 조이혼율(인구 1천 명당 이혼건수)은 2.4로 나타났다.

표 6-4 **이혼소송 제기사유(2006년)**

(단위 : 명, %)

사유	남	여
배우자의 부정행위	6777(47.9)	4467(51.6)
본인에 대한 부당한 대우	3740(26.4)	1768(20.4)
직계존속에 대한 부당한 대우	833(5.9)	770(8.9)
악의의 유기	1396(9.7)	662(7.6)
3년 이상 생사불명	773(5.5)	558(6.4)
기타	658(4.6)	439(5.1)
합계	1만 4150(100)	8664(100)

자료 : 2007 사법연감.

표 6-5 **이혼 사유별 이혼**

(단위 : 천 건, %)

연도	2001		2003		2005		2007	
항목	천 건	구성비	천 건	구성비	천 건	구성비	천 건	구성비
배우자 부정	11.8	8.7	12.3	7.4	9.7	7.6	9.7	7.8
정신, 육체적 학대	6.3	4.7	7.2	4.3	5.7	4.4	6.0	4.8
가족 간 불화	23.8	17.6	21.7	13.0	12.2	9.5	10.0	8.0
경제 문제	15.6	11.6	27.4	16.4	19.1	14.9	17.0	13.6
성격 차이	58.1	43.0	75.7	45.3	63.2	49.2	58.4	46.8
건강상	1.0	0.7	1.0	0.6	0.8	0.6	0.9	0.7
기타	17.1	12.7	19.9	11.9	15.5	12.1	18.9	15.2
미상	1.3	1.0	1.9	1.1	2.2	1.7	3.8	3.1

자료 : 국가통계포털.

2011년 평균 이혼연령은 남자가 45.4, 여자가 41.5세로 2011년 대비 남자, 여자 모두 0.4세 높아졌으며 2007년에 비해서는 각각 0.2세, 2세 상승하였다.

이혼한 부부 중 4년 이하 동거부부가 차지하는 구성비는 외국인과의 이혼이 증가하면서 2003년 이후 계속 증가하여 2006년 27.1%로 가장 높게 나타났으며, 20년 이상 동거부부가 차지하는 구성비는 전체 이혼 중 20.2%로 증가세가 지속되고 있다. 그러나 5~9년(20.5%) 및 10~14년(17.5%) 동거한 부부의 이혼은 2003년 이후 그 건수 및 구성비가 감소하고 있다. 한국 여성의 지위가 교육수준의 향상, 취업 및 사회참여 확대 등으로 전반적으로 상승하면서 그 동안의 이혼 욕구가 자식이 성인이 된 후 구체화된 것으로 보인다. 부부간의 성격 차이나 가족 간의 불화로 인한 이혼이 많은 비중을 차지하는 현실이 그러한 해석을 뒷받침하고 있다.

(2) 이혼증가의 원인

부부와 가족을 결합시키는데 다양한 요인들이 작용할 수 있는 것처럼 이혼에도 다양한 요인들이 작용한다. 먼저 이혼 증가의 요인으로 현대의 산업화, 도시화의 특징은 익명성과 사회적 이동성을 높이고 가족의 안정성에 대한 사회통제를 약화시키는 계기가 되었다. 산업화와 현대화가 본격적으로 진행되기 시작한 이후 이혼에 대한 태도가 긍정적으로 변화되기 시작하였고, 이혼건수도 점차 증가하였다. 산업화 및 도시화와 관련된 요인들을 살펴보면 다음과 같다.

① 여성의 사회 경제적 지위 향상

여성의 교육수준과 고용기회가 증가되면서 남성에 대한 경제적 의존도는 낮아지게 되었다. 따라서 경제적 독립에 대한 두려움 때문에 결혼관계를 지속시킬 수밖에 없었던 여성들이 줄어들었다. 또한 여성의 교육수준이 향상되면서 사회적 지위 또한 향상되었는데, 그 과정에서 여성의 전통적인 성 역할에 대한 가치관이 희석되었으며, 이전에 부부관계에 있어서 억압과

굴종, 지배와 피지배의 관계에 대한 인식과 평등한 부부관계에 대한 인식이 증대되었다. 즉 부부관계의 변화에 부응하지 못할 경우 이혼하게 될 확률이 높아진 것이다.

② 가족 및 결혼에 대한 가치관의 변화

사회적, 법적, 도덕적으로 이혼을 억제할 수 있는 사회적 장치들의 약화와 결혼 및 가족에 대한 가치관의 변화로 이혼 억제 기능이 약화되었다. 특히 이상주의적 결혼과 낭만적인 이혼의 신화는 배우자간의 밀접한 관계에 대한 비현실적인 기대를 낳았다. 결혼 자체가 경제적인 후원과 자녀양육에 대한 책임을 강조하는 사회적인 제도로서의 결혼에서 부부간의 애정과 평등을 중요하게 인식하는 관계의 결혼으로 변화된 것이다. 이것은 이혼율을 높이는 결과를 낳았다. 애정에 바탕을 둔 결혼관계가 강조되는 사회에서 이혼에 대한 욕구가 증가하는 것은 당연한 것이다. 또한 가족의 형태와 구성원간의 인간관계도 변화되고 있다. 가족의 구조는 확대 · 직계 가족에서 핵가족의 형태로 변화되고 있으며, 가족 내 인간관계는 평등과 협력을 전제로 한 우애가족의 인간관계가 형성되고 있다. 이와 같이 가족의 형태와 의식의 변화는 가족관계와 정서적 유대 및 정체감 형성에 심각한 문제를 야기시켜 근래에는 가족의 불안정문제가 심각하게 제기되고 있다.

③ 이혼에 대한 태도의 변화

우리나라에서도 점차 이혼을 수용하는 경향으로 바뀌고 있다. 이와 같은 사실은 이혼에 대한 태도와 관련된 질문에 대한 응답이 시대에 따라 변하고 있는 것을 통해서 알 수 있다. 즉 “문제가 심각하다면 이혼해야 한다.”는 문항에 대해 1970년대의 조사에서는 조사대상자의 2.2%가 응답하였으나, 1980년에는 31.7%로 크게 증가했으며, 1990년의 연구에서도 47.1%로 크게 증가한 것으로 나타났다. 이것은 전통적으로 강조되었던 가족의 가치관은 축소되고 개인의 존엄성이 강조되는 경향이 나타나면서 가족 내에서 부부간의 갈등을 해결할 수 없을 때에는 이혼도 하나의 해결방법이 될 수 있음을 의미하는 것이다. 즉 현대의 이혼은 가족해체와 동일하게 인식되어 문제시되기보다는 불행한 결혼관계를 해소시키는 한 가지 방법으로 인식되고 있다.

3) 이혼가족의 문제점

(1) 이혼부부에게 미치는 문제

한국에서 이혼자들이 이혼 적응과 관련하여 겪게 되는 문제 및 스트레스는 1순위가 외로움, 2순위가 자녀양육, 3순위로는 재혼에 관한 어려움으로 나타나고 있다(방선욱, 1992). 이혼한 남녀 모두에게 어려웠던 문제는 자녀의 앞날에 대한 걱정이었다(한경혜, 1993). 이 밖에 여성들은 외로움, 자녀 돌볼 시간 부족, 주변사람의 부정적 인식 및 사회활동 참여의 어려움 등을 나타내고 있으며, 남성들은 여성들보다 비교적 낮은 어려움을 지적하고 있으나 자녀 돌볼 시간의 없음, 사회 활동 참여의 제한, 외로운 느낌, 주변사람들의 부정적 인식, 자녀의 속썩임, 건강문제 등에서 어려움을 보이고 있다.

일반적으로 이혼에 관한 연구들은 성 역할 사회화의 차이 때문에 남성과 여성은 여성의 이혼, 남성의 이혼을 경험한다고 제기하고 있다. 즉 사회적, 경제적, 감정적인 삶의 영역들은 남편과 자녀에게 지나치게 의존적인 삶을 살던 여성은 이혼을 인생의 실패로 생각하는 경향이 큰 것으로 나타나고 있으며, 이는 여성의 자아 존중감 상실에 커다란 영향을 미치고 있다. 그러나 이혼한 남성이 이혼한 여성보다 감정적, 신체적 혼돈의 증상을 더욱 보인다는 연구도 있다(변화순, 1996). 즉 남성은 여성보다 결혼생활에 대해 더 의존적이므로, 자녀양육이나 가사노동 등에서 이혼 후 더 힘들어 하는 것으로 나타난다. 특히 우리 사회는 남자 혼자서 아이를 키우기 위한 조건이 마련되지 않았기 때문에 이혼 후 혼자서 자녀를 키우는 삶은 매우 힘들며, 가족의 도움이 없이 해결하기 힘들다. 또한 가사문제를 남성 스스로 해결해야 할 현실 앞에서 대부분의 남성들은 혼란에 빠지게 되며, 가사로 인한 불편이 누적되다 보면, 정서적으로나 심리적으로 불안정해 질 수 있다. 이혼 후 경험하게 되는 문제들은 다음과 같이 경제적 문제, 대인관계 및 사회적 문제, 신체적 · 정신적 건강문제 등으로 분류될 수 있다.

① 경제적인 문제

대체로 이혼으로 인해 여성이 더 경제적인 어려움을 경험하는 것으로 나타나지만, 이혼은 대다수의 남성과 여성에게 수입의 감소를 가져오는 것으로 보인다. 많은 여성들은 이혼 전보다 낮은 수준으로 생활하는 것으로 나타난다. 또한 전 배우자로부터 받는 자녀양육비로는 실제 생활비를 충당하기에는 불충분하기 때문에, 대다수의 이혼한 여성이 생계유지 및 자녀양육을 위하여 직업을 찾으려 하는 것은 필연적인 것으로 나타나고 있다. 여성 이혼자의 여러 어려움 중에서 가장 절실한 것은 경제적인 문제로 지적되고 있는데 이런 경제적 혼란은 심한 스트레스의 원인이 된다고 보고 있다. 특히 전업주부의 경우, 새로운 직장을 잡아야 되며 미숙련 상태이므로 저임금과 취업기회의 제한 등의 문제에 직면하고, 생계유지의 어려움에 처할 가능성이 높은 것으로 나타난다. 따라서 이혼한 여성의 교육수준이나 사회, 경제적인 지위 등에서 자립할 능력이 있는 경우는 이혼을 수용하고 적응하는데 많은 도움이 된다고 할 수 있다. 이혼으로 인해 남성들이 겪는 경제적인 문제는 이혼 시 재산분할로 인한 재산의 감소문제, 불규칙한 생활로 인해 수반되는 지출과다문제 등으로, 여성들이 겪는 절대적인 빈곤의 문제가 아니라 상대적인 빈곤으로 인한 심리적 갈등 또는 가사활동이나 살림을 직접 해야 하는 어려움으로 지적하고 있다(변화순, 1996).

② 대인관계 및 사회적인 문제

이혼을 하게 되면 우리나라의 경우 가족이나 가까운 사람도 이혼의 경험을 잘 이해해 주지 못하고 이들을 지지해 주지 않아 이에 고통을 당한다. 이들은 이혼자가 겪는 고통과 이혼이라는 어려운 결정을 이해하고 지지하기보다는 외면하는 것이 보통이다. 주위 사람들은 이혼자가 온갖 고통을 참고 견디다 이혼당한 희생자로서 평가되는 경우를 제외하고는 이들을 수용하지 않고 쉽사리 '철없는 여자', '잘난 여자'로 비난하는 것이 일반적인 경향이라고 한다(김혜련, 1995). 또한 이혼을 하게 되면 그 이전부터 오래 사귀어 온 친구들과 친족과의 관계가 변화한다. 부부 공동의 친구들은 두 사람을 모두 포기함으로써 어느 한편을 편드는 난처함에서 벗어나기도 하고, 부인들은 남편의 직장 친구들을 잃게 되고, 남편은 부인을 통해 알게 된 이웃 및 친구들을 잃게 된다. 이러한 이혼에 대한 부정적인 고정관념 및 사회적 관계망의 축소 문제 이외에 자신의 가족을 재정의하는 문제 그리고 이혼과정에 관한 사회적 규범의 부재 때문에 혼란에 빠지게 되기도 한다.

③ 신체적 · 정신적 건강상의 문제

이혼이 자발적으로 이루어지든지 그렇지 않든지 간에 이혼은 많은 협상과 요구, 절차 등을 갖게 되는 과정이므로, 이혼자들은 심리적, 정서적, 신체적 부적응을 경험하게 된다. 특히 이혼한 사람들의 경험이 주변에서 잘 이해되지 못하게 된다면, 이혼당사자들의 심리적 외로움과 정신적 어려움은 더욱 심하게 된다. 우리보다 이혼에 대한 사회적 낙인이 심하지 않은 서구에서도 이혼자들이 기혼자나 미혼자보다 건강하지 않은 것으로 나타나며, 이혼 후 조기 사망률, 교통사고 및 기타 상해, 만성적 무능력과 질병, 자살, 우울증, 알코올중독, 마약 등의 유혹에 빠지는 경우가 더 높다는 결과는(Kurdek, 1996, Hemstrom, 1996) 심리적, 신체적 건강 면에 미치는 이혼의 부정적 요소를 지적

한다고 볼 수 있다.

이혼의 심리적, 신체적 스트레스는 이혼의 초기단계에서 더 많이 나타나는 것으로 보인다. 이혼한 사람들은 공통적으로 이혼 후 자신을 어떻게 다스리고 어떤 방식으로 생활을 해 나가야 할지를 몰라 암담한 심정이 되며, 앞으로 경험해야 할 생활에 대해 혼돈과 충격, 방황, 공포를 경험하게 된다. 이런 불안정한 감정을 조절하는 것은 이혼자들의 가장 큰 어려움이 되고 있으며 적응에 열쇠가 되는 것으로 나타난다. 보통 이혼자들의 정서적 안정의 회복 시기는 남녀구별 없이 2년 이상 걸리는 것으로 보고 있다(고정자, 1999).

(2) 자녀에게 미치는 문제

이혼 건수가 해마다 늘어나면서 부모가 이혼하는 가정의 자녀도 매년 급증하고 있다.

이러한 현상은 이혼자들의 대부분이 미성년 자녀를 둔 20대 후반에서 40대 초반에 해당되기 때문이며, 부모의 갑작스런 이혼이 '의존적 가족구성원'인 아동에게 큰 충격으로 작용할 수 있으므로 우리 사회에서도 이혼 가정의 미성년 자녀문제가 본격적인 사회문제로 대두하고 있는 실정이다. 더구나 최근에는 부모가 이혼하면서 양측 모두가 무책임하게 양육권을 포기한 '고아 아닌 고아'까지 급증하고 있으며, 서울시립아동상담소 조사에 따르면 보육원 등에 위탁된 어린이 가운데 30% 이상이 부모가 생존해 있는 이혼 가정의 자녀들인 것으로 밝혀졌다. 이에 따라 전국 270여 개 어린이집에 수용된 1만 7천 명 중 최소한 5천 명 이상은 이혼한 부모로부터 버림받은 아동인 것으로 추정된다.

이러한 이혼가정에서 아동의 생활과 아동이 가지는 관계는 사회적으로, 경제적으로, 심리적으로, 그리고 법적으로까지 영향을 받는다.

① 심리 · 정서적 문제

이혼하는 부모에게는 이혼이 하나의 선택일 수 있지만, 자녀들의 경우는 그렇지 못하다. 부부관계가 해체되어도 부모역할은 남는다. 하지만 이혼 당사자인 부모는 자신의 문제를 돌보느라 자녀에 대한 배려에 소홀하거나 포기해 버리기까지 하고, 이혼 가정의 자녀에 대한 학교와 사회, 국가의 관심은 거의 전무한 실정이다. 부모가 이혼함에 따라 자녀들이 타격을 입는다는 것은 누구나 동의하는 사실이다. 그러나 그러한 타격이 자녀들에게 미치는 정도는 일반인들이 생각한 것보다 훨씬 더 오래 지속되며, 보다 어린 연령부터 경험된다. 보통 나이가 어릴수록 이혼 후 더 많은 파괴행동을 보여주는 반면, 나이든 아이들은 우울증상이 더 많게 되는데 이처럼 사춘기 때의 청소년들보다는 오히려 어머니, 아버지 관계에 높은 관심을 보이는 4~6세 아동들이 가장 치명적인 타격을 받는다고 일반적으로 알려져 있다. 그리고 부모의 이혼 당시 아주 나이가 어린 아동은 이혼 당시의 고통스러운 기억을 적게 가지기 때문에 고통을 덜 받는 편이다(Wallerstein, 1984, 정현숙 외, (2001)에서 재인용).

연령에 따른 자녀들의 이혼에 대한 반응은 다음과 같다.

표 6-6 부모의 이혼에 대한 자녀들의 반응

연령	반응 특징
학령전기 (2.5~6세)	부모의 이혼에 대해 매우 놀라고, 혼란스러워하며, 자신의 잘못으로 생각한다. 성인들과의 많은 신체적 접촉이 요구된다. 이 시기의 아동은 자신이 유기되거나 다른 곳으로 보내질 것을 두려워한다.
잠복기 초기 (7~8세)	이 시기의 아동은 슬픔, 두려움, 불안정성, 상실감을 나타낸다. 자신이 거부당했거나 유기되었다고 느끼나, 자신을 비난하지는 않는다. 이들은 부모에게 자신의 분노를 표현하는데 어려움을 느낀다. 또한 부모의 재결합에 대한 강한 열망을 가지게 된다.

잠복기 후기 (9~10세)	이 시기의 아동은 이혼에 대해 좀 더 현실적으로 이해하며, 자신들의 감정이나 강렬한 분노를 잘 표현할 수 있다. 이혼에 대해 더 이상 책임감을 느끼지 않으나, 두 부모에 대한 사랑 사이에서 갈등을 느끼며, 부모로부터 자신들이 거부되었다는 사실에 분노한다.
청소년기 (15~18세)	이혼으로 인해 청소년들은 부모를 한 사람의 인간으로 인식하게 되며, 부모 각자와의 관계에 대해 새롭게 평가한다. 또한 훌륭한 결혼생활에 대한 자신들의 가치나 개념들을 재평가한다.

② 사회적 문제

부모의 이혼으로 인하여 이혼 자녀들은 한쪽 부모의 상실로 인하여 역할 모델과 상호 협력의 부족, 부모-자녀관계에서 오는 거리감으로 자녀의 사회적 재능과 사회성에 직접적이고, 부정적인 영향을 주고 있는 것으로 나타났다. 그러나 정상가정의 자녀와 이혼가정의 자녀간의 사회적 관계, 즉 사회성에는 차이가 없다는 연구결과도 있어서 일치된 견해를 보이지 않고 있다(정경숙, 1990).

부모의 이혼을 경험한 아동들은 대부분 학교에서의 적응문제가 있는데 특히 남아에게 있어서 두드러지는 것으로 나타난다. 학교가 잘 조직되고 질서정연하며 예측 가능한 환경을 제공해 주면 아동은 학교와 관련된 문제를 쉽게 해결할 수 있는데 가정이 와해되기 이전에 학업성적이 좋았고, 인성이나 행동상의 문제가 없었던 아동은 이혼 후 1~2년이 지나면 다시 학교에 잘 적응한다. 그러나 학교에 입학할 무렵에는 학습의 기초를 형성하는 시기이므로 부모의 이혼을 경험하게 되는 아동은 학업성적이나 적응 면에서 위험이 크다.

③ 경제적 문제

부모의 이혼으로 인해 청소년들은 학교를 그만두고 경제적으로 가계에 보탬이 되어야 한다는 강박감을 느껴, 역할혼돈과 전환을 경험하기도 한다.

또한 경제적으로 어려운 경우 가난한 이웃과의 생활은 청소년 비행을 부추길 수 있다. 이혼한 가족의 수입은 학업성취, 행동, 심리적 적응과 자아개념, 사회적 관계와 정적인 관련이 있다고 나타나고 있다(Williams, 1990).

4) 이혼가족을 위한 정책과 서비스

(1) 재산분할과 위자료

재산분할은 이혼할 때 부부 중 한 사람이 다른 배우자에게 재산을 나눌 것을 청구할 수 있는 권리이다. 아직까지는 결혼기간 동안 축적한 재산을 부부 중 한 사람의 명의로 설정하려는 경향이 있다. 이런 경우 결혼생활의 실체에 적합하게 공유재산을 청산할 필요가 있다. 만약 재산분할에 대해 부부간 합의가 이루어지지 않을 때는 가정법원에서 재판을 통해 그 내용과 방법 등을 결정하게 되며, 그 청구기간은 이혼 후 2년까지이다.

위자료는 혼인의 해소로 인해 정신적 고통을 받은 대가로 피해자가 가해자로부터 받는 손해배상의 일종이다(민법 제843조, 제806조). 위자료의 산정기준은 법원에 정해 있는 것이 아니며, 법원이 여러 가지를 참작하여 결정한다.

우리나라의 실태를 보면, 이혼할 당시에 대부분의 여성들은 경제적인 자립을 할 수 있는 최소한의 자원인 위자료와 재산분할을 받지 못하고 있다. 재산분할을 받는다 해도 대부분 그 돈이 주거지를 마련하는데 쓰여지고 있다. 이런 현실은 여성노동의 현실적 어려움, 개인적 건강 등의 문제와 맞물려 이혼여성을 빈곤하게 하는 주요인으로 작용한다.

(2) 자녀양육비의 지급

자녀양육비는 미성년 자녀의 성장을 위해 쓰이는 경제적 비용이며, 자녀의 출생과 함께 부모가 공동으로 지게 되는 의무이다. 자녀는 부모의 이혼에 상관없이 기본적인 생활과 보육 및 교육을 안정적으로 보장받을 권리가 있다. 따라서 이혼을 하게 되도 부부간의 혼인 관계가 중단될 뿐, 부모-자식 간의 가족관계가 단절되는 것은 아니므로 동거하지 않는 부 혹은 모든 자녀 양육비를 지급해야 할 의무를 지게 된다.

현재는 재판이혼의 경우 법원에서 자녀 1인당 양육비를 약 30만 원 정도로 판결하고 있다. 그러나 이 액수는 일반가정의 자녀양육비에 비하면 매우 낮은 수준일 뿐만 아니라 자녀가 성장하면서 그 가치는 더욱 감소하게 된다. 그러므로 적어도 자녀를 양육하고 있는 성인(여성)이 취업을 위해 준비하는 기간 동안은 좀 더 많은 액수를 지급하고 취업 이후는 그 액수를 줄이는 것과 같은 좀 더 탄력적인 자녀양육비의 결정기준이 필요하다.

또 자녀양육비를 선급하는 제도에 대해서도 심각하게 고려할 필요가 있다. 자녀양육비가 자녀의 복지에 있어 매우 중요한 사안임에도 불구하고 실제 이혼을 할 때에는 충분히 다루어지지 않는 경향이 있으며, 자녀양육비의 지급에 대한 판결이 있어도 이행하지 않는 경우가 매우 많다. 게다가 이러한 불이행의 사례에 대한 통제도 시의 적절하지 못하여 이혼가정의 아동이 현실적으로 빈곤한 상황에 청하고 있는 실정이다. 그러므로 자녀양육비가 지급되지 않는 경우를 위해 국가에서 자녀양육비를 선급해 주고 그 다음에 자녀를 부양할 의무가 있는 아버지 혹은 어머니에게 징수하도록 하는 제도가 마련되어야 한다.

(3) 감치제도

전 배우자가 충분한 경제적 능력이 있음에도 불구하고 자녀양육비 지급을 이행하지 않을 경우에 신체적 구속을 가하는 방식으로 국가가 개입할 수 있는 제도이다. 이것은 이혼 후에 서로 대면하여 양육비를 논의하기 어려운 상황에서 국가가 중재 역할을 하는 것을 의미한다. 그러나 법적인 규정이 있음에도 불구하고 제 역할을 하고 있지 못한 것이 현실이다. 그러므로 감치

제도를 강화함으로써 실효성을 발휘할 수 있도록 할 필요가 있다.

(4) 면접교섭권

면접교섭권은 자녀의 정서적 복지와 연관이 있다. 이혼 이후 함께 살지 않는 아버지나 어머니와 정기적이고 규칙적으로 만남으로써 자녀들은 안전의 욕구에 대한 위협이나 유기의 두려움으로부터 벗어날 수 있다. 또 계속 부모로부터 사랑받고 있다는 것을 확신하게 되어 적응을 촉진하기도 한다. 자녀와 부모 간의 연대를 유지하기 위해 필요한 자녀들의 권리이지만, 대부분 이혼할 당시에는 자녀의 권리에 대한 정보가 부족하고 이혼 후 부모와의 만남을 허락하지 않는 동거 부모의 태도 때문에 면접교섭이 이루어지지 않는 경향이 있다. 그러나 자녀의 연령이 어릴수록 빈번하고 짧은 만남을 통해 정서적 안정을 이루도록 하는 것이 필요하다.

(5) 이혼숙려기간제도

협의이혼을 신청할 경우 성급한 이혼을 막기 위해 부부가 서로 생각할 시간을 갖게 하는 제도이다.

2005년 3월 2일부터 시범적으로 실시하기 시작하였다. 협의이혼을 신청하면 당일 또는 다음날 이혼이 허가되는 등 철차가 간단하고 소요 시간도 짧다. 이 때문에 협의이혼제도가 오히려 이혼을 부추긴다는 지적이 일기도 하였는데, 숙려기간제는 협의이혼의 이러한 단점을 보완하기 위해 도입되었다. 대법원은 '이혼숙려기간제'를 골자로 하는 개정 민법이 2008년 6월 22일부터 시행되었다.

이혼숙려기간제는 부부가 협의이혼 신청 시점을 기준으로 자녀가 있을 경우 3개월, 없으면 1개월 동안 이혼에 대해 생각할 시간을 준다. 단 가정폭력 등 이혼해야 할 급박한 사정이 인정되면 숙려기간을 줄이거나 면제받을 수 있다. 이와 함께 협의이혼을 신청할 때 미성년 자녀양육 계획과 친권자 결정협의서 제출을 의무화했다. 자녀양육과 관련한 합의가 없으면 협의이혼 자체가 불가능하도록 한 것이다. 협의 내용에는 양육비용 부담 주체와 부담액수 및 방법, 면접교섭권 행사 여부 등이 담겨 있어야 한다. 만약 협의가 안 되거나 협의 내용이 자녀 복리에 어긋날 경우 가정법원이 이를 결정하게 된다. 또 이혼 뒤 부모에게만 인정되던 면접교섭권을 자녀에게도 줘 부모와 만나는 것을 요구할 수 있도록 했다. 이와 함께 법원이 필요하다고 판단할 경우 협의이혼을 신청한 부부에게 전문가 상담을 권유할 수 있는 '상담권고제도'도 신설되었다.

대법원에 따르면 2005년 3월부터 서울가정법원 등 전국 법원에서 2~4주간의 이혼숙려기간제도를 시범 운영한 결과 서울가정법원의 경우 2004년 10%에 불과했던 협의이혼 신청 취하율이 2012년에는 21.1%까지 상승한 것으로 나타났다.

4. 젠더와 돌봄노동

우리 사회 가족, 가정의 변화는 가족 규모의 축소, 가족 세대의 단순화, 가족 형태의 다양화라는 특징으로 정리할 수 있다. 또한 가족, 가정과 관련되는 가치와 인식의 변화, 생활양식의 변화 등과 여성의 취업률 증가 등이 맞물리면서 가정의 기능이 변화하고 이와 함께 가정과 국가의 관계를 재정립해야 함을 강조하였다. 즉 기존의 가정을 중심으로 한 돌봄노동체계를 변화시켜 가정의 돌봄 기능을 지지, 보충, 대체하기 위한 국가 사회의 지원이 필요하다는 사실, 선 가족 후 사회의 패러다임을 변화시켜 가정문제 해결과

예방, 보장, 삶의 질 향상, 건강성 증진 등 다양한 접근 방식이 필요하다.

복지국가와 젠더 사이의 관계에 대한 보다 심도깊은 연구는 에스핑-안더센의 복지레짐론에 대해 다양한 여성주의적 비판이 집중되면서 이루어진다. 자본주의 체제 안에서 국가들이 갖는 차이에 주목함으로 복지레짐론은 국가를 일률적으로 가부장적인 것으로 보는 환원주의적 설명방식을 탈피하여 복지제도 또는 복지정책이 가부장적 지배관계를 재생산하는 정도에 차이가 있다는 점에 주목하고 보다 여성친화적인 복지체제에 관심을 갖는 계기로 작용하였다.

에스핑-안더센의 자유주의, 보수주의-조합주의 그리고 사민주의 체제라는 복지레짐 구분은 복지 제공에서 국가와 시장 사이의 관계, 복지국가가 사회의 계층화에 미치는 영향 그리고 탈상품화라는 세 가지 분석수준에서 발달된 자본주의 국가들 사이의 복지체제의 질적인 차이를 증명하였다(Esping-Andersen, 1990).

여성주의자들은 에스핑-안더센의 분석이 비록 복지제공에서 국가-시장-가족 사이의 복지혼합(welfare mix)이 복지레짐의 성격에 영향을 미친다고 주장하면서도 개별 국가의 복지제도 형성 이전에 가족에서 시작되어 노동시장에 고착되는 성별분업, 사회의 돌봄노동에 대한 가치 평가, 여성과 남성 사이의 불균등한 삶의 기회의 정착 등이 복지제도 구성에 미치는 영향을 간과하였다는 사실에 주목한다.

사민주의적 복지레짐이 여성을 개별적인 취업자로 취급하고 맞벌이 가구를 지원하며, 부모 휴가 등을 통해 돌봄노동이 저평가되지 않도록 하는 동시에 국가가 서비스의 공급자로서 돌봄노동의 많은 부분이 사회화되었다는 점에서 양성 사이의 평등과 출산과 양육 등으로 집약되는 돌봄노동에 대한 여성역할의 사회적 지속성을 적절하게 조화시키고 여성친화적인 속성을 보인다는 점은 널리 인정되고 있다(Fraser, 1994; Ostner, Langan, 1993; Sainsbury, 1996). 그러나 사민주의적 복지레짐에서 가장 극심한 형태의 노동시장의 성

분절 현상이 나타나는데, 이는 돌봄노동을 사회화하여 국가가 그 고용주로 작용하며, 여성들이 주로 사회서비스 영역에 고용되었기 때문이다. 육아노동의 사회화를 복지제도 유형화의 척도로 삼을 때 사민주의적 복지국가인 스웨덴과 노르웨이 사이에 질적 차이가 있음을 지적한 라이라의 연구는 가사노동-취업노동-복지제도-가사노동 사회화의 연결고리 형성이 여성주의적 시각에서 복지제도를 분석하는 데에 매우 유용한 기준임을 보여 주었다.

조합주의적 복지레짐은 특히 사회서비스의 제공에 있어서 보족성의 원칙에 충실하며 이것이 남성과 여성의 성별분업을 고착시키는데 큰 역할을 한다. 사회복지제도는 정상 노동관계에 속하는 정규직 남성가구주를 주 모델로 삼는 사회보험 위주의 노동자보호제도와 그 이외의 그룹을 대상으로 하는 공공부조제도로 양극화되어 있다. 노동시장에서 여성과 남성 사이의 불평등은 핵심 복지제도인 사회보험제도를 통해 복지제도로 이전되며, 여성은 혼인지위를 통해서 남성의 사회권을 나누어 갖게 된다. 에스핑-안더센이 조합주의로 분류한 프랑스의 경우 같은 국가군에 속하는 독일에 비해 일하는 가족에 대한 지원을 통해 여성이 일정 수준 이상으로 노동시장에 통합되는 동시에 돌봄노동을 원활하게 수행할 수 있도록 하고 있다.

자유주의적 복지레짐에서는 남성과 여성이 모두 시장에서의 자립을 통해 독립성을 유지할 것이 요구되며 사적 영역인 가족과 그 안에서 이루어지는 돌봄노동에 대한 개입을 극소화하려 노력한다. 그러나 넬슨이 지적했듯이 복지제도가 이중적으로 구성되어 있는 마당에 노동시장에서의 자립을 전제조건으로 삼는다는 것은 사회적으로 주어진 돌봄노동 전담이라는 성 역할에 의해 여성이 기회의 평등을 확보하기 어려움을 무시하는 것이다(Ostner, Langan, 1991).

에스핑-안데르센은 복지제도가 국가-시장-가족 사이의 관계를 재구성하는 효과를 지니고 있다는 점을 지적하였지만 가족에 대한 국가의 개입이 기존의 남성 가장과 여성전업주부라는 성별분업에 의해 어느 정도 영향을 받는지에 대해서는 고려하지 않았다. 즉 성별분업이 복지제도의 효과로 변화될 수 있다고는 하였지만 복지제도에 영향을 미치는 변수 중의 하나라는 사실은 인정하지 않은 것이다. 특히 성별분업이 노동시장에 나타난 것에 대해 주목하고 그에 대해 일정한 설명을 시도했지만 가족 안에서 이루어지는 사적인 성별분업에 대해서 에스핑-안더센이 무심했으며 이것이 국가-시장-가족 사이의 관계를 심도 있게 분석하지 못한 원인인 것이다(Leira, 1994). 사회적 성별분업의 한 예로 육아 및 돌보기 노동이 어떻게 복지제도 구성에 영향을 미치는지에 대한 분석을 통해 구스타프손은 자녀양육레짐이라는 개념을 설정하고 에스핑-안더센의 복지국가 유형이 자녀양육 노동의 사회화라는 측면에서 살펴보면 어느 정도 수정됨을 보여 주었다(Gustafsson, 1994).

여성주의자들은 탈상품화 효과도 여성과 남성의 사회적 역할, 사회복지제도의 평균적 수혜자 모델에 따라 다르게 나타난다는 점에 주목한다. 여성에게 있어서 탈상품화는 노동시장으로부터의 배제, 즉 무보수 돌봄노동의 수행과 더불어 복지의존성의 위험을 의미한다. 조합주의적 복지국가레짐에서 남성의 탈상품화는 시장 충격의 완화이지만 여성은 탈상품화는 무보수 가사노동의 전담을 의미하며, 사민주의적 복지국가레짐에서 탈상품화 효과는 남성과 여성 모두에게 비교적 높게 나타나는데 복지제도가 여성이 수행하는 보살핌노동을 많은 부분 사회화하여 동등한 사회 · 경제적 참여의 기회를 보장하면서 보편주의적 복지제도가 동시에 겸비되어 있기 때문이다(Lewis, 1992).

복지제도에 대한 여성의 관심은 부양자에 대한 의존을 탈피한 독자적 생존의 가능성에 집중된다. 헤르네스는 사민주의적 복지레짐에서 여성의 가장에 대한 종속성이 국가에 대한 종속성으로 이전된 것이라는 비판에 대해 사적 영역에서의 종속성에 비해 공적 영역에서의 종속성이 여성들 사이의 연대와 정치적 주체 형성에 기여했다고 지적한 바 있다(Hernes, 1987). 종속성의 차원을 사적 영역에서 공적 영역으로 이전시킨 것은 여성에게 유리한 측면이 있다. 주류 연구자들이 무시해 온 가족 안에서의 불평등한 권력자원의 배분(소득, 자원, 일의 불균등한 분배, 여성의 신체에 대한 통제)을 해소할 수 있는 가능성을 열어 주기 때문이다.

여성주의자들이 비판한 탈상품화 개념의 몰성적 성격과 국가-시장-가족 사이의 관계를 충분히 고찰하지 못했음을 인정하고 에스핑-안더센은 탈가족화 개념을 추가하였다. 탈가족화란, 개인의 가족에 대한 의존도를 감소시키고, 가족 내지 혼인에 의한 상호성과 분리된 경제적 자원에 대한 처분권을 극대화시키는 것을 의미한다(Esping-Andersen, 1999). 그에 따르면 탈가족화는 여성이 탈상품화되기 위한 전제조건이다. 이 때 탈가족화의 주된 내용은 복지제공의 주체 중의 하나로서 가족이 제공하는 다양한 형태의 돌봄노동(caring work)을 국가 또는 시장에서 대신 제공하는 것을 말한다(구체적으로 보육서비스의 제공, 아동수당 제공, 그리고 모성/부성휴가).

이러한 시도를 통해 기존의 복지레짐론이 가지고 있는 몰성적 한계가 일정 정도 극복된 것은 사실이지만 여전히 간과되고 있는 점이 있다. 여성의 가족의존성은 단순히 가족 내에서의 돌봄노동 수행에 의해서만 설명될 수 있는 현상은 아니며, 오히려 돌봄노동을 무급으로 수행하도록 유인하는 노동시장 및 사회보장체계와의 상호작용 속에서 결정된다. 아울러 에스핑-안더센의 탈가족화는 시장노동 바깥에 있는 여성들의 재생산노동을 고려하지 않고 있다. 돌봄노동에 대한 지원 및 사회화 정도를 중심으로 이루어진 국가간 비교연구는 이런 측면을 잘 증명하고 있는데, 영국과 덴마크를 비교한 심의 연구(Siim, 1990)는 돌봄노동의 사회화가 여성의 정치적 세력화, 여성의 노동시장 참여와 유기적 연관관계를 맺고 있음을 보여주고 있다. 또한 같은 유형의 복지체제 안에서도 모성모델(models of motherhood)에 차이가 발견되고 있음을 지적하는 연구들(Borchorst, 1994; Leira, 1989; Ostner & Lewis, 1995)은 탈가족화가 여성에 대한 획일적인 탈상품화로 이어질 수 없음을 시사한다.

여성주의자들은 탈가족화의 개념을 "여성가구주 가구에 적절한 생계를 마련해 주는 복지권" 및 "가족관계로부터의 독립권"(Sainsbury, 1996)에 연결시키고, 더 나아가 사회복지급여, 다양한 서비스의 제공 및 노동시장관련 규제 등을 통해 독립적 가구를 형성하고 유지할 수 있는 능력, 즉 혼인 또는 이에 준하는 가족관계에 속하지 않고도 자녀를 가지고 기를 수 있는 개인의 능력 차원, 탈가족화할 수 있는 자율성(autonomy to defamilialisation)으로 해석하고 있다(O'Connor, Olroff, Shaver, 1999). 이렇게 볼 때 탈가족화는 가족 내 돌봄노동을 어떤 방식으로 사회화시키는가를 넘어서서, 다양한 형태의 가족 내지 가구의 욕구에 부응하는 적절한 복지급여, 삶의 형태와 무관한 노동시장 참여 가능성 및 그 안에서의 차별 배제를 포함하는 개념이다.

복지레짐론에 대한 여성주의자들의 비판은 기존의 복지레짐론을 해체하는데 머물지 않고 새로운 유형을 제시하고자 하는 시도로 이어진다. 오스트너, 루이스는 남성부양자 모델을 중심으로 복지국가의 유형 구분을 시도하였는데, 여성(특히 어머니)의 취업, 지배적 취업노동 시간, 사회보장제도의 성격, 돌봄노동에 대한 지원으로써 보육제공 방식, 양육휴가, 간병노동에 대한 지원 및 사회화방식 등이 복합적으로 고려되었다.

강한 부양자 모델은 여성, 특히 아동을 양육하는 어머니의 단속적 취업과 시간제 노동을 선호하며, 사회보장제도는 종속형(부양자 의존형)으로 구성되어 있다. 이 모델에서 젠더 관계는 강한 남성 부양자와 여성 돌봄노동 수행을 전제로 하여 형성되며, 특히 여성은 가족 안에서 아동과 노인에 대한 돌봄노동 수행이 저해되지 않는 범위 안에서 노동시장 참여를 하고, 사회보장제도도 이를 고려하여 부양자 의존형으로 구성되어 있다.

온건한 부양자 모델은 아동을 양육하는 어머니일지라도 취업 중단 없이 전일제 노동을 할 것이라 가정하며, 사회보장제도는 혼합형으로 구성되어 있다. 이 모델의 젠더 관계는 여성의 노동 및 출산능력에 대한 적절한 보호를 지향하는 가족정책의 영향을 받았으며(Ostner, Langan, 1991), 여성의 독립성과 자율성을 추구해서라기보다는 취업자가 있는 가족에 대한 지원에 힘입은 바가 크다.

약한 부양자 모델은 자녀를 둔 어머니일지라도 지속적인 전일제 취업을 하며, 사회보장제도는 개인적인 청구권에 의거한 것으로 구성되고 있다. 이 모델의 경우 가족의 돌봄노동을 대폭 사회화시키고(에스핑-안더센이 의미하는 바 탈가족화), 양성 모두의 취업과 독자적 사회보장권 확보를 젠더 관계 안에 녹여내고 있다.

부양자 모델의 시사점은 탈가족화 개념을 단순히 여성의 돌봄노동을 가족의 맥락 밖으로 끌어 내어 취업지원을 하는 차원을 넘어서 시장, 특히 노동시장이 어떤 가족모델과 젠더 관계를 전제로 구조화되어 있는가, 또 사회보장제도가 어떤 가족모델과 부양관계를 전제로 삼고 있는가를 동시에 포괄하는 복합적인 차원의 것으로 변형할 근거를 제공한다는 점이다. 노동시장의 측면에서는 여성의 유급노동에 대한 접근권 내지 노동권의 존재여부 및 직장과 가정의 양립에 대한 지원 수준, 아울러 임금격차 등 취업조건이 탈가족화에 영향을 미치는 요인이다. 사회보장제도의 측면에서는 현금급여의 지급원칙 및 청구권의 근거, 법적 혼인지위의 영향 정도, 자녀양육에 대한 물질적·비물질적 지원방식, 성별 노동분업에 대한 가정, 가족의 형태에 대한 규범 등이 탈가족화의 정도에 영향을 미칠 것이다.

요약하자면 여성주의자들의 분석은 공적 영역의 일부인 복지제도 자체의 분석뿐 아니라 제도 구성에 영향을 미치는 사회적 맥락으로서 가부장적 성별분업의 틀, 무급 노동의 사회적 분포 및 그에 대한 가치평가, 노동시장의 성위계적 구조 등을 복지제도가 처한 젠더체제(O'Connor, Orloff, Shaver, 1999)로 이해하면서 기존의 유형을 비판하고 젠더 관점이 관철된 복지국가 분석을 추구해 왔다.

올로프는 젠더 관점에서 보았을 때 복지국가의 여성친화성은 유급노동에 대한 접근과 독자적으로 가구를 형성할 수 있는 능력에서 찾아져야 한다고 주장한다. 유급노동에 대한 접근은 젠더체제의 일부인 노동시장레짐에서 여성이 스스로 권력자원을 획득하는 동시에 사회운동 등을 통해 잠재적 권력자원에 대한 접근 가능성을 높일 수 있기 때문이다. 아울러 올로프는 탈상품화 개념이 보다 근본적으로 수정될 필요가 있음을 지적하는데, 탈상품화가 노동시장에 참여해야 한다는 강제로부터 자유를 보장하기 때문에 중요한 것이라면 가사와 돌봄노동의 주 담당자로서 여성이 단지 가장의 소득에 접근하기 위해 결혼을 하지 않고서도 자신과 자녀를 스스로 부양하고 양육할 수 있는 능력, 즉 독자적으로 가구를 형성할 수 있는 능력을 부여하는 차원의 것이어야 한다고 주장한다(Orloff, 1993).

표 6-7 젠더 관점에서 본 복지국가론 비판과 재구성

<table>
<tr><th>분 류</th><th>주 류</th><th>여성주의자의 주된 비판 내용</th></tr>
<tr><td>(복지)국가의 가부장성</td><td>• 물리적 강제력의 독점, 배타적 지배관계
• 자본 축적에 대한 지원,
• 시장경제에 대한 개입</td><td>• 성별로 차별화된 시민권(Pateman)
• 은폐된 국가의 가부장성(Kreisky, Kulawik/Sauer)
• 이중 복지모형(Nelson)
• 남성중심적 복지국가에서 빈곤의 여성화(Pearce)</td></tr>
<tr><td rowspan="2">유형론의 몰성적 성격 지적 및 재구성</td><td rowspan="2">• 자유주의: 미국, 캐나다, 호주, 영국
• 조합주의: 오스트리아, 프랑스, 독일, 이탈리아, 네덜란드
• 사민주의: 스웨덴, 노르웨이, 덴마크</td><td>• 유형론의 해체
– 젠더를 고려했을 때 기존의 분류에서 벗어나는 국가들을 발견하고 지적(Ostner/Langan: 프랑스, 남유럽 국가군, Leira: 노르웨이)
– 탈상품화가 여성과 남성에게 상이하게 작용함
– 국가-시장-가족 사이의 관계가 중요함을 강조
– 여성종속성의 지속에 대한 지적
– 탈가족화 개념에 대한 비판</td></tr>
<tr><td>• 새로운 유형의 제시
– 부양자 모델(강한 부양자 모델, 온건한 부양자 모델, 맞벌이 모델)
– 젠더체제(부양자 모델 vs. 개별적 모델)
• 독자적으로 가구를 구성할 수 있는 능력
• 일자리에 대한 접근도</td></tr>
</table>

부록 1. 가족기능 설문지

* 다음은 귀하 가족의 적응 정도를 알아보기 위한 질문들입니다. 귀하 가족과 가장 가깝다고 느끼시는 곳에 ∨해 주시기 바랍니다.

우리 가족은	항상 있다	자주 있다	보통 이다	거의 없다	전혀 없다
1. 친가 친척집 방문시 아이를 데리고 간다.					
2. 외가 친척집 방문시 아이를 데리고 간다.					
3. 친척이나 친구를 방문할 때 부부만이 간다.					
4. 부부만이 영화 및 연극구경, 저녁식사 등을 간다.					
5. 친척이나 친구를 방문할 때 가족이 함께 간다.					
6. 가족 소풍을 간다.					
7. 부부만이 여행 간다.					
8. 가족이 모여서 오락활동을 한다.					
9. 가족이 모여서 TV를 시청한다.					
10. 쉬는 날 가족이 함께 여행을 한다.					
11. 이웃가족과 친하게 지낸다.					
12. 가족이 스포츠를 함께 즐긴다.					
13. 집에 방문객을 제한한다.					
14. 가족전체가 영화구경이나 저녁식사 등을 한다.					
15. 가족 모두가 교회(절, 성당)에 간다.					

부록 2. 가족 탄력성 설문지

(1) 다음 문항에 대해 귀하 가족을 생각하시면서, 귀하의 생각과 가장 잘 맞다고 느끼시는 곳에 ∨해 주시기 바랍니다.

우리 가족은	항상 그렇다	자주 그렇다	보통이다	거의 그렇지 않다	전혀 그렇지 않다
1. 서로를 잘 이해하지 못한다.					
2. 식구들끼리 협동해서 하는 일은 항상 잘되는 편이다.					
3. 집안정리가 잘 되어 있지 않을 때 손님이 올 경우 모두가 집안정리에 참여한다.					
4. 전체가족과 관련된 중요한 결정을 해야 할 때 가족모두의 이익을 생각해 주기 어렵다.					
5. 우리 가족생활은 단조롭고 판에 박혀있다.					
6. 이사했을 때 새로운 상황에 적응하는 것이 어렵다.					
7. 이웃의 어떤 일이 우리 가족을 괴롭힌다면 우리 식구들은 그런 일을 방지하기 위해 많은 일을 할 수 있다.					
8. 지금까지 우리가족들은 매우 분명한 목표를 가지고 있다.					
9. 가족생활에서 별 의미를 찾지 못하는 것 같다.					
10. 내가 지치고, 기운이 없고, 화가 났을 때 우리 가족은 내 감정을 잘 알아 준다.					
11. 우리 가족 내에서 일어나는 일을 분명하게 잘 알지 못할 때가 종종 있다.					
12. 어려운 문제에 부딪힐 때 우리 가족은 그것을 잘 극복할 수 있다고 느낀다.					

13. 우리 식구들은 가족 내에서 생기는 어려운 일을 도전해 볼만한 것으로 느낀다.					
14. 가족생활에서 어려운 일이 발생하더라도 늘 해결책을 찾는다.					
15. 금전문제를 계획하지 않는다.					
16. 어려운 문제에 부딪히면 의욕을 상실한다.					
17. 이웃이 우리 가족을 비난하는 경우 우리 가족은 그 비난 때문에 나뉘어진다.					
18. 슬픈 일이 있을 때 다른 식구에게 말하지 않는다.					

(2) 다음은 귀하 가족의 강점을 알아보고자 하는 것입니다. 귀하의 가족과 가장 가깝다고 느끼시는 곳에 ∨해 주시기 바랍니다.

우리 가족은	정말 그렇다	비교적 그런 편이다	그저 그렇다	별로 그렇지 않다	전혀 그렇지 않다
1. 자신들의 느낌이나 감정을 표현할 수 있다.					
2. 많은 일들에 대해 걱정하는 경향이 있다.					
3. 진정으로 서로를 신뢰하며 비밀을 털어놓을 수 있다.					
4. 같은 문제를 반복해서 경험한다.					
5. 서로에 대해 충실하다. .					
6. 각자 하고 싶은 일을 성취하는데 어려움이 있다.					
7. 서로에 대해 비판적이다.					
8. 우리는 한 가족으로서 비슷한 신념과 가치를 공유하고 있다.					

9. 우리는 한 가족으로서 일들을 잘 처리해 낸다.					
10. 서로를 존중한다.					
11. 우리 가족 내에는 많은 갈등이 있다.					
12. 우리 가족은 자랑스럽다.					

(3) 다음은 귀하의 장애에 대한 태도를 알아보고자 하는 것입니다. 귀하의 생각과 가장 일치한다고 생각하시는 곳에 ∨해 주시기 바랍니다.

장애에 대한 귀하의 생각은	매우 동의한다	동의한다	그렇다	동의하지 않는다	매우 동의하지 않는다
1. 장애는 치욕적이다.					
2. 대부분의 장애인은 결혼도 하고 자녀도 갖는다.					
3. 장애인은 일반인보다 행복하지 않다.					
4. 장애인이 되는 것은 인생에서 실패자가 되는 것이다.					
5. 어떤 경우에도 장애아동은 일반아동과 동등하게 경쟁할 수 없다.					
6. 장애아동도 일반아동과 한 학급에서 공부할 수 있다.					
7. 나는 장애아동에게 특별히 온정을 느낀다.					
8. 장애인과 일반인은 서로를 진정으로 이해할 수 없다.					
9. 장애인은 사회로부터 격리되어야 한다.					
10. 장애아동도 사회생활을 할 수 있다.					
11. 장애아동에게도 다른 아이들처럼 기대를 가진다.					
12. 장애인과는 진정한 우정을 맺을 수 없다.					

(4) 다음은 귀하 가족의 역할 안정성을 알아보기 위한 질문들입니다. 귀하 가족과 가장 가깝다고 느끼시는 곳에 ∨해 주시기 바랍니다.

우리 가족은	정말 그렇다	비교적 그런 편이다	그저 그렇다	별로 그렇지 않다	전혀 그렇지 않다
1. 집에서 할 역할이 충분히 나뉘어져 있지 않다.					
2. 각자의 역할을 다하지 못한다.					
3. 식구들이 개인적인 관심사를 알아볼 시간이 거의 없다.					
4. 어떤 일을 부탁하고 나서 나중에 다시 일러져야 한다.					
5. 가족으로서 각자가 해야 할 일에 대해 대부분 불만을 가지고 있다.					

(5) 다음은 귀하 가족의 응집력을 알아보기 위한 질문들입니다. 귀하 가족과 가장 가깝다고 느끼시는 곳에 ∨해 주시기 바랍니다.

우리 가족은	정말 그렇다	비교적 그런 편이다	그저 그렇다	별로 그렇지 않다	전혀 그렇지 않다
1. 서로에게 도움을 청한다.					
2. 각자의 친구들을 인정해 준다.					
3. 오직 우리 가족끼리만 여가(예: 여행, 외식)를 같이하려고 한다.					
4. 가족 외의 사람보다는 우리 식구에게 더 친근감을 느낀다.					
5. 함께 여가 시간을 보내기 좋아한다.					
6. 서로 매우 친하게 지낸다.					
7. 함께 해야 할 행사(예: 제사, 생일)가 있으면 모두가 참석한다.					

8. 가족이 함께 해낼 수 있는 일들을 쉽게 생각해 낸다.					
9. 결정을 내려야 하는 일에 있어서 식구들과 의논한다.					
10. 가족의 일체감을 매우 중요하게 여긴다.					

(6) 다음은 귀하 가족의 가족자원을 알아보기 위한 질문들입니다. 귀하 가족과 가장 부합된다고 생각하시는 곳에 ∨해 주시기 바랍니다.

우리 가족은	매우 그렇다	대체로 그렇다	그저 그렇다	거의 그렇지 않다	전혀 그렇지 않다
1. 계획을 세울 때 잘해 내리라고 거의 확신한다.					
2. 문제에 직면하여 그 해결책의 장단점을 살핀다.					
3. 어떤 일이 발생해도 밝은 면을 보려고 노력한다.					
4. 어려운 일이 있더라도 오래 참고 기다리면 문제는 쉽게 해결된다고 생각한다.					
5. 정신적으로 건강하다.					
6. 서로를 완전히 이해한다.					
7. 일의 결정과 수행에 있어서 가족구성원들과 꼭 상의한다.					
8. 각자의 흥미와 능력을 개발하도록 서로 격려한다.					
9. 바깥일에 다들 열중해서 가족끼리 함께 지내는 시간이 충분하지 않다.					
10. 책임 분담에 있어 공평하지 못하다.					
11. 서로의 관심을 함께 나누는데 많은 어려움이 있는 듯하다.					
12. 가끔씩 서로를 언짢게 하는 행동을 한다.					
13. 가족 내에 문제가 있을 때 가까운 친지들(친척, 친구, 이웃)과 의논한다.					

14. 친지들이 기꺼이 우리의 문제에 귀를 기울여 고마운 말이나 일을 해 준다.					
15. 계 모임이나 동창모임에 꼭 참석한다.					
16. 교회나 성당 절 등에 열심히 나가고 있다.					
17. 투자로 해서 들어오는 수입이 있다(임대사업, 이자, 주식 등).					
18. 5년 전보다 지금이 재정적으로 더 낫다고 느낀다.					
19. 예산을 생각하지 않곤 자주 나가서 외식을 할 수 있다고 느낀다.					
20. 예상치 않은 어떤 일이 발생하더라도 우리는 저축을 해 둔 돈이나 매각할 재산이 있다.					

(7) 다음은 귀하 가족의 의사소통정도를 알아보고자 하는 질문들입니다. 귀하 가족과 가장 가깝다고 느끼시는 곳에 ∨해 주시기 바랍니다.

우리 가족은	정말 그렇다	비교적 그런 편이다	그저 그렇다	별로 그렇지 않다	전혀 그렇지 않다
1. 집안 문제를 해결하려고 애쓴 후에 그것이 잘 되었는지 아닌지에 대해 얘기하곤 한다.					
2. (나쁜) 감정 문제가 나타나면 거의 풀고 지나간다.					
3. 문제를 해결하려고 할 때 여러 가지 방법들을 생각해 본다.					
4. 누군가가 기분이 나쁘면 왜 그런지를 안다.					
5. 빗대서 말하기 보다는 직접 솔직하게 얘기한다.					
6. 서로에게 솔직하다.					
7. 누가 해 놓은 일이 마음에 들지 않으면 그 사람에게 말한다.					

8. 서로에 대한 애정표현을 하지 않으려고 한다.					
9. 감정적으로 반응하지 않는 식구들이 있다.					
10. 서로에 대한 사랑을 표현하지 않는다.					
11. 우리 가족은 서로 다정다감한 편은 아니다.					

* 홍정애(2007). 발췌.

생각해 보기

1. 결혼을 하기 위해서 본인이 준비해야 할 것이라고 생각하는 것에 대해서 써 보세요.

2. 나는 누구와, 즉 어떤 사람과 결혼할 것인가에 대해서 생각해 보세요.
(배우자 선택 시 가장 고려하는 요인)

3. 나는 결혼생활을 어떻게 할 것인가에 대해서 생각해 보세요.
(결혼 생활의 적응)

4. 다음의 가족탄력성, 가족기능 설문지를 이용하여 자신의 가족에 대해서 점검해 보세요.

제7장

노동과 젠더

1. 여성노동의 현황
2. 여성의 경제활동 장애요인
3. 가사노동과 젠더

경제 위기 이후 신자유주의적 노동시장의 유연화 정책은 한국의 노동시장과 여성의 노동시장 지위에 큰 영향을 미치고 있다. 최근에는 정규직과 비정규직의 고용형태 차이가 여성과 남성의 삶에 더욱 부정적인 영향을 주고 있다. 여기서 여성노동의 현황을 살펴보면 다음과 같다.

1. 여성노동의 현황

1) 여성노동의 비정규직화

여성의 경우 20대 후반을 제외한 모든 연령층에서 비정규직 비중이 높게 나타난다. 정규직 여성은 20대 후반을 정점으로 그 수가 크게 감소하지만, 비정규직 여성은 20대 후반과 40대초반을 정점으로 하고 30대 초반을 저점으로 하는 M자형을 그리고 있다. 이는 내부 노동시장에 정규직으로 진입한 여성을 제외하면, 대다수 여성이 임신 및 출산으로 인해 정규직에서 이탈하는 비율이 높을 뿐 아니라 비정규직으로 재진입하고 있음을 보여 준다. 실제로 기혼여성의 경우 4명 중 3명이 비정규직으로 일하고 있다(통계청, 2007).

비정규직 노동자의 경우 정규직의 81~98% 이상이 당연하게 보장받는 퇴직금, 상여금, 시간외수당, 유급휴가조차 이들의 16~22%만 적용받고 있을 뿐 아니라 사회보험(국민연금, 건강보험, 고용보험) 가입률도 전체 비정규직의 33~36%에 불과한 실정이다. 그 결과 여성들의 대다수는 지속적인 정규직 고용을 전제로 부여되는 노동복지와 노후의 경제적 안정을 보장받지 못하고 있다.

2) 성별 직업분리와 저임금

성별 직업분리와 저임금은 여성의 노동시장 내 지위를 명확하게 보여주는 척도다. 법정최저임금에 미달하는 노동자의 94.5%는 단순노무직과 판매서비스직에 일하는 저학력의 중, 고령층 비정규직 노동자들이다. 또한 전체 여성 노동자의 절반 정도가 단순노무직과 판매서비스직에서 임시, 일용직으로 일하고 있다.

대표적인 여성직종인 서비스직, 판매직, 그리고 단순노무직의 경우 비정규직 비율이 10명 중 8~9명에 달할 정도로 높은데, 이 중에서도 저임금의 미숙련 직종에 여성 비정규직이 집중되어 있다(통계청, 2007). 그로 인해, 여성의 전문직 진입이 늘어나고 있는데도 노동시장의 성별 직업분리 현상은 여전히 지속 또는 강화되고 있다(노동부, 2006).

성별 직업분리는 여성노동의 가치를 평가절하시켜 여성직종을 저임금과 구조조정의 1차적 대상으로 만든다. 정규직과 똑같은 일을 하면서도 그 절반에 불과한 저임금을 받으면서 일하는 여성 비정규직의 다수는 일을 해도 가난한 노동빈민(working poor)으로 살고 있다. 고용형태별 임금 격차를 구체적으로 살펴보면, 남자 정규직의 임금을 100이라 할 때 남자 비정규직은 54, 여자 정규직은 69, 여자 비정규직은 41이다(김유선, 2007). 즉 성별 및 고용형태에 따른 임금소득의 불평등이 비정규직 여성에게 전가되고 있음을 볼 수 있다.

2. 여성의 경제활동 장애요인

최근의 통계청 연구(2007)에 의하면 90%에 이르는 여성이 직업을 가지는 것이 좋다고 응답한 반면, 가정에만 전념하는 것이 좋다고 응답한 비율은 6.7%에 불과했다.

그럼에도 불구하고 특히 출산과 양육이 집중되는 30대에는 하던 일도 그만두는 경향이 지속되고 있다. 통계청(2007)의 조사연구는 여성취업의 장애요인으로 육아부담(47.9%), 사회적 편견, 차별적 관행 및 제도(17.4%), 불평등한 근로여건(12.6%) 등을 제시하고 있다. 육아부담은 여성들에게 일을 그만두게 할 뿐 아니라 재취업하려는 경우에는 경력 단절로 인한 불이익을 경험하게 한다. 양육을 끝내고 재취업하려는 여성을 기다리고 있는 일은 주로 비정규직이나 저소득 자영업, 노동집중의 저숙련 일자리이기 때문이다. 이러한 일은 임금 수준이 낮고 승진의 가능성이 거의 없기 때문에 이직률 또한 높게 나타난다(권혜자, 2008).

또한 앞서도 지적했듯이 여성이 집중되어 있는 직종은 주로 서비스직과 사무직으로 나타나고 있는데 이런 직종은 돌봄노동, 가사관련 경험 등 여성적인 특성을 반영하는 것으로 성별 노동분업을 강화하는 역할을 한다. 또한 이 직종의 특성은 취업은 용이하지만 임금수준이 낮고 정부가 여성의 경제활동 참가율을 높이는 방안으로 마련한 경우가 많다. 예를 들어, 정부는 2007~2010년간 사회서비스 부문에서 총 80만개의 일자리 창출을 목표로 하는 정책을 발표했는데 이중 2007년에 여성을 위한 일자리는 총 13만개로 보육교사, 간호사, 가사나 간병 도우미 등 여성집중의 직종으로 낮은 임금의 돌봄노동으로 구성되어 있다(권혜자, 2008).

사회서비스 분야의 일자리는 고용이 불안정하고 임금수준이 낮지만 당장 일자리가 필요한 여성들에게 약간의 도움은 될 수 있다. 그러나 이런 일자리는 결코 여성의 경제활동 참가율을 증가시키지 못한다. 장기적으로 볼 때, 정부의 여성을 위한 일자리 증대정책은 오히려 여성들의 선택을 혼란스럽게 만들 수 있다. 저출산을 예방하고 여성의 경력 단절을 피할 수 있는 방법은 생계보조자로서 여성에 대한 사회적 인식을 바꾸어야 하며, 사회적 보육정책과 여성을 위한 장기적 고용정책과 직업훈련이 무엇보다 요구된다.

3. 가사노동과 젠더

가사노동은 주로 의/식/주생활, 가족돌보기, 가정경영 및 장보기의 네 개 영역으로 구분된다. 이를 좀 더 구체화하면, 식생활 부문, 의복 및 침구류 관리 부문(의생활), 집안청소 및 유지/관리부문(주생활), 시장보기/쇼핑부문, 자녀양육/교육부문으로 나눌 수 있다. 가사노동은 그 동안 여성의 노동으로 혹은 소득이 없는 노동으로, 그리고 돌봄노동으로 인식되어 왔다.

취업여성은 퇴근 후 보통 두세 시간 가량 집안일을 하는데 그 노동의 일은 저녁밥짓기, 반찬만들기, 장을 본 물품 정리하기, 아이 준비물 챙기기, 옷 갈아 입히기, 빨래 정리하기, 설거지하기, 세탁기 돌리기 등 7~8가지로 대별된다. 이처럼 맞벌이 여성은 한정된 시간 속에서 강도 높은 가사노동을 수행하고 있다. 최근 통계청이 조사한 '생활시간 조사'(2009)에 따르면 맞벌이 가정에서 부인은 가사노동이 하루 평균 3시간 20분인데 비해 맞벌이 가정의 남편은 하루평균 37분이며, 전업주부의 가사노동은 하루 평균 6시간 18분인데 비해, 전업주부의 남편은 하루평균 36분으로 보고된 바 있다. 이 결과는 취업여성 남편의 가사노동시간이 전업주부의 남편에 비해 도와주는 시간이 단 1분 늘어났다는 것으로 아내가 취업을 하든 안하든 남편의 가사노동 시간은 거의 변함이 없다는 의미이다.

가사노동의 분담을 설명하는 이론은 크게 자원이론, 가족생활주기이론, 성 역할이론 등으로 구분된다(공미혜, 2004). 자원이론에 의하면 가정생활에 있어서 자원의 양이나 가치를 많이 소유한 배우자일수록 더 많은 권력을 소유하게 되고, 그 권력으로 인해 사회적으로 별로 중요하지 않은 가사노동은 피할 수 있게 된다고 본다. 가족생활주기이론은 가족생활의 주기에 따라 남편의 직업에 대한 몰두 정도와 아내의 가사노동량이 달라지기 때문에 부부간의 가사노동분담이 가족생활주기의 단계에 따라 달라진다고 예측한다. 성 역할이론은 부부의 성 역할 이데올로기가 평등주의에 가까울수록 가사노동을 더 많이 분담한다고 전제한다.

여성교육의 향상이나 노동참여, 결혼연수 등에 상관없이 가사노동의 분담이 불평등하게 이루어지는 가장 큰 이유는 여성의 주된 영역이 가정이라는 생각 때문이다. 이는 여성이 기꺼이 가사노동을 전담하려는 태도와도 관련이 있지만 어떻게든 가사노동을 하지 않으려는 남성의 저항과도 연관이 크다(Hochschild, 1989).

1) 가사노동의 가치평가

가사노동의 가치를 평가하기 위한 방법으로는 첫째, 그 일을 각각의 전문가에게 맡겼다고 가정한 전문가대체법, 둘째, 모두 다 남에게 맡기는 종합적 대체법, 셋째, 그 시간에 다른 일을 해서 벌 수 있는 돈으로 환산한 기회비용법, 넷째, "최소 이 정도 받으면 취업하겠다"는 액수에 기준한 요구임금법, 다섯째, 주부 스스로 자기 일의 가치를 매기는 주관적 평가법 등 다양한 방법을 사용하고 있다.

또다른 방법으로 가사노동의 가치를 계산할 때 흔히 평균 가사노동 시간에 노동자나 가사도우미의 시간당 평균임금을 곱하는 방법을 사용하기도 한다. 그 동안 전업주부의 가사노동 가치를 평가한 전례가 없지는 않았지만 문제는 주부의 노동가치가 저평가되어 왔다는 것이다. 만일 교통사고가 발생했을 경우 전업주부의 노동가치는 일용직 노동자에 준한 일당 5만원으로, 이 경우 전업주부 월급은 110만원 수준이다. 그러나 실제로 주부의 가사노동 가치를 환산한 결과는 한 달 평균 433만원 정도로 나타나 일용직 노동자 기준과는 4배 가까운 차이가 났다(조선일보, 2008. 9. 16).

그런데 문제는 가사노동의 가치를 임금으로 환산해도 이를 제대로 인정해 주지 않는다는 것이다. 아직까지 전업주부의 재산 형성의 기여도는 이혼 시 재산 분배에서 낮게 평가되고 있으며, 사고나 재난으로 피해를 입었을 때도 일용직 노동자 수준의 보상금을 받고 있어서 논란이 되고 있다(부산여성사회교육원, 2007).

2) 가정과 일 양립을 위한 사회제도

가정과 일 양립을 위한 제도마련 방식은 국가마다 상이하여 자유주의 국가에서는 주로 WLB(Work-Life Balance)로 불리는 기업 내 가족친화제도를 통해 조직 내 노동자들의 문제를 해결하고 만족도를 높임으로써 기업의 경쟁력 제고를 높이려는 전략을 취하고 있다. 반면, 사회복지제도가 잘 되고 있는 유럽국가들에서는 시장보다 국가 주도로 부모 휴가나 아버지의 달, 성평등 보너스제도, 공보육 확대 등을 통해 남녀가 함께 하는 가정과 일 양립기반을 마련하고자 노력하고 있다.

우리 사회에서도 가정과 일 양립을 위해 2007년 '남녀고용평등법'의 법제명을 '남녀고용평등과 일가정생활의 양립지원에 관한 법률'로 변경하고 내용을 개정하였으며, 같은 해에 '가족친화사회환경의 조성촉진에 관한 법률'도 제정하여 가족친화사회를 위한 법적 기반을 마련하였다. 또한 2008년 7월에는 제4차 남녀고용평등과 가정과 일 양립 기본계획을 확정하였다.

현재 가정과 일 양립을 위해 추진되고 있는 제도들은 다음과 같다. 우선 휴직, 휴가제도로 산전 후 휴가, 출산휴가, 육아휴직, 가족휴가 등의 제도가 시행되고 있다. 산전 후 휴가는 90일이며 최초 60일은 사업주가, 이후 30일은 고용보험에서 급여를 지급한다. 그리고 1년 이상 계속 근로한 근로자의 경우 만 6세 이하의 취학전 자녀가 있으면 12개월의 무급육아휴직을 할 수 있고, 육아휴직 대신 육아기 근로시간 단축제도를 활용할 수도 있다. 또한 보육 및 돌봄지원제도들도 지속적으로 확대되고 있다. 이외에 정부에서 추진 중인 가족친화기업정책으로 여성가족부의 '여성친화기업협약식', 보건복지부의 '가족친화인증부여', 노동부의 '남녀평등우수기업 시상' 등이 실시되고 있다.

최근 기업에서도 일-생활 양립(WLB) 프로그램에 대한 관심이 높아지고 있다. 기업에서는 이러한 제도를 통해 숙련 노동자의 확보나 업무수행능력 향상, 결근율이나 이직률 감소와 함께 기업 이미지 제고에도 도움이 되기를 기대하고 있다.

현재 시행되기 시작하고 있는 WLB 프로그램은 첫째, 탄력적 근무제도로 유연시간제, 시간제근무, 직무공유제, 재택근무제, 시차출근제 등 노동시간과 장소를 융통성있게 조절하는 제도들이 있다. 두 번째는 근로자에 대한 교육과 상담, 가사조력자나 보모알선 등 전문인력 소개 서비스 등 근로자 지원제도들이 있다. 세 번째는 자녀양육 및 교육지원제도로 출산휴가나 육아휴가, 어린이집 직접운영 및 보육서비스 이용 지원, 자녀 학습지원 프로그램 운영 등이 있다. 네 번째로 가족간호휴가, 노인보호제도 및 간병인알선

서비스 지원, 가족지원관련 정보 및 법률정보 등 정보소개 서비스, 카페테리아식 복리후생제도 도입 등 부양가족지원제도들이 있다.

또한 최근 기업 내 가족친화제도 추진상황을 평가하기 위한 척도로 가족친화지수가 개발되었다. 이 지수개발을 통해 가정과 일 양립을 위한 가족친화제도의 기본 이해와 확산을 도모할 수 있을 것이다.

3) 가정과 일 양립을 위한 정책적 제언

가족과 일 양립을 위한 정책적 제언을 살펴보면 다음과 같다.

첫째, 가족구성원 전체가 가사노동 분담에 대한 필요성과 중요성을 인식하는 것이다. 즉 가사노동이란 삶의 기본노동으로 인간의 생활을 영위하기 위한 가장 기본적인 노동이자 필요한 노동임을 인식하고, 남녀 모두 참여해야 함을 이해하고 어릴 때부터 남녀 모두가 가사노동에 참여하도록 하는 것이다.

둘째, 가족 내 성평등 행동을 지지하는 환경을 조성해야 하는데 이를 위해 미디어정책을 강화하여 성평등 행동을 사회적 규범으로 정착하는 일이 필요하다. 즉 미디어를 활용한 가정의 성평등 실천 촉진 방안으로 다양한 가사활동영역에서 남성의 동등한 참여를 긍정적으로 묘사하는 것이 필요하고, 이러한 가사참여 모델을 다양한 세대, 다양한 영역, 다양한 수준으로 제시할 필요가 있다. 또한 무엇보다 가족들의 성평등에 대한 가치관이 정립되어야 하는데 가사활동에서 두드러지게 나타나는 성별 분리현상 및 성별 구분양상을 개선해야 하며, 성 역할 구분을 뛰어넘는 긍정적 자세가 필요하다.

셋째, 가사노동의 사회화가 필요하다. 사적, 개별적 가사노동을 사회적 노동으로 전환시켜 가정생활의 향상을 지향하며 나아가 가사노동의 과중한 부담으로부터 여성을 해방시켜 인간생활의 지적 향상을 도모하는 것이다. 또한 각종 지표나 통계조사에서 성인지적 관점을 높여서 가사노동 가치인정을 위한 토대를 마련해야 할 것이다.

넷째, 성평등 실천모델 제시 미디어 프로그램에 대한 정책지원 확대가 필요하다. 이를 위해서는 먼저 여성가족부 및 방송위원회 등의 관련 기관간 협력체계가 공고히 구축되어야 하겠고 그 구체적인 방안으로는 성평등 실천의 모델을 제시할 수 있는 프로그램이 많이 제작되고 자주 방영될 수 있는 정책적 지원방안 마련하기, 여성부 및 방송위원회 등의 관련 기관간의 협력체계 공고히 구축하기, 성평등 실천의 전형적인 모델들을 제시할 수 있는 프로그램에 대한 제작지원, 인센티브 부여 방안을 획기적으로 개선하기 등을 들 수 있다.

다음으로는 남성들이 가사활동에서 공동참여의 당위성을 부각시키는 정책적 노력이 필요하다. 즉 가정에서의 남성성이 강조되는 분야보다 여성적인 일들로만 치부되었던 식생활이나 의생활, 자녀양육 등에서의 기초적 기술들을 남성들이 습득할 수 있는 기회를 더 많이 제공하여야 하고, 이러한 기능을 양성평등교육이 담당해 줄 필요가 있다. 이를 위한 구체적인 방안으로는 성불평등에 관한 사회구조적 모순에 관한 통찰교육에서 성평등 실천의 구체적 방법을 교육으로 전환하고, 남성의 육아 및 교육관련 가사활동 차명, 가사활동 기술 습득교육으로 하며, 공동 가사활동의 가치를 부여하고, 군대 양성평등 교육에서 양육 및 가사활동 기술 습득교육을 연계하며, 가사활동에 관련된 중/고등학교 과목에 실습을 증가시키고 중/고등학교 과정에 상설화되어 있는 수련회에서 실제 가사노동에 해당하는 빨래, 청소, 요리 등을 경험할 수 있는 기회를 제공하는 등(경상대학교여성연구소, 2011)의 방안을 들 수 있다.

미래에는 현재보다 훨씬 더 성평등한 세상이 될 것이다. 따라서 현재와 같은 성 역할 고정관념이나 태도를 고수한다거나 가정에서 일상적으로 일어나는 활동들에 대해 남성적인 일 혹은 여성적인 일로 구분된 역할수행 능력만을 선택적으로 하는 것은 가정 및 사회에 대한 적응능력의 지체를 의미하며, 미래세대인 자녀에게 커다란 위협요인이 될 수 있다.

남성과 여성의 성평등 의식 개혁만이 가족원 모두가 가사노동을 자유롭게 분담할 수 있게 될 것이다. 이를 위한 과제로서 첫째, 성평등 실천의 단계별 특화 프로그램 개발이 필요하며, 둘째, 가족친화정책이 가사의 공동참여로의 연계성 향상 방안으로 모색되어야 하며, 셋째, 맞벌이 직장인을 위한 가사활동 지원 방안이 마련되어야 하겠다.

생각해 보기

1. 맞벌이 가정의 가사노동 분담기준을 세운다면 어떻게 세워야 할지 생각해 보고 논의해 봅시다.

2. 맞벌이 가정지원을 위한 사회적인 대책들에 대해 구체적으로 논의해 봅시다.

제8장

결혼과 가정폭력

1. 가정폭력
2. 가정폭력의 유형 및 범위
3. 가정폭력의 원인
4. 가정폭력의 현황
5. 가정폭력의 대처방안
6. 가정폭력의 과제

1. 가정폭력

가정폭력은 배우자 학대(spousal abuse), 결혼폭력(marital violence), 부부폭력(conjugal violence), 아내학대(wife abuse), 파트너학대(partner abuse) 등의 범주로 규정되어지며(이화여자대학교, 사회사업연구회 역, 2000), "가족구성원 중의 한 사람이 다른 가족에게 의도적으로 물리적인 힘을 사용하거나 정신적 학대를 통하여 고통을 주는 행위"를 말한다. 즉 가정폭력은 동거가족을 포함한 가족구성원 간에 발생하는 폭력으로 배우자, 부모자식, 형제, 동거가족 등에게서 발생한다.

광의의 가정폭력은 가정 내에서 발생하는 모든 종류의 폭력으로 아동학대, 아내구타, 노인학대를 포함하고 있으며, 협의의 가정폭력은 남편에 의한 아내구타를 의미하기도 한다(유계숙 외, 2007).

특히 가정폭력은 아내, 아동, 노인 등 사회 경제적 약자를 대상으로 발생하고 있어, 가정폭력이 단순히 물리적 힘이 있고 없음에서 발생하고 있는 것이 아니라 사회 경제적 제 관계에서 발생하고 있음을 알 수 있다. 한편, 아동학대, 아내구타, 노인학대 이외에도 소수이기는 하지만, 18세 이상 자녀에 대한 부모의 폭력, 아내에 의한 남편 폭력, 미성년자나 성인자녀에 의한 65세 미만 부모폭력이 가정 내에서 발생되는 폭력으로 규정될 수 있다. 즉 가정폭력은 가해자의 계획적이고, 반복적이고, 다분히 의도적인 폭력으로 인해 피해자에게 심각한 신체적, 정신적 손상을 주는 행위이다.

따라서 실제적으로 측정하기는 어려워도 피해자에게 막대한 심리적, 정서적 타격을 입히고 자아존중감을 해치는 언어적 학대, 성적 학대의 경우를 포함하여 방임, 유기 등의 넓은 의미로 가정폭력을 개념지어 가정폭력이 심각한 인권을 침해 행위임을 명백히 하여야 할 것이다.

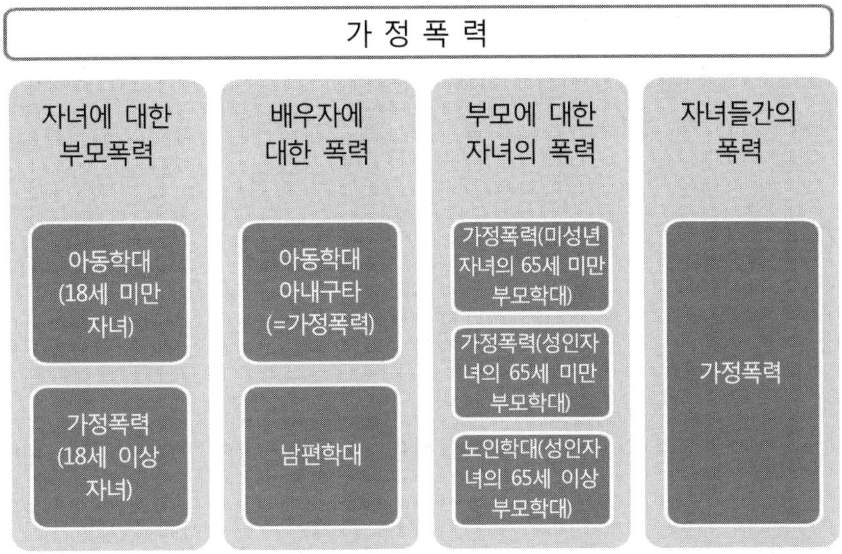

[그림 8-1] 가정폭력의 개념 유형화

2. 가정폭력의 유형 및 범위

1) 가정폭력의 유형

가정폭력의 유형은 합법성과 수단적이라는 두 가지 차원에 의하여 나누어 볼 수 있다.

합법적인 표현의 폭력은 합법적 공격 행위는 긴장과 분노를 완화시키는 카타르시스적인 작용을 하므로, 어느 정도의 공격 행위를 인정하는 것이 좋다고 한다. 예를 들어, 자녀들이나 배우자의 행동에 무작정 화를 참기보다는 가벼운 공격 행위로 분노를 해소시키는 것이 더욱 격렬한 폭력 행위를 유발시키지 않게 된다.

비합법적인 표현의 폭력은 가정폭력의 대부분이 이 유형에 속하는데 상대편에게 과도한 고통이나 상처를 주는 심각한 형태의 폭력으로 아내구타, 아동구타, 노인학대 등이 있다. 이러한 유형의 폭력은 유기, 학대, 살인으로까지 이어져 사회적 문제가 된다.

합법적 수단의 폭력은 가정 내에서 빈번하게 볼 수 있는 유형으로 어떤 바람직한 행동을 유도하기 위해 행사하는 폭력으로 자식이 잘 되라고 때리는 부모의 체벌 등이 이에 속한다.

비합법적 수단의 폭력은 폭력의 합법성, 비합법성의 구분은 매우 애매하다. 그러나 부모나 형제, 부부간의 카타르시스적인 폭력이 비록 인정된다 할지라도 지나치게 심한 고통이나 상처를 주게 되면 학대로 이어지는 비합법적 폭력이 된다. 즉, 초기에는 선의의 의도로 행해진 폭력 행위라 할지라도 지나치면 교육적이거나 교화의 목적에서 떠나 권력이나 권위의 남용으로 간주될 수 있다.

가정폭력은 신체적 폭력, 정서적 폭력, 언어적 폭력, 성적 폭력의 유형으로 나뉘어지며, 4가지 가정폭력 유형에는 첫째, 모두가 타인을 통제하고 지배하고 위협하는 수단이라는 점, 둘째, 결과적으로 심각한 신체적 · 심리적 영향을 끼치게 된다는 점의, 공통점을 가지고 있다고 할 수 있다.

이외에도 폭력의 유형에는 끼니를 주지 않는 행위, 아파도 병원에 데려가지 않는 행위, 문을 잠가 놓고 나가는 행위 등의 방임형의 가정폭력 등이 있다.

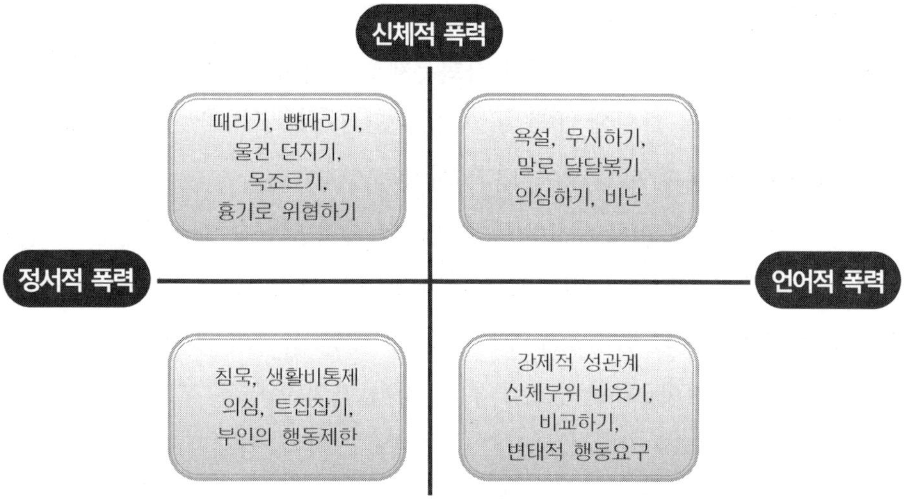

[그림 8-2] 가정폭력 유형

2) 가정폭력의 범위

가정폭력에는 구체적으로 부부간의 폭력, 부모-자녀 간의 폭력, 형제간의 폭력, 그리고 노부모에 대한 폭력 및 학대를 들 수 있다. 부부간의 폭력은 주로 남편의 아내폭력 및 학대로 나타난다. 즉 아내학대, 아내구타, 그리고 아내폭행 등으로 표현되면서 피해자가 주로 아내임을 지적하고 있다. 물론 최근에 아내에 의한 "매맞는 남편"의 문제도 차츰 증가하고 있는 추세이긴 하다. 미국의 통계에 의하면 가정폭력 피해자의 약 30%가 남성인 것으로 나타났는데, 실제로 피해를 당하고도 이를 겉으로 나타내지 못하는 남성의 입장을 감안한다면 매 맞는 남편의 수는 이보다 더 높을 것으로 추정되고 있다.

아동에 대한 폭력 행위도 심각한 수준인 것으로 보인다. 특히 아동폭력은 단순한 폭력행위뿐만 아니라 아동방임이라는 광의의 관점까지 포함한다면 매우 높을 것이다. 아동에 대한 폭력 행위는 아동학대, 아동구타, 그리고 아동방임 등의 개념으로 이어지면서, 자녀를 부모의 소유물로 여기는 전통적 가치관이 여전히 남아 있어서 사회문제로 부각하고 있다. 게다가 최근의 아동에 대한 성적 학대에 대한 신고 건수도 급격히 증가함으로써 아동폭력은 아동 관련 문제의 중심이 되기 시작하였다.

또한 1990년대 들어와 극도의 물질만능의 사회변화 속에서 미성년 자녀에 의한 부모학대 사건도 나타나기 시작하였지만, 아직 체계적 연구는 이루어지고 있지 않다. 외국의 경우에도 부모에 대한 자녀의 폭력 행위가 간혹 언급되기는 하지만, 일반적으로 부모-자녀 간의 폭력은 부모가 자녀에게 행하는 폭력 행위나 학대를 중심으로 연구되고 있다. 형제간의 폭력은 "형제끼리는 싸우면서 큰다"는 표현에서 나타나듯이 그다지 문제시되지 않으며, 오히려 형제간의 경쟁의식, 갈등 처리 등의 사회화 과정으로 바람직하게 생각하는 경향마저 있다.

노부모에 대한 폭력 및 학대는 급격한 사회변화 속에서 노인의 지위 상실과 더불어 앞으로도 계속 증가할 추세이다. 지난 20여 년 동안 산업화의 주역을 담당해 왔던 오늘날의 노년세대는 1990년대에 들어와서는 새로운 기술 혁신에 적응하지 못하고 시대감각이 부족한 "사회적 주변인"으로 밀려나기 시작하였고, 가족에서는 구성원들의 무관심과 냉대 속에서 "가족 속의 이방인"으로 소외되고 있다. 지금까지 노인폭력 및 학대에 대한 체계적인 연구는 매우 드물어서 정확히 말할 수 없지만, 신문이나 매스컴을 통한 노인에 대한 무관심, 유기, 폭력 등의 학대 행위를 볼 때 심각한 사회문제로 부각되고 있음을 알 수 있다.

3. 가정폭력의 원인

가정폭력은 여러 가지의 개인적, 사회적 요인들이 복합적으로 상호작용하여 발생하는 가정 및 사회의 병리현상이라고 볼 수 있다.

1) 개인적 병리 현상

가정폭력 행위자는 일정한 성격적 특성 또는 성격적 장애를 갖는다는 관점이다. 발달과정상의 장애, 정신지체, 정신질환, 약물 남용 등의 영향으로 적절한 상황 판단 능력, 공격성향의 통제 능력이 약화되어 가정폭력이 발생한다는 것이다.

2) 가정폭력의 사회화 현상

가정폭력을 보며 자랐거나 경험하며 자란 아동들이 나중에 원인이 되어 폭력을 되풀이한다는 것이다. 이것은 학습이론에 바탕을 두고 있다.

3) 스트레스이론

개인이 갖고 있는 각종 자원을 초과하는 막중한 부담이 어떤 개인에게 장기적으로 가해질 때 개인이 경험하는 상태를 스트레스라고 하는데 이러한 상태에서 개인은 자포자기의 심정으로 폭력을 행사한다는 것이다. 여기서 말하는 막중한 부담은 내적, 외적 스트레스 요인을 모두 포함하는 것이다. 심리적 좌절 상태에서 행하는 가정폭력이 이에 포함된다고 볼 수 있다.

4) 사회적 고립

사회적으로 고립되어 사회적 지지체계가 상실되어 있는 가정에서 가정폭력이 많이 발생한다는 것이다. 이 상황에서는 주위의 도움이 차단되거나 제한되어 있어 가정 또는 개인은 사회적, 개인적 스트레스를 혼자 감당해 내야만 하기 때문에 가정폭력이 발생할 가능성이 높다고 보는 것이다. 또한, 가정폭력이 일어나도 중재 역할을 담당할 사람이 없어 가정폭력 가능성은 더욱 높아진다.

5) 사회 · 문화적 구조

부부 사이의 권력관계의 양상과 같은 것이 여기에 해당된다. 성적 불평등이 팽배한 가부장적 사회 구조 하에서 가정폭력이 많이 발생하며, 남편과 아내가 모두 또는 둘 중의 하나가 낮은 권력과 지위를 갖고 있을 때 폭력이 더 많이 발생한다는 것이다. 또한, 아내가 학력수준 또는 직업적 지위에 있어 남편보다 더 높을 때 남편으로부터 폭력을 더 많이 당할 수 있다고 간주한다. 남편은 사회에서 기대되는 권력을 갖고 있지 않을 때 권력, 특히 배우자로부터 권력을 얻기 위한 수단으로 폭력을 사용할 수 있다고 본다. 반면, 남편이 자원을 많이 갖고 있을수록 신체적 폭력을 사용할 가능성이 낮다고 보고되고 있다. 같은 맥락에서, 남편이 우월한 지위를 유지할 수 없는 가족에서 폭력이 보다 팽배한 것으로 드러나고 있다.

4. 가정폭력의 현황

1) 배우자 폭력

가정폭력 중에서도 아내학대 및 폭력은 가족해체와 직접적으로 연결되며, 다른 가족구성원에게 장기적이고도 심각한 영향을 미친다. 특히 아내구타는 합리적 분노의 표현이라기보다는 충동적이고 자신의 분노를 타인에게 분출하는 투사 행위이다.

Elbow는 아내학대를 네 가지 유형으로 분류하였다. 아내의 행동통제를 요구하고 자신이 아내에 대해 지배력을 잃었다고 느낄 때 아내를 학대하는 유형인 지배자형, 아내를 보호하고자 하고 아내가 자신에게 의존적이기를 원하며 독립적이 되는 것을 두려워하는 나머지 아내를 학대하기 시작하는 방어자형, 자기 자신에 대한 불만을 아내에게 표출하지만 곧 죄책감을 느끼고 이런 감정을 만회하기 위해 아내를 학대하는 승인추구형, 약이나 알코올 중독자로서 아내에게 트집을 잡고 괴롭히며, 남편은 자신의 자아와 아내의 자아를 혼동하고 상대편의 개체성을 인정하지 못하는 혼합형 등이 있다.

여성 긴급전화 1366을 통한 상담 통계에 의하면, 2002년에 116,664건이 2004년에는 154,669건으로 증가하여 여성 1366의 서비스 지원이 자리를 잡고 있음을 보여 준다. 대부분 가족 관련 문제들에 대한 상담이었는데, 직접적 가정폭력상담은 30% 정도에 이르렀다. 또한 최근 국제결혼 이주여성의 증가에 따라서 이들에 대한 상담 지원도 시작되고 있다. 동시통역시스템을 이용한 상담이 증가하였다. 가정폭력상담소를 통한 상담 통계를 살펴보면, 2002

년 177,413건이 2004년에는 193,439건으로 증가하였고, 50% 이상이 가정폭력과 직접적으로 관련된 상담이었다. 최근에는 피해자뿐만 아니라 가해자에 대한 상담이나 재활교육 프로그램도 활발하게 이루어지고 있다. 피해자에 대한 지원과 더불어, 가정폭력의 원인 제공자인 가해자에 대한 상담 등은 가정폭력의 재발 방지에 중요한 기능을 할 것이다.

배우자 폭력에 있어서 배우자가 처음으로 구타를 당하는 시기는 결혼 후 1년 이내가 대부분으로 가정폭력은 결혼생활 초기부터 나타남을 알 수 있다. 따라서 초기에 폭력에 대하여 어떻게 대처하는지는 이후의 결혼생활을 결정하는 주요 요인이 된다고 본다. 폭력의 빈도도 매우 규칙적이고 반보적인 주기성을 띠고 있다는 점이 실증적으로 증명되고 있다. 따라서 반드시 어떤 잘못이나 실수에 대한 반응으로서의 구타행위라기보다는 습관적이거나 의례적, 혹은 배우자를 자신의 소유물로 인식하는 속에서 폭력 행위라고 하겠다.

예를 들어, 권위적인 남편의 사회적 · 가정적 열등감의 표출, 외도, 도박, 음주, 의처증, 그 밖에 여러 가지 이유 같지 않은 이유를 빌미로 자신의 존재를 과시하고자 하는데서 구타 발생의 원인을 찾을 수 있다. 구타 방법은 때리거나 발로 차이는 경우가 대부분이며, 흉기를 사용하거나 담뱃불로 지지는 등 잔인한 행위도 포함되어 있다. 한 연구에 의하면, 폭력 후 강제적 성관계의 발생률도 매우 높아서, 적어도 10명 중 2~3명의 여성은 구타를 당한 후 공포와 고통의 상황 속에서 성관계까지 치러 내야 하는 노예적 삶을 겪고 있다고 보고되었다.

남편의 폭력에 대한 대응 행동은 그대로 맞고 있거나 아주 소극적 대응 행동으로 맞설 뿐, 함께 때리고 싸운다는 경우는 그다지 많지 않다. 이러한 학대와 폭력에도 불구하고 결혼생활을 지속하는 이유는 자식과 남편에 대한 사랑, 경제적 의존도 때문이다. 게다가 구타 후 외식이나 선물 공세를 하거나 치료를 해 주면서 일시적으로 사태를 도피하려고 하거나, 사과를 하고 다시는 그러지 않겠노라고 용서를 비는 경우에는 대부분의 아내는 앞으로는 다시는 폭력이 발생하지 않으리라는 기대 속에서 다음 폭력을 당하는 처지이다. 따라서 구타 이후 남편의 태도가 긍정적으로 변했다 할지라도 어느 정도 기간이 지나면, 또다시 구타가 반복된다는 점, 그리고 구타 남편의 절반 이상이 오히려 더욱 당당한 모습을 보이고 있다는 결과를 통하여 가정폭력에 대하여 초기에, 그리고 단호하게 대처할 필요가 있다.

가정폭력의 피해는 피해자 당사자뿐만 아니라 다른 가족구성원들, 특히 자녀에게 신체적, 정신적으로 심각한 영향을 미친다. 두통이나 현기증, 수면장애, 소화불량 등의 경미한 증상에서 타박상, 골절상 등의 신체상해는 물론, 질식, 언어상실증 등의 후유증으로 고통을 겪는 경우가 많다. 또한 정신적 피해로는 사람 만나기를 기피한다거나, 가슴이 두근거리거나 매사에 불안하고 자신이 없어지거나 우울증에 빠지기도 한다. 특히 구타당한 대부분의 아내들은 학습된 무기력 증세를 보인다. 이러한 증세는 정신적으로 의욕을 잃게 하고, 사리 판단의 인지능력을 저하시키고, 모든 일에 대한 동기나 성취감을 상실하게 만든다. 자신의 행동을 고쳐야만 남편도 고칠 수 있으리라고 믿는다. 따라서 우울증, 자기비하, 불안증이 가세하여 급기야는 자신이 맞아야 할 이유를 찾아내어 구타의 경험을 합리화시키고 견디어 내고자 한다.

2) 노인학대

우리나라의 노인학대 실태를 정확히 파악하기란 쉬운 일이 아니다. 지금까지 이루어진 노인학대에 대한 연구나 조사들이 대부분 지역적으로 한정되어 있거나, 표본의 수가 적거나 하여 제한된 범위 내에서 이루어졌기 때문에 조사자와 지역에 따라 노인학대에 대한 연구결과들이 서로 일치하지 않고 있다. 또 많은 조사들이 주로 재가노인을 대상으로 하고 있어서 노인복지시설에서 생활하는 노인을 대상으로 한 조사연구는 매우 적은 실정이지만 그 결과들을 보면 다음과 같다.

노인학대의 발생 빈도를 보면, 한국보건사회연구원의 조사에서는 '거의 매일'은 42.7%, '2~3개월에 1회'는 24.7%, 그리고 '월 1~2회'는 11.2% 발생하는 것으로 나타났다. 이연호(2002)의 조사에서는 '부정기적'이 40.2%, '거의 매일'이 34.3%, '일주일에 1회 이하'가 10.8%로 나타났으며, 서울특별시 노인학대예방센터의 조사에서는 '거의 매일' 36.2%, '2~3일에 한 번' 16.4%, '일주일에 한 번' 9.6%로 나타났으며, 권정등(2002)의 조사에서는 '월 1~2회', '월 3~4회', '주 1~2회', '주 3~4회'의 순으로 나타났다.

학대유형별로 경험비율을 보면, 조사별로 약간 상이하기는 하지만 가장 높은 비율을 보이는 것은 정서적 학대와 방임이고, 가장 낮은 비율을 보이는 것은 신체적 학대와 재정적 학대인 것으로 나타났다. 이러한 경향은 지역별이나 대상자 특성별에서도 동일하게 나타났다.

정서적 학대가 가장 높게 나타난 조사를 보면, 한국보건사회연구원의 조사에서는 언어 · 심리적 학대(7.7%), 방임(2.5%), 경제적 착취(2.1%), 신체적 학대 · 폭력(0.3%)의 순으로 나타났고, 국가인권위원회(한국노인의 전화)의 조사(2002)에서는 정서적 학대(37.3%), 방임(24.9%), 언어적 학대(19.5%), 신체적 학대(10.6%), 경제적 학대(7.7%)의 순으로 나타났으며, 노인학대예방센터의 보고에서도 언어 · 정서적 학대(43%), 방임(23%), 신체적 학대(19%), 경제적 학대(12%)의 순으로 나타났다. 정재욱(2002)의 조사에서는 정서적 학대(2.4), 방임(1.8), 경제적 학대(1.3), 신체적 학대(1.0)의 순으로 나타났으며, 고보선 · 유용식(2004)의 연구에서도 정신적 학대(32.6%), 언어적 학대(26.0%), 경제적 학대(24.4%), 방임(18.2%), 신체적 학대(7.0%)의 순으로 나타났다.

방임이 가장 높게 나타난 조사를 보면, 권정등(2002)의 조사에서는 방임(35.5%), 심리 · 정서적 학대(28.0%), 물질 · 재정적 학대(16.1%), 언어적 학대(15.0%), 신체적 학대(5.4%)의 순으로 나타났으며, 이연호(2002)의 조사에서는 방임(47.5%), 심리적 학대(45.7%), 재정적 학대(13.1%), 신체적 학대(6.5%)의 순으로 나타났다.

여미옥(2003)의 조사에서는 대도시, 중소도시, 농어촌 모두 자기방임이 가장 높고 그 다음이 방임이었으며, 신체적 학대가 가장 낮은 것으로 나타났으며, 박미은의 조사에서는 국민기초생활보장 노인과 일반노인 모두 심리적 학대가 가장 높고 그 다음이 방임이었으며, 가장 낮게 나타난 것은 국민기초생활보장 노인은 경제적 학대, 일반노인은 신체적 학대였다.

노인들이 경험한 학대유형의 수를 보면, 국가인권위원회의 조사에서는 한 가지 학대는 9.9%, 두 가지 학대는 30.8%, 세 가지 학대는 36.0%, 네 가지 학대는 17.5%, 다섯 가지 학대는 5.8%로 나타나, 한 가지 학대를 경험한 비율은 약 10% 정도에 지나고 않고 나머지 90%는 두 가지 이상의 학대를 중복적으로 받고 있는 것으로 나타났다. 서울특별시 노인학대예방센터의 조사에서는 단일학대는 55.6%, 두 가지 학대는 39.5%, 세 가지 학대는 4.9%로 나타났다. 서윤(2002)의 조사에서는 노인들이 경험한 학대의 종류를 사례별로 유형화하여 총 19가지 형태로 정리하였는데, 이 중 단일학대는 5종류, 중복학대는 14종류로 나타났으며, 중복학대의 경우 이중(二重) 중복학대는 10종류, 삼중(三重) 중복학대는 4종류로 나타났다. 따라서 학대받는 노인들은 한 가지 학대만 받는 것이 아니라 두 가지 이상의 학대를 중복적으로 받고 있음을 알 수 있다.

피해자와 가해자의 동거 여부를 보면 국가인권위원회의 조사에서는 동거의 경우가 비동거의 경우보다 학대가 적게 일어나는 것으로 나타났으며, 이연호의 조사에서도 동거가족이 있는 경우(35.3%)가 동거가족이 없는 경우(64.7%)보다 학대가 적게 일어나는 것으로 나타났다. 그러나 서울특별시 노인학대예방센터의 조사에서는 피해자와 가해자와의 동거가 65.7%, 비동거가 34.3%로 동거의 경우가 더 높았고, 동거가족이 있는 경우 77.7%, 동거가족이 없는 경우 22.3%로 동거가족이 있는 경우가 더 높게 나타났다. 즉 조사에 따라서 동거와 비동거가 엇갈리게 나타나는 현상을 보이고 있다.

피해자와 가해자의 평소 관계는 한국보건사회연구원의 조사에서는 34.0%

가 평소 관계가 나쁜 것으로 나타났고, 서윤의 조사에서는 '좋지 않다' 94.9%, '좋다' 5.1%로 나타났으며, 이연호의 조사에서는 '나쁜 편' 33.4%, '좋은 편' 12.7%로 나타나 학대받는 노인들은 가해자와의 평소 관계가 좋지 않음을 알 수 있다.

노인학대의 세대 간의 전이를 알아보기 위해 가해자의 학대 목격 및 경험 비율을 살펴보면, 한국보건사회연구원의 조사에서는 전체 가해자 중에서 성장 시 가정폭력을 목격한 비율은 28.6%였으며, 가해자가 가정폭력을 경험한 경우는 20.0%에 달하는 것으로 나타났다. 이연호(2007)의 조사에서는 가해자가 학대를 목격한 비율은 19.6%, 학대를 경험한 비율은 13.7%로 나타났다. 이는 외국의 선행연구 등에서 학대의 세대 간 전이를 주요 위험요인으로 보고 있는 것과 비교할 때 그러 높은 편은 아니나 무시할 정도로 낮은 수준도 아니라고 할 수 있다.

피학대 노인의 대응행동을 보면 한국보건사회연구원의 조사에서는 학대를 받은 노인 중 과반수 이상인 62.8%가 끝까지 참고 일방적으로 당하여서 상당수의 경우 학대에 매우 수동적으로 대처하는 것으로 나타났다. 그러고 무조건 피하는 경우(7.4%)와 주위의 도움을 요청(4.3%)하는 등의 능동적인 노인도 있었고 또한 가해자에게 함께 맞대응하는 경우(24.5%)도 상당수 조사됐다. 한편 학대받은 노인이 경찰에 신고하는 비율은 1.1%로 상당히 낮게 나타났다. 학대 피해노인이 피하는 장소로는 특정한 장소에 갈 곳이 없어 배회하는 경우가 가장 많았고, 그 다음은 따로 사는 자녀나 노인회관으로 조사됐다.

국가인권위원회의 조사에서는 피학대 노인들이 가장 보편적으로 나타내는 대응행동은 '그냥 참았다'인 것으로 나타났고, 그 다음이 '자리를 피했다'로 나타났다. 학대 시 대응행동을 '그냥 참았다'라고 응답한 경우 그 이유는 '가족이기 때문에'라는 응답이 가장 많았다. 그리고 학대상황이 재발한다면 신고하겠냐는 질문에는 77.9%의 노인들이 '신고하지 않겠다'고 응답하였으며, 22.1%만이 '신고하겠다'고 응답하였다. 신고하지 않는 이유로는 '가족이기 때문에'가 58.3%로 가장 높았고, 그 다음은 '창피해서' 15.8%, '자식과 연을 끊을 수 없어서' 14.8%의 순으로 나타났다.

이연호(2007)의 조사에서는 피학대 노인들의 원조 요청 경험은 없다(55.9%)가 있다(44.1%)보다 높게 나타나 학대 후 원조 요청을 하지 않은 피해자가 많은 것으로 나타났으며, 도움을 요청하지 못하는 이유는 집안일이어서(46.1%)가 가장 높았고, 그 다음은 창피해서(11.8%)의 순으로 나타나 피학대 노인들이 학대를 집안일로 여기고 노출시키고 싶어하지 않아서 원조 요청을 하지 않는다는 것을 알 수 있다. 학대 신고의향은 '예'가 18.6%, '아니오'가 78.4%로 학대 후 가해자를 신고할 의향이 매우 낮음을 알 수 있다.

피학대 노인들의 가정폭력방지법 인지 여부와 관련해서 국가인권위원회의 조사에서는 75.1%가 인지하고 있지 않은 것으로 나타났으며, 이연호의 조사에서도 인지하고 있지 않다가 62.7%로 나타나 많은 수의 노인들이 가정폭력방지법에 대해서 모르고 있다는 것을 알 수 있다. 이로 미루어 볼 때 최근에 노인학대 조항이 신설된 개정 노인복지법에 대해서는 노인들이 더 더욱 잘 인지하지 못하고 있을 것으로 여겨진다.

5. 가정폭력의 대처방안

1) 배우자 폭력과 관련법

가정폭력범죄의 처벌 등에 관한 특례법은 가정폭력범죄를 다른 범죄와 같이 형사처벌로만 처리할 경우 가정의 평화보다는 오히려 가정의 뿌리를 송두리째 흔들어 버릴수도 있다는 위험 때문에 가정폭력이 근절될 수 있는 환경의 조성과 폭력행위자의 성행의 교정을 위해 제정된 특별법이다.

가정폭력특례법의 주요한 특색은 가정폭력범죄를 가정보호사건으로 처리하여 이에 대해 보호처분을 할 수 있게 하였다는 것이며, 또한 사건을 처리하는 경찰, 검찰, 법원의 각 단계에서 가정폭력범죄의 즉각적이고 효과적인 제지를 위한 응급조치 및 임시조치 등을 가능하게 했다.

(1) 신고와 고소

① 가정폭력범죄의 신고는 피해자 본인은 물론 누구든지 할 수 있다.

② 교육기관, 의료기관, 상담기관, 보호시설, 복지시설의 장이나 종사자는 가정폭력범죄를 알게 된 이상 이를 신고할 의무가 있다.

③ 일반 형법상의 범죄와는 달리, 자기 또는 배우자의 직계존속(시부모, 장인, 장모 등)도 이 법에 의해서 고소할 수 있다.

④ 신고는 112, 1366, 가까운 파출소나 경찰서 등 수사기관에 할 수 있고, 상대방의 주소지를 관할하는 수사기관이나 가정폭력이 이루어진 곳을 관할하는 수사기관에 고소를 하면 된다.

⑤ 가정폭력으로 형사고소를 하기 전, 혹은 고소를 한 후에는 여성단체나 법률상담소 혹은 법률전문가와의 상담을 통하여 필요한 서류나 앞으로의 처리방향, 대응할 자세 등에 대하여 사전 지식을 알아 두는 것이 필요하다.

⑥ 가정폭력으로 고소장을 작성할 때는, 최근의 가정폭력뿐 아니라 그 전에 있었던 가정폭력이나 혹은 피해자와 가해자와의 관계 등에 대하여 고소장에 자세히 언급함으로써(예컨대 이혼소송 중이면 이러한 내용이 자세히 언급되어 있는 이혼 소장을 첨부하는 것도 하나의 방법임) 이번의 폭력이 우발적이거나 일회적이 아님을 강조할 필요가 있고, 상해진단서나 소견서, 멍들거나 다친 부위의 사진 등을 고소장에 첨부하여야 한다.

⑦ 현재 진행 중인 가정폭력을 신고하였을 경우, 사법경찰관리는 즉시 현장에 출동하여 아래의 응급조치를 취하여야 한다(제5조).

- 폭력행위의 제지 및 범죄수사
- 피해자의 동의가 있는 경우 피해자의 가정폭력관련상담소 또는 보호시설 인도
- 긴급치료가 필요한 피해자의 의료기관 인도
- 폭력행위 재발시 격리 또는 접근금지 등의 임시조치를 신청할 수 있음을 통보

⑧ 경찰의 응급조치에 불구하고 가정폭력범죄가 재발할 우려가 있다고 인정될 경우, 검사는 직권 혹은 경찰의 신청에 의해 법원에 다음과 같은 임시조치를 청구할 수 있다(제8조).

- 주거 또는 점유하는 방실로부터의 퇴거 등 격리(예컨대 안방출입금지, 그 집에서 나갈 것 등) : 1회 연장을 포함하여 최장 4개월까지 가능
- 주거, 직장 등으로부터 100미터 이내의 접근금지 : 1회 연장을 포함하여 최장 4개월까지 가능

⑨ 만일 가정폭력을 신고하였음에도 불구하고 사법경찰관리가 현장에 출동하지 않거나 출동하더라도 '부부싸움'이라는 이유로 '원만히 해결할 것'을 권하고는 그냥 돌아가는 등 부적절한 태도를 보인다면, 경찰청이나 여성특별위원회, 1366 등에 진정(혹은 신고)을 하거나 사법경찰관리를 직무유기 등으로 형사고소하는 등 적극적인 태도를 취해야 하고, 이 방법만이 가정폭력에 대하여 관대한 태도를 보이고 있는 현행 수사기관의 자세를 바로 잡을 수 있는 지름길 중 하나이다.

⑩ 가정폭력으로 수사기관에 고소장을 제출하였음에도 불구하고 상당한 기간이 지나도록 수사기관에서 아무런 조사나 조치도 취하지 않는다면, 직접 담당 수사관을 찾아가 그 사건이 어떻게 처리되고 있는지, 언제쯤 조사를 할 것인지 등에 대하여 알아보아야 한다.

(2) 가정폭력범죄에 대한 응급조치

진행 중인 가정폭력범죄에 대하여 신고를 받은 사법경찰관리는 즉시 현장에 나가서 다음 각 호의 조치를 하여야 한다.

① 폭력행위의 제지, 가정폭력행위자 · 피해자의 분리 및 범죄수사

② 피해자를 가정폭력 관련 상담소 또는 보호시설로 인도(피해자가 동의한 경우만 해당한다)

③ 긴급치료가 필요한 피해자를 의료기관으로 인도

④ 폭력행위 재발 시 제8조에 따라 임시조치를 신청할 수 있음을 통보

(3) 가정보호사건의 처리

① 검사는 가정폭력범죄로서 사건의 성질 · 동기 및 결과, 가정폭력행위자의 성행 등을 고려하여 이 법에 따른 보호처분을 하는 것이 적절하다고 인정하는 경우에는 가정보호사건으로 처리할 수 있다. 이 경우 검사는 피해자의 의사를 존중하여야 한다.

② 다음 각 호의 경우에는 제1항을 적용할 수 있다.

- 피해자의 고소가 있어야 공소를 제기할 수 있는 가정폭력범죄에서 고소가 없거나 취소된 경우
- 피해자의 명시적인 의사에 반하여 공소를 제기할 수 없는 가정폭력범죄에서 피해자가 처벌을 희망하지 아니한다는 명시적 의사표시를 하였거나 처벌을 희망하는 의사표시를 철회한 경우

(4) 가정폭력의 조사, 심리

법원은 가정보호사건을 조사 · 심리할 때에는 의학, 심리학, 사회학, 사회복지학, 그 밖의 전문적인 지식을 활용하여 가정폭력행위자, 피해자, 그 밖의

가정구성원의 성행, 경력, 가정 상황, 가정폭력범죄의 동기 · 원인 및 실태 등을 밝혀서 이 법의 목적을 달성할 수 있는 적정한 처분이 이루어지도록 노력하여야 한다.

① 가정보호사건조사관

- 가정보호사건을 조사 · 심리하기 위하여 법원에 가정보호사건조사관을 둔다.
- 가정보호사건조사관의 자격, 임면(任免), 그 밖에 필요한 사항은 대법원규칙으로 정한다.

② 소환 및 동행

- 판사는 조사 · 심리에 필요하다고 인정하는 경우에는 기일을 지정하여 가정폭력행위자, 피해자, 가정구성원, 그 밖의 참고인을 소환할 수 있다.
- 판사는 가정폭력행위자가 정당한 이유 없이 제1항에 따른 소환에 응하지 아니하는 경우에는 동행영장을 발부할 수 있다.

판사는 가정폭력행위자가 소환에 응하지 아니할 우려가 있거나 피해자 보호를 위하여 긴급히 필요하다고 인정하는 경우에는 제24조 제1항에 따른 소환 없이 동행영장을 발부할 수 있다.

2) 노인학대와 관련법

2004년 1월 29일에 공포된 개정 노인복지법에 노인학대에 대한 조항이 신설되어 노인학대에 대한 법적 장치가 마련됨으로써 우리는 노인학대 문제에 보다 적극적으로 법적, 사회적 대응을 할 수 있게 되었다. 노인복지법에 규정된 노인학대 관련 주요내용과 법적 장치의 문제점을 보면 다음과 같다.

(1) 노인보호전문기관의 규정

노인보호전문기관이 노인복지시설의 종류에 포함되어 있다(제31조).

노인보호전문기관의 설치 및 주요업무는 다음과 같다(제39조의 5).

① 노인학대의 예방 및 방지를 위한 홍보

② 학대받은 노인의 발견 · 상담 · 보호와 의료기관에의 치료의뢰 및 노인복지시설에의 입소의뢰

③ 노인학대행위자, 노인학대행위자로 신고된 자 및 그 가정 또는 업무 · 고용 등의 관계로 사실상 노인을 보호 · 감독하는 기관이나 시설 등에 대한 조사

④ 노인학대행위자에 대한 상담 및 교육

⑤ 그 밖에 학대받은 노인의 보호를 위하여 필요한 사항

(2) 긴급전화의 설치(제39조의 4)

노인학대를 예방하고 노인학대 발생 시 수시로 신고를 받을 수 있도록 긴급전화(1389) 설치를 규정하고 있다.

(3) 노인학대 신고의무와 절차 및 신고인의 신분 보장(제39조의 6)

누구든지 노인학대를 알게 된 때에는 노인보호전문기관 또는 수사기관에 신고할 수 있게 하였으며, 특히 직무상 노인학대를 알게 된 일정한 자에게는 노인학대 신고를 의무화하였다. 신고의무자는 의료인, 노인복지시설의 장 및 그 종사자, 장애인복지시설에서 장애노인에 대한 상담 · 치료 · 훈련 또는 요양을 행하는 자, 가정폭력 관련 상담소의 상담원 및 가정폭력피해자보호시설의 종사자, 노인복지상담원 및 사회복지전담공무원 등으로 규정하고 있다. 그리고 신고인의 신분은 보장되어야 하며 그 의사에 반하여 신분이

노출되어서는 안 된다고 규정하고 있다.

(4) 노인학대 금지행위 및 처벌

① **금지행위**(제39조의 9)

- 노인의 신체에 폭행을 가하거나 상해를 입히는 행위
- 노인에게 성적 수치심을 주는 성폭행 · 성희롱 등의 행위
- 자신의 보호 · 감독을 받는 노인을 유기하거나 의식주를 포함한 기본적 보호 및 치료를 소홀히 하는 방임행위
- 노인에게 구걸을 하게 하거나 노인을 이용하여 구걸하는 행위
- 노인을 위하여 증여 또는 급여된 금품을 그 목적 외의 용도에 사용하는 행위

② **처벌**(제55조의 2, 3, 4, 5)

- 금지행위 제1호 중 상해는 7년 이하의 징역 또는 2천만 원 이하의 벌금
- 금지행위 제1호 중 폭행 및 제4호까지는 5년 이하의 징역 또는 1천500만 원 이하의 벌금
- 금지행위 중 제5호는 3년 이하의 징역 또는 1천만 원 이하의 벌금

(5) 노인보호전문기관 및 관계공무원의 의무 및 권리

① **응급조치의무**(제39조의 7)

노인학대신고를 접수한 노인보호전문기관의 직원이나 사법경찰관리는 지체 없이 노인학대의 현장에 출동하여야 하며, 현장에 출동한 자는 학대받은 노인을 노인학대행위자로부터 분리하거나 치료가 필요하다고 인정할 때에는 노인보호전문기관 또는 의료기관에 인도하여야 한다.

② **조사**(제39조의 10)

노인보호전문기관 및 관계공무원은 노인복지시설과 노인의 주소 · 거소, 노인의 고용장소 또는 노인학대 금지행위를 위반할 우려가 있는 장소에 출입하여 노인 또는 관계인에 대하여 필요한 조사를 하거나 질문을 할 수 있으며, 이때 그 권한을 표시하는 증표를 지니고 이를 노인 또는 관계인에게 내보여야 한다.

③ **보조인의 선임**(제39조의 8)

노인보호전문기관의 상담원은 법원 및 수사기관의 노인학대사건의 심리에 있어서 법원의 허가를 받아 보조인이 될 수 있으며, 법원이 학대받은 노인을 증인으로 신문하는 경우 본인 · 검사 또는 노인보호전문기관의 신청이 있는 때에는 본인과 신뢰관계에 있는 자의 동석을 허가할 수 있다.

④ **비밀누설의 금지**(제39조의 11)

노인복지법에 의한 학대노인의 보호와 관련된 업무에 종사하였거나 종사하는 자는 그 직무상 알게 된 비밀을 누설하지 못한다.

6. 가정폭력의 과제

가정폭력범죄의 처벌 등에 관한 특례법 실행 이후 상담소와 쉼터의 수적 증가는 정말 놀라울 만하다. 상담소는 39개소에서 82개소로 두 배 이상으로 증가하였고, 쉼터 역시 9개에서 23개로 증가하였다. 여성의 전화 1366은 전국 144개 권역 중 142개에 설치되었다. 상담소와 쉼터의 대부분은 정부로부터 재정지원을 받는 민간단체에 의해 운영되고 있다. 이러한 변화는 폭력방지 및 피해자 보호법이 전에는 전혀 사회로부터 보호를 받지 못했던 피해자에게 필요한 서비스를 제공하게 되었다는 측면에서 상당히 긍정적인 것으로 받아들여지고 있다.

그러나 피해자보호와 가정폭력의 예방 및 감소의 측면에서 여러 문제들이 여전히 해결되지 않고 있다.

첫째, 상담소와 쉼터의 증가에도 불구하고 여전히 부족하여 피해자가 필요한 서비스를 받는데 장해요소가 되고 있다. 더 나아가서 상담소와 쉼터의 지역적 불균형도 중요한 문제이다.

둘째, 상담소와 쉼터에 대한 정부의 재정지원이 증가하고 있음에도 불구하고 여전히 필요한 서비스를 제공하기에는 부족하다. 한 달에 250만 원의 지원은 피해자에게 질이 높은 서비스를 제공하기에는 너무나 부족한 금액이다.

셋째, 쉼터가 피해자를 보호할 때 현재 두 달 동안을 보호할 수 있으며, 1회에 한 해 한 달을 더 보호할 수 있게 되어 있는데 이 기간 동안 피해자가 심리적 안정을 되찾고 자립하기란 정말로 어려운 일이다.

넷째, 상담원의 자격에 대한 법적 요구가 너무 약하여 질 높은 서비스를 보장하기 어려운 실정이다.

다섯째, 여성의 전화 1366이 여성을 위한 일반상담전화로 인식되고 이용됨에 따라 위기전화로서의 역할을 제대로 못하고 있는 실정인데, 심각하고 위급한 가정폭력에 대한 전문적 상담을 하도록 훈련받은 상담원들이 적고, 위기전화로 24시간 운영되어야 함에도 불구하고 70%가 주간에만 운영되고 있다.

여섯째, 재정지원의 부족으로 피해자의 의료기관에서의 진단과 치료가 매우 제한적으로 진행되고 있다. 피해자가 의료기관에 갈 때 그 비용이 의료보험에서 지불되지 않아 의료기관들이 피해자의 진단과 치료를 꺼려하고 있다.

일곱째, 가해자를 위한 프로그램들이 거의 존재하지 않는다.

여덟째, 예방과 홍보가 적극적으로 실시되고 있지 않고 있다.

1) 1차 예방

1차 예방에는 우선 사회에서 남녀차별을 줄이기 위한 노력, 폭력을 용납하거나 미화하는 사회적 분위기를 줄이는 일, 체벌 대신 훈육할 수 있는 적절한 대안을 제시하기 위해 부모나 교사들을 교육시키는 일, 가정폭력의 심각성을 널리 인식시키는 등의 대중 계몽이 중요하다. 그리고 이와 함께 다방면에 종사하는 전문인력에 대한 교육이 필요하다. 전문직에 종사하는 인력들이 자기 분야에서 가정폭력의 심각성을 인식하고, 필요한 사항에 대해 변화나 대책을 가져올 수 있기 때문이다.

이와 함께 필요한 것이 제도의 개선이며, 여기에 속하는 일들로 여성 및 노약자를 법적으로 보호하는 장치가 구체적으로 마련되어야 한다. 최근에 가폭법(가정폭력범죄의 처벌 등에 관한 특례법), 성폭력특별법, 아동복지법, 청소년보호법 등으로 많은 법적 근거는 정비되어 가고 있는 중이다. 이와 함께 이러한 법적인 장치를 실행하기 위한 각종 기관, 행정 당국, 자치 단체들의 적극적이고 실효성 있는 협조가 필요하다. 그리고 이들과 협력할 수 있는 각종 비정부단체, 상담소 및 의료 기관 등의 참여가 필요하다. 이러한 것은 가정폭력이 단지 한두 사람이나 일부의 노력만으로 해결하기 어렵고 결국 지역사회의 폭넓은 지지 기반의 바탕에서 접근해야 해결이 가능하기 때문이다.

2) 2차 예방

(1) 조기 발견

가정폭력은 결국 폭력의 피해자가 스스로 학대 사실을 노출하거나, 아니면 주변에서 학대 사실을 인지해야만 한다. 하지만 앞에서 이미 언급하였지만 피해자들 스스로 노출하는 경우는 매우 적다. 따라서 가족, 친지, 혹은 지역 사회 내의 관련 있는 사람들이 발견의 단서를 찾아 노출해야 한다. 물론 가폭법 등에서 학대 사실을 의심하게 되면 반드시 신고를 해야 하는 전문가 집단의 신고 의무도 있지만, 그 실효성에 대해서는 아직 불투명하고, 더욱 중요한 것은 이웃이나 친지 등에 의해 발견, 노출되는 것이다. 여하튼 중요한 것은 "합리적으로 설명되지 않는 불분명한 이유의 행동이나 손상에 대해 혹시 학대와 관련 있지 않을까?" 하는 관심과 의심을 하는 태도이다. 이런 노력의 하나로 최근에 일부 지역에서 지역 내 자원을 이용하여 가정폭력을 신고하는 체계를 갖춰 나가는 노력들이 시도되고 있다.

(2) 조기 대책

가정폭력은 먼저 위기를 차단하고, 피해자를 안전하게 보호하여야 한다. 아주 심각한 경우에는 경찰이 개입하여야 하지만, 그렇지 않은 경우에는 사회복지기관 · 친정 등 다른 가족이웃이나 친지, 친구 · 병의원 · 상담소 등이 개입한다. 두 번째는 피해자의 응급 치료 여부를 결정하고, 필요한 경우 신속하게 조치를 취하여야 한다. 골절이나 타박, 출혈 등 신체적 손상뿐 아니라 급성 정신착란 상태, 공포 및 불안, 자살의 위험성 등이 있을 수 있다. 세 번째는 피해자의 저하된 자존심의 회복, 상담자나 주위 사람들에 대한 불신감의 해소, 독립적인 의사 결정력의 부족 등으로부터 회복시키기 위한 정신치료가 개별적으로 혹은 집단으로 이루어져야 한다. 네 번째로는 가해자인 배우자에 대한 대책을 계획하고 수행하여야 한다. 만일 법적으로 접근한다면 과거와 달리 처벌, 이혼 이외에도 가폭법(가정폭력범죄의 처벌 등에 관한 특례법) 등 관련 법규의 여러 보호 조치에 의한 치료적 접근이 있을 수 있다. 물론 법적인 접근이 아닌 경우도 있을 수 있는데, 예를 들면 의처증, 의부증(망상장애)의 경우, 가족들과 상의한 후 정신과 입원치료를 시행하여 효과를 볼 수도 있다. 마지막으로 여러 관련 기관들 간의 협력이나 역할을 조정해 주는 것이 필요하다. 여러 기관에 대해서 잘 아는 전문가가 피해자, 가해자 및 그 가족들은 물론 의료기관, 가정폭력 전문상담기관, 긴급대피소, 변호사 혹은 사법경찰관, 그 외에 지역 사회 내에 위치하는 관련 기관이나 자원을 연결, 조정하거나 정보를 제공할 수 있어야 한다.

이러한 단계별 접근에서 아직도 많은 장애 요소들이 존재하고 있다. 또한 인식의 부족 혹은 자원이 적절하게 배분되지 못한 점 등 미비점들이 많이 있다. 예를 들면 가장 적극적으로 개입해야 할 경찰력이 가정폭력에 적절하게 대응하지 못하고 있다는 사실은 누누이 지적되고 있는 사항이다. 또한 응급 대책에 대한 사회복지기관, 의료기관, 쉼터 등의 자원 또한 아직은 매우 미흡한 상황이다. 그리고 기관간의 긴밀한 연락이나 연계, 협조가 매우 절실함에도 불구하고 아직은 이들을 적절하게 연결하거나 통합할 수 있는 능력을 적절히 갖춘 기관이나 단체를 찾기가 어렵다. 따라서 앞으로 이러한 통합 서비스를 적절하게 제공할 수 있는 기능을 갖춘 기관을 적극적으로 육성해야 할 것이다.

3) 재활 및 재발 방지

3차 예방에서 목표로 하는 것은 폭력의 재발 방지와 피해자가 독립적 생활을 유지할 수 있도록 돕는 것이 목표이다. 가정폭력의 희생자들은 스스로 폭력에 저항 능력을 갖추지 못하고 있다. 그 뿐 아니라 이혼을 감행할 용기도 갖고 있지 못한다. 이혼을 결심했다고 하더라도 얼마 지나지 않아 결정을 번복하거나 혹은 이혼 후에 다시 재혼하거나 재결합하는 수가 많다. 그리고 이들은 희생자화라는 과정을 통해서 스스로 맞을 짓을 했거나 맞을 만 하다는 식으로 자존심이 극도로 저하되어 있고, 공포에 대한 재경험으로 인하여 매우 심리적으로 불안정 상태이며, 스스로 자신에 대해 결정을 내리지 못하고 안절부절한다. 가정폭력의 희생자인 아내들은 대부분 처음에는 이혼을 생각하지만, 초기에는 공포심으로 인하여, 후기에는 무력감이나 의존성으로 인하여 이혼을 결행하지 못한다.

또한 가해자들은 거의 대부분이 자기의 행동이 잘못된 것인지 조차를 모르거나 혹은 인정하려고 하지 않는다. 하지만 많은 경우 미성숙하거나 편집성 혹은 반사회성 성격경향이거나 성격장애를 갖기 때문에 가해자 스스로도 정서적 갈등에 휩싸여 갈팡질팡하는 수가 적지 않다. 따라서 상담자가 섣불리 접근하는 경우, 엉뚱한 결과를 초래하도록 자극하는 수도 있다. 그리고 폭력 행동이 저절로 자연히 교정되지 않는다는 사실과 가해자 남편들 대부분이 스스로 이혼에 동의해 주는 경우가 없다는 사실을 알아야 한다. 특히 편집성 성격인 경우, 이혼은 곧바로 자기에 대한 도전이고 약점을 드러내는 것으로 해석하고, 이혼하려고 하는 아내는 어떤 음모에 빠져있는 것으로 해석하기 때문이다. 아주 극단적인 경우, '너죽고 나죽자'는 식의 위험하고도 무모한 돌발 행동을 초래하는 수도 있다. 따라서 치료는 충분한 시간을 갖고, 단계별 접근을 해야만 한다.

마지막 단계인 재활의 단계야말로 길고 긴 세월을 요하고, 인내와 끈기를 가져야만 한다. 피해자는 여러 가지 이유로 인하여 가정폭력의 악순환에 다시 복귀하는 수가 많다. 여기에 가해자도 또한 변화를 거부하고 때로는 적극적으로 피해자를 다시 가정으로 끌어드리려 시도한다. 때로는 치료를 거부하거나 게을리하는 소극적인 방법이 아니라, 치료자를 위협하기도 한다. 많은 경우에 치료자들은 실망하거나 지쳐서 더 이상 재활과 장기 치료에서 포기하는 수가 있다. 바로 이러한 점이 아무리 법과 제도가 잘 갖추어졌다고 해도 가정폭력이 근절되고 대응이 어려운 점이다. 이런 어려운 상황이라는 것을 누가 알아주는 것도 아니기 때문에 가정폭력에 종사하는 분들은 투철한 사명감이 요구되고, 이들을 위해서 사회는 전폭적인 지지와 격려가 필요하다. 마지막으로 남은 어려운 점이 바로 이러한 전폭적인 지지와 격려를 어떻게 이끌어 내는가 하는 점이다.

부록: 심리적 복지감 척도

다음 질문을 읽고 자신에게 해당되는 곳에 V표 해 주십시오.

질 문 내 용		전혀 그렇지 않다	거의 그렇지 않다	보통이다	대체로 그렇다	매우 그렇다
1	지난 평생을 돌아볼 때 후회할 일이 별로 없다.	①	②	③	④	⑤
2	나의 지난 평생은 성공적인 편이다.	①	②	③	④	⑤
3	나는 다른 사람들보다 다복한 편이다.	①	②	③	④	⑤
4	내가 살아온 길을 되돌아보면 이루어 놓은 것이 별로 없다.	①	②	③	④	⑤
5	요즈음 나는 살맛이 난다.	①	②	③	④	⑤
6	요즈음이 내 인생에 있어서 가장 즐거운 때이다.	①	②	③	④	⑤
7	나는 현재의 생활방식에 만족한다.	①	②	③	④	⑤
8	매일매일의 생활이 따분하고 지루하다.	①	②	③	④	⑤
9	요즈음 나는 매사가 짜증스럽고 귀찮다.	①	②	③	④	⑤
10	요즈음 기쁜 일보다는 슬픈 일이 더 많다.	①	②	③	④	⑤
11	요즈음 화나는 일만 점점 더 많아진다.	①	②	③	④	⑤
12	앞으로 살아가는데 희망이 있다.	①	②	③	④	⑤
13	앞으로 내 주위에 재미있고 즐거운 일이 많이 생길 것 같다.	①	②	③	④	⑤
14	앞으로 내가 할 만한 일은 거의 없을 것이다.	①	②	③	④	⑤
15	더 이상 나이 먹는 것보다 죽는 것이 낫다.	①	②	③	④	⑤
16	나는 내 주변의 사람들과 잘 어울린다.	①	②	③	④	⑤

	질 문 내 용	전혀 그렇지 않다	거의 그렇지 않다	보통이다	대체로 그렇다	매우 그렇다
17	지금 나와 가까이 지내는 사람은 아무도 없다.	①	②	③	④	⑤
18	나는 소외감을 자주 느낀다.	①	②	③	④	⑤
19	내가 곤경에 처했을 때 의지할 만한 사람이 없다.	①	②	③	④	⑤
20	나는 내가 필요할 때 어울릴 친구가 있다.	①	②	③	④	⑤
21	주변의 어느 누구도 내 마음을 알아주지 않는다.	①	②	③	④	⑤
22	나는 외톨이가 된 기분이다.	①	②	③	④	⑤
23	주변에 나를 잘 이해하는 사람이 없다.	①	②	③	④	⑤
24	나에게는 말을 주고받을 사람이 없다.	①	②	③	④	⑤
25	나의 대인관계는 사무적이고 깊이가 없다.	①	②	③	④	⑤

생각해 보기

1. 가정폭력의 유형에 대해서 생각해 보세요.

2. 가정폭력 발생으로 인한 문제점에 대해서 논의해 보세요.

3. 가정폭력을 도울 수 있는 방안에 대해서 생각해 보세요.

4. 심리적 복지감 척도를 사용하여 자신의 심리적 상태를 점검해 보세요.

제9장

가족과 법

1. 가족법
2. 건강가족기본법
3. 가정폭력범죄의 처벌 등에 관한 특례법
4. 한부모가족지원법

가족과 관련법으로는 가족생활, 가족복지정책, 가족문제, 가족복지실천과 관련된 법규 등 다양한 법규가 있다.

가족생활과 관련된 기본법규로는 헌법의 관련조항, 가족법, 건강가정기본법, 건전가정의례의 정착 및 지원에 관한 법률, 국적법, 다문화가족지원법, 주민등록법, 재한외국인처우기본법, 호적법, 혼인신고 특례법이 있다.

가족복지정책과 관련된 법으로는 국민기초생활보장법, 국민연금법, 국민건강보험법, 사회보장기본법, 긴급복지지원법, 농어촌 주민의 보건복지증진을 위한 특별법, 재해구호법, 의료급여법, 소득세법 등이 있다.

가족문제, 가족복지실천과 관련된 법으로는 가정폭력범죄의 처벌 등에 관한 특례법, 가정폭력방지 및 피해자 보호 등에 관한 법률, 가사소송법, 성폭력범죄의 처벌 및 피해자 보호 등에 관한 법률, 성매매 알선 등 행위의 처벌에 관한 법률, 성매매방지 및 피해자 보호 등에 관한 법률, 한부모가족지원법, 모자보건법, 입양촉진 및 절차에 관한 특례법, 장애인 · 노인 · 임산부 등의 편의 증진보장에 관한 법률, 형법 중 관련 조항 등이 있다.

가족과 관련된 법규는 다양하고 광범위하게 이루어져 있으며, 관련법의 내용을 구체적으로 살펴보면 다음과 같다.

1. 가족법

1) 가족법의 의의

가족법이란 가족적 · 친족적 공동생활 및 이러한 공동생활에 기초한 재산의 승계관계를 규율하는 법이며, 크게 친족법과 상속법으로 나뉘어진다.

친족법은 가족적 · 친족적 공동생활 중 상속관계를 제외한 혼인 · 친자 · 친족관계를 규율대상으로 하는 방법을 말하며, 민법 제4편에 총칙 · 호주와 가족 · 혼인 · 부모와 자 · 후견 · 친족회 · 부양 · 호주 승계 순으로 총 8장으로 구성되어 있다.

상속법은 가족적 공동생활에서 일어나는 재산 귀속관계를 규율대상으로 하는 법을 말하며, 민법 제5편에 상속 · 유언 · 유류분 순으로 총 3장으로 구성되어 있다.

2) 가족법의 특성

종래 우리나라의 가족법은 부계 중심의 가부장제 가족제도의 원리에 근거하고 있었기 때문에 개인의 존엄과 양성평등(兩性平等)의 원칙에 위배되는 규정들이 많았다. 따라서 1960년 가족법 시행 이래 개정 논의가 부단히 계속되었고, 1977년 12월 혼인법 · 친자법 · 상속법 등에서 몇 개의 조문이 개정 또는 신설되는 부분적 개정이 이루어졌으며, 1989년 12월 비로소 대폭적인 개정이 단행되었으나, 가족법의 근간이 되었던 호주제도와 동성동본불혼제도는 존치되었다. 다만, 호주제도를 강제상속에서 임의적 승계제도로 개정함으로써 명목상의 제도로 그 성격을 바꾸었고, 상속법이 아닌 친족법에 규정하는 형식을 취하였다. 이 밖에 친족 범위의 부모계(父母系) 평등(777조), 혼인법에서 생활비의 부부 공동부담(833조), 재산분할제도(839조의 2)와 면접교섭권(837조의 2)의 신설, 친자법에서 친권의 실질적인 부모 공동행사, 이혼모에 대한 친권 인정(909조), 상속법에서 공동상속인간의 상속분의 균등(1009조 1항), 부부간의 상속순위와 상속분의 평등(1003조 1항, 1009조 2항), 기여분제도(1009조의 2)와 특별연고자에 대한 분여제도(分與制度)(1057조의 2) 등을 신설하였다.

또, 2000년 10월의 민법 개정안에서는 동성동본불혼제를 규정하고 있던 민법 제809조를 폐지하고, 친부 확인을 위해 남편과 이혼 또는 사별한 여성에 대하여 6개월간 재혼을 금지한 조항도 폐지하였다. 이로써 한국의 가족법은 미흡한 대로 부모평등 · 부부평등 · 남녀평등 이념의 실현에 기여할 수 있는 현대적인 가족법으로 접근하게 되었다.

3) 가족법의 내용

(1) 친족편

① 친족의 정의

친족은 배우자, 혈족 및 인척을 친족으로 한다(민법 제767조).

혈족은 자기의 직계존속과 직계비속을 직계혈족이라 하고 자기의 형제자매와 형제자매의 직계비속, 직계존속의 형제자매 및 그 형제자매의 직계비속을 방계혈족이라 한다(민법 제768조).

혈족의 배우자, 배우자의 혈족, 배우자의 혈족의 배우자를 인척으로 한다(민법 제769조).

친족의 범위는 친족관계로 인한 법률상 효력은 이 법 또는 다른 법률에 특별한 규정이 없는 8촌 이내의 혈족, 4촌 이내의 인척, 배우자로 하고 있다(민법 제777조).

② 혼인

혼인은 만 18세가 된 사람은 혼인할 수 있으며(민법 제807조), 미성년자가 혼인을 할 때에는 부모의 동의를 얻어야 하며, 부모 중 일방이 동의권을 행사할 수 없는 때에는 다른 일방의 동의를 얻어야 하고, 부모가 모두 동의권을 행사할 수 없는 때에는 후견인의 동의를 얻어야 한다. 또한 금치산자는 부모 또는 후견인의 동의를 얻어 혼인할 수 있고, 부모 또는 후견인이 없거나 또는 동의할 수 없는 때에는 친족회의 동의를 얻어 혼인할 수 있다(민법 제808조).

- 근친혼 등의 금지 : 민법 제809조에 의하면, 8촌 이내의 혈족(친양자의 입양 전의 혈족을 포함한다) 사이에서는 혼인하지 못한다. 6촌 이내의 혈족의 배우자, 배우자의 6촌 이내의 혈족, 배우자의 4촌 이내의 혈족의 배우자인 인척이거나 이러한 인척이었던 자 사이에서는 혼인하지 못한다. 6촌 이내의 양부모계(養父母系)의 혈족이었던 자와 4촌 이내의 양부모계의 인척이었던 자 사이에서는 혼인하지 못한다.

- 혼인의 효력 : 민법 제826조에서는 부부간의 의미를 다음과 같의 정의하고 있다.

부부는 동거하며 서로 부양하고 협조하여야 한다. 그러나 정당한 이유로 일시적으로 동거하지 아니하는 경우에는 서로 인용하여야 한다.

부부의 동거장소는 부부의 협의에 따라 정한다. 그러나 협의가 이루어지지 아니하는 경우에는 당사자의 청구에 의하여 가정법원이 이를 정한다.

③ 이혼

- 이혼의 절차(민법 제836조의 2)

- 협의상 이혼을 하려는 자는 가정법원이 제공하는 이혼에 관한 안내를 받아야 하고, 가정법원은 필요한 경우 당사자에게 상담에 관하여 전문적인 지식과 경험을 갖춘 전문상담인의 상담을 받을 것을 권고할 수 있다.
- 가정법원에 이혼의사의 확인을 신청한 당사자는 제1항의 안내를 받은 날부터 다음 각 호의 기간이 지난 후에 이혼의사의 확인을 받을 수 있다.

가. 양육하여야 할 자(포태 중인 자를 포함한다. 이하 이 조에서 같다)가 있는 경우에는 3개월

나. 제1호에 해당하지 아니하는 경우에는 1개월

- 가정법원은 폭력으로 인하여 당사자 일방에게 참을 수 없는 고통이 예상되는 등 이혼을 하여야 할 급박한 사정이 있는 경우에는 제2항의 기간을 단축 또는 면제할 수 있다.
- 양육하여야 할 자가 있는 경우 당사자는 제837조에 따른 자(子)의 양육과 제909조 제4항에 따른 자(子)의 친권자결정에 관한 협의서 또는 제837조 및 제909조 제4항에 따른 가정법원의 심판정본을 제출하여야 한다.
- 가정법원은 당사자가 협의한 양육비 부담에 관한 내용을 확인하는 양육비부담조서를 작성하여야 한다. 이 경우 양육비부담조서의 효력에 대하여는 「가사소송법」 제41조를 준용한다.

– 자녀양육 : 이혼자의 자녀양육에 대한 민법의 내용을 살펴보면, 민법 제837조에 이혼과 자의 양육책임, 제837조의 2 면접교섭권 조항에서 살펴볼 수 있다.

– 이혼과 자의 양육책임

- 당사자는 그 자의 양육에 관한 사항을 협의에 의하여 정한다.
- 제1항의 협의는 다음의 사항을 포함하여야 한다.

가. 양육자의 결정

나. 양육비용의 부담

다. 면접교섭권의 행사 여부 및 그 방법

- 제1항에 따른 협의가 자(子)의 복리에 반하는 경우에는 가정법원은 보정을 명하거나 직권으로 그 자(子)의 의사(意思) · 연령과 부모의 재산상황, 그 밖의 사정을 참작하여 양육에 필요한 사항을 정한다.
- 양육에 관한 사항의 협의가 이루어지지 아니하거나 협의할 수 없는 때에는 가정법원은 직권으로 또는 당사자의 청구에 따라 이에 관하여 결정한다. 이 경우 가정법원은 제3항의 사정을 참작하여야 한다.

- 가정법원은 자(子)의 복리를 위하여 필요하다고 인정하는 경우에는 부·모·자(子) 및 검사의 청구 또는 직권으로 자(子)의 양육에 관한 사항을 변경하거나 다른 적당한 처분을 할 수 있다.
- 제3항부터 제5항까지의 규정은 양육에 관한 사항 외에는 부모의 권리의무에 변경을 가져오지 아니한다.

- 면접교섭권

- 자(子)를 직접 양육하지 아니하는 부모의 일방과 자(子)는 상호 면접교섭할 수 있는 권리를 가진다.
- 가정법원은 자의 복리를 위하여 필요한 때에는 당사자의 청구 또는 직권에 의하여 면접교섭을 제한하거나 배제할 수 있다.

④ 입양

현행 민법에서는 성년에 달한 자는 양자를 할 수 있으며, 성년이 된 사람은 입양을 할 수 있다고 정의하고 있다.

미성년자의 입양에 대해서는 민법 제867조에 의하면, ① 미성년자를 입양하려는 사람은 가정법원의 허가를 받아야 한다. ② 가정법원은 양자가 될 미성년자의 복리를 위하여 그 양육 상황, 입양의 동기, 양부모(養父母)의 양육능력, 그 밖의 사정을 고려하여 제1항에 따른 입양의 허가를 하지 아니할 수 있다.

⑤ 친권

- 친권자(민법 제909조)

- 부모는 미성년자인 자의 친권자가 된다. 양자의 경우에는 양부모(養父母)가 친권자가 된다.
- 친권은 부모가 혼인 중인 때에는 부모가 공동으로 이를 행사한다. 그러나 부모의 의견이 일치하지 아니하는 경우에는 당사자의 청구에 의하여 가정법원이 이를 정한다.

- 부모의 일방이 친권을 행사할 수 없을 때에는 다른 일방이 이를 행사한다.
- 혼인외의 자가 인지된 경우와 부모가 이혼하는 경우에는 부모의 협의로 친권자를 정하여야 하고, 협의할 수 없거나 협의가 이루어지지 아니하는 경우에는 가정법원은 직권으로 또는 당사자의 청구에 따라 친권자를 지정하여야 한다. 다만, 부모의 협의가 자(子)의 복리에 반하는 경우에는 가정법원은 보정을 명하거나 직권으로 친권자를 정한다.
- 가정법원은 혼인의 취소, 재판상 이혼 또는 인지청구의 소의 경우에는 직권으로 친권자를 정한다.
- 가정법원은 자의 복리를 위하여 필요하다고 인정되는 경우에는 자의 4촌 이내의 친족의 청구에 의하여 정하여진 친권자를 다른 일방으로 변경할 수 있다.

- 친권의 효력 : 친권자는 보호, 교양할 권리의무가 있다(민법 제913조).

- 친권의 상실 : 부 또는 모가 친권을 남용하거나 현저한 비행 기타 친권을 행사시킬 수 없는 중대한 사유가 있는 때에는 법원은 제777조의 규정에 의한 자의 친족 또는 검사의 청구에 의하여 그 친권의 상실을 선고할 수 있다.

⑥ 후견

미성년자에게 친권자가 없거나 친권자가 법률행위의 대리권과 재산관리권을 행사할 수 없는 경우에는 미성년후견인을 두어야 한다(민법 제928조).

-후견인의 수와 자격(민법 제930조)

- 미성년후견인의 수(數)는 한 명으로 한다.
- 성년후견인은 피성년후견인의 신상과 재산에 관한 모든 사정을 고려하여 여러 명을 둘 수 있다.
- 법인도 성년후견인이 될 수 있다.

- 후견인의 임무

가. 재산조사와 목록작성(민법 제941조)

- 후견인은 지체 없이 피후견인의 재산을 조사하여 2개월 내에 그 목록을 작성하여야 한다. 다만, 정당한 사유가 있는 경우에는 법원의 허가를 받아 그 기간을 연장할 수 있다.
- 후견감독인이 있는 경우 제1항에 따른 재산조사와 목록작성은 후견감독인의 참여가 없으면 효력이 없다.

나. 채권, 채무의 제시(민법 제942조)

- 후견인과 피후견인 사이에 채권 · 채무의 관계가 있고 후견감독인이 있는 경우에는 후견인은 재산목록의 작성을 완료하기 전에 그 내용을 후견감독인에게 제시하여야 한다.
- 후견인이 피후견인에 대한 채권이 있음을 알고도 제1항에 따른 제시를 게을리한 경우에는 그 채권을 포기한 것으로 본다.

다. 미성년자의 신분에 관한 후견인의 권리 · 의무(민법 제945조)

미성년후견인은 제913조부터 제915조까지에 규정한 사항에 관하여는 친권자와 동일한 권리와 의무가 있다. 다만, 다음 각 호의 어느 하나에 해당하는 경우에는 미성년후견감독인이 있으면 그의 동의를 받아야 한다.

- 친권자가 정한 교육방법, 양육방법 또는 거소를 변경하는 경우
- 미성년자를 감화기관이나 교정기관에 위탁하는 경우
- 친권자가 허락한 영업을 취소하거나 제한하는 경우

⑦ 부양

- 부양의무와 생활능력(민법 제974조, 975조)

다음 각호의 친족은 서로 부양의 의무가 있다.

- 직계혈족 및 그 배우자간
- 기타 친족간(생계를 같이 하는 경우에 한한다.)

부양의 의무는 부양을 받을 자가 자기의 자력 또는 근로에 의하여 생활을

유지할 수 없는 경우에 한하여 이를 이행할 책임이 있다.

(2) 상속편

상속은 사망으로 인하여 개시되며, 상속에 관한 비용은 상속재산 중에서 지급하는 것으로 하고 있다.

① 상속인의 순위

- 상속에 있어서는 다음 순위로 상속인이 된다.
- • 피상속인의 직계비속
- • 피상속인의 직계존속
- • 피상속인의 형제자매
- • 피상속인의 4촌 이내의 방계혈족

- 전항의 경우에 동순위의 상속인이 수인인 때에는 최근친을 선순위로 하고 동친 등의 상속인이 수인인 때에는 공동상속인이 된다.

- 태아는 상속순위에 관하여는 이미 출생한 것으로 본다.

② 상속의 효력

상속인은 상속개시 된 때로부터 피상속인의 재산에 관한 포괄적 권리의무를 승계한다. 그러나 피상속인의 일신에 전속한 것은 그러하지 아니하다.

- 법정상속분(민법 제1009조)
- • 동순위의 상속인이 수인인 때에는 그 상속분은 균분으로 한다.
- • 피상속인의 배우자의 상속분은 직계비속과 공동으로 상속하는 때에는 직계비속의 상속분의 5할을 가산하고, 직계존속과 공동으로 상속하는 때에는 직계존속의 상속분의 5할을 가산한다.

③ **상속재산의 분할**(민법 제1012조~제1018조)

피상속인은 유언으로 상속재산의 분할방법을 정하거나 이를 정할 것을 제삼자에게 위탁할 수 있고 상속개시의 날로부터 5년을 초과하지 아니하는 기간 내의 그 분할을 금지할 수 있다.

④ **유언**(민법 제1065조~제1111조)

유언의 방식은 자필증서, 녹음, 공정증서, 비밀증서와 구수증서의 5종으로 한다.

- 자필증서에 의한 유언
  - 자필증서에 의한 유언은 유언자가 그 전문과 연월일, 주소, 성명을 자서하고 날인하여야 한다.
  - 전항의 증서에 문자의 삽입, 삭제 또는 변경을 함에는 유언자가 이를 자서하고 날인하여야 한다.

- 녹음에 의한 유언 : 녹음에 의한 유언은 유언자가 유언의 취지, 그 성명과 연월일을 구술하고 이에 참여한 증인이 유언의 정확함과 그 성명을 구술하여야 한다.

- 공정증성에 대한 유언 : 공정증서에 의한 유언은 유언자가 증인 2인이 참여한 공증인의 면전에서 유언의 취지를 구수하고 공증인이 이를 필기낭독하여 유언자와 증인이 그 정확함을 승인한 후 각자 서명 또는 기명날인하여야 한다.

- 비밀증서에 의한 유언
  - 비밀증서에 의한 유언은 유언자가 필자의 성명을 기입한 증서를 엄봉날인하고 이를 2인 이상의 증인의 면전에 제출하여 자기의 유언서임을 표시한 후 그 봉서표면에 제출 연월일을 기재하고 유언자와 증인이 각자 서명 또는 기명날인하여야 한다.

• 전항의 방식에 의한 유언봉서는 그 표면에 기재된 날로부터 5일 내에 공증인 또는 법원서기에게 제출하여 그 봉인상에 확정일자인을 받아야 한다.

- 구수증서에 의한 유언

• 구수증서에 의한 유언은 질병 기타 급박한 사유로 인하여 전4조의 방식에 의할 수 없는 경우에 유언자가 2인 이상의 증인의 참여로 그 1인에게 유언의 취지를 구수하고 그 구수를 받은 자가 이를 필기낭독하여 유언자의 증인이 그 정확함을 승인한 후 각자 서명 또는 기명날인하여야 한다.

• 전항의 방식에 의한 유언은 그 증인 또는 이해관계인이 급박한 사유의 종료한 날로부터 7일 내에 법원에 그 검인을 신청하여야 한다.

• 제1063조 제2항의 규정은 구수증서에 의한 유언에 적용하지 아니한다.

- 유언의 집행

• 유언의 증서나 녹음을 보관한 자 또는 이를 발견한 자는 유언자의 사망 후 지체없이 법원에 제출하여 그 검인을 청구하여야 한다.

• 전항의 규정은 공정증서나 구수증서에 의한 유언에 적용하지 아니한다.

⑤ **유류분**(민법 제111조~제1118조)

- 유류분의 권리자와 유류분

상속인의 유류분은 다음 각호에 의한다.

• 피상속인의 직계비속은 그 법정상속분의 2분의 1

• 피상속인의 배우자는 그 법정상속분의 2분의 1

• 피상속인의 직계존속은 그 법정상속분의 3분의 1

• 피상속인의 형제자매는 그 법정상속분의 3분의 1

- 유류분의 보전

• 유류분권리자가 피상속인의 제1114조에 규정된 증여 및 유증으로 인하여 그 유류분에 부족이 생긴 때에는 부족한 한도에서 그 재산의 반환을

청구할 수 있다.

- 제1항의 경우에 증여 및 유증을 받은 자가 수인인 때에는 각자가 얻은 유증가액의 비례로 반환하여야 한다.

2. 건강가족기본법

건강가족기본법은 2004년 제정한 법으로 건강한 가정생활의 영위와 가족의 유지 및 발전을 위한 국민의 권리 · 의무와 국가 및 지방자치단체 등의 책임을 명백히 하고, 가정문제의 적절한 해결방안을 강구하며 지원정책을 강화함으로써 건강가정 구현에 기여하기 위해 제정한 법(2004. 2. 9, 법률 제7166호)이다. 건강가족기본법에서는 건강가정이란 가족구성원의 욕구가 충족되고 인간다운 삶이 보장되는 가정으로 정의하고 있으며, 가족구성원은 부양 · 자녀양육 · 가사노동 등 가정생활의 운영에 동참해야 하고 서로 존중하며 신뢰해야 한다고 하고 있다.

1) 목적

이 법은 건강한 가정생활의 영위와 가족의 유지 및 발전을 위한 국민의 권리 · 의무와 국가 및 지방자치단체 등의 책임을 명백히 하고, 가정문제의 적절한 해결방안을 강구하며 가족구성원의 복지증진에 이바지할 수 있는 지원정책을 강화함으로써 건강가정 구현에 기여하는 것을 목적으로 한다.

건강가정기본법 제2조에서는 가정은 개인의 기본적인 욕구를 충족시키고 사회통합을 위하여 기능할 수 있도록 유지 · 발전되어야 한다는 기본이념을 제시하고 있다.

2) 용어의 정의

① "가족"이라 함은 혼인 · 혈연 · 입양으로 이루어진 사회의 기본단위를 말한다.

② "가정"이라 함은 가족구성원이 생계 또는 주거를 함께 하는 생활공동체로서 구성원의 일상적인 부양 · 양육 · 보호 · 교육 등이 이루어지는 생활단위를 말한다.

③ "건강가정"이라 함은 가족구성원의 욕구가 충족되고 인간다운 삶이 보장되는 가정을 말한다.

④ "건강가정사업"이라 함은 건강가정을 저해하는 문제(이하 "가정문제"라 한다)의 발생을 예방하고 해결하기 위한 여러 가지 조치와 가족의 부양 · 양육 · 보호 · 교육 등의 가정 기능을 강화하기 위한 사업을 말한다.

3) 국가 및 지방자치단체의 책임

건강가정기본법에서는 국가 및 지방자치단체의 책임을 명확하게 제시하고 있으며, 그 내용은 다음과 같다.

(1) 국가 및 지방자치단체의 책임

① 국가 및 지방자치단체는 건강가정을 위하여 필요한 제도와 여건을 조성하고 이를 위한 시책을 강구하여 추진하여야 한다.

② 국가 및 지방자치단체는 제1항의 시책을 강구함에 있어 가족구성원의 특성과 가정 유형을 고려하여야 한다.

③ 국가 및 지방자치단체는 민주적인 가정형성, 가정친화적 환경조성, 양성평등한 가족가치 실현 및 가사노동의 정당한 가치평가를 위하여 노력하여야 한다.

(2) 지역사회자원의 개발활용

국가 및 지방자치단체는 건강한 가정구현에 기여할 수 있도록 지역사회자원을 최대한 개발하고 활용하여야 한다.

4) 국민의 권리와 의무

(1) 국민의 권리와 의무

① 모든 국민은 가정의 구성원으로서 안정되고 인간다운 삶을 유지할 수 있는 가정생활을 영위할 권리를 가진다.
② 모든 국민은 가정의 중요성을 인식하고 그 복지의 향상을 위하여 노력하여야 한다.

(2) 혼인과 출산

① 모든 국민은 혼인과 출산의 사회적 중요성을 인식하여야 한다.
② 국가 및 지방자치단체는 출산과 육아에 대한 사회적 책임을 인식하고 모성보호와 태아의 건강보장 등 적절한 출산환경을 조성하기 위하여 적극적으로 지원하여야 한다.

(3) 가족해체 예방

① 가족구성원 모두는 가족해체를 예방하기 위하여 노력하여야 한다.

② 국가 및 지방자치단체는 가족해체를 예방하기 위하여 필요한 제도와 시책을 강구하여야 한다.

5) 건강가정정책

(1) 건강가정기본계획의 수립

① 여성가족부장관은 관계 중앙행정기관의 장과 협의하여 건강가정기본계획(이하 "기본계획"이라 한다)을 5년마다 수립하여야 한다.

② 기본계획에는 다음 각호의 사항이 포함되어야 한다.

가. 가족기능의 강화 및 가정의 잠재력 개발을 통한 가정의 자립 증진 대책

나. 사회통합과 문화계승을 위한 가족공동체문화의 조성

다. 다양한 가족의 욕구충족을 통한 건강가정 구현

라. 민주적인 가족관계와 양성평등적인 역할분담

마. 가정친화적인 사회환경의 조성

바. 가족의 양육·부양 등의 부담 완화와 가족해체 예방을 통한 사회비용 절감

사. 위기가족에 대한 긴급 지원책

아. 가족의 건강증진을 통한 건강사회 구현

자. 가족지원정책의 추진과 관련한 재정조달 방안

③ 기본계획은 국무회의의 심의를 거쳐 확정한다.

④ 여성가족부장관은 확정된 기본계획을 지체없이 관계중앙행정기관의 장 및 지방자치단체의 장에게 통보하여야 한다.

(2) 교육연구의 진흥

① 국가 및 지방자치단체는 건강가정과 관련된 연구를 진흥하고 전문가를 양성하여야 한다.

② 국가 및 지방자치단체는 건강가정을 위한 교육프로그램을 지속적으로 개발 · 제공하여야 한다.

(3) 가족실태조사

① 국가 및 지방자치단체는 개인과 가족의 생활실태를 파악하고, 건강가정 구현 및 가정문제 예방 등을 위한 서비스의 욕구와 수요를 파악하기 위하여 5년마다 가족실태조사를 실시하고 그 결과를 발표하여야 한다.

② 제1항의 규정에 의한 가족실태조사를 위하여 필요한 사항은 여성가족부령으로 정한다.

6) 건강가정사업

(1) 가정에 대한 지원(제21조)

① 국가 및 지방자치단체는 가정이 원활한 기능을 수행하도록 지원하여야 한다.

② 제1항의 규정에 의하여 지원하여야 할 사항은 다음 각호와 같다.

가. 가족구성원의 정신적 · 신체적 건강지원

나. 소득보장 등 경제생활의 안정

다. 안정된 주거생활

라. 태아검진 및 출산 · 양육의 지원

마. 직장과 가정의 양립

바. 음란물 · 유흥가 · 폭력 등 위해환경으로부터의 보호

사. 가정폭력으로부터의 보호

아. 가정친화적 사회분위기의 조성

자. 그 밖에 건강한 가정의 기능을 강화 · 지원할 수 있는 관련 사항

③ 국가 및 지방자치단체는 취업여성의 임신 · 출산 · 수유와 관련된 모성보호 및 부성보호를 위한 유급휴가시책이 확산되도록 노력하여야 한다.

④ 국가 및 지방자치단체는 한부모가족, 노인단독가정, 장애인가정, 미혼모가정, 공동생활가정, 자활공동체 등 사회적 보호를 필요로 하는 가정에 대하여 적극적으로 지원하여야 한다.

⑤ 제2항 및 제4항의 규정에 의한 국가 및 지방자치단체의 지원에 관한 세부적 사항은 관계법률이 정하는 바에 의한다.

(2) 자녀양육지원의 강화(제22조)

① 국가 및 지방자치단체는 자녀를 양육하는 가정에 대하여 자녀양육으로 인한 부담을 완화하고 아동의 행복추구권을 보장하기 위하여 보육, 방과후 서비스, 양성이 평등한 육아휴직제 등의 정책을 적극적으로 확대 시행하여야 한다.

② 국가 및 지방자치단체는 다양한 가족형태를 고려하여 아동양육지원사업 시책(아이돌보미 서비스를 포함한다. 이하 같다)을 수립 · 시행하여야 한다.

③ 국가 및 지방자치단체는 아동양육지원사업을 예산의 범위에서 지원할 수 있다.

④ 국가 및 지방자치단체는 가사노동의 가치에 대한 사회적 인식을 제고하고 이를 관련 법 · 제도 및 가족정책에 반영하도록 노력하여야 한다.

(3) 민주적이고 양성평등한 가족관계의 증진(제26조)

① 국가 및 지방자치단체는 부부 및 세대간에 가족갈등이 있는 경우 이를 예방 · 상담하고, 민주적이고 양성평등한 가족관계를 증진시킬 수 있도록 가족지원서비스를 확대하고, 다양한 가족생활교육 · 부모교육 · 가족상담 · 평등가족홍보 등을 추진하여야 한다.

② 국가 및 지방자치단체는 가정폭력이 있는 가정의 경우 가정폭력피해자와 피해자 가족에 대한 개입에 있어 전문가의 체계적인 개입과 서비스가 이루어지도록 노력하여야 한다.

(4) 가정생활문화의 발전(제28조)

① 국가 및 지방자치단체는 건강가정의 생활문화를 고취하고 그에 대한 지원정책을 수립하여야 한다.

② 국가 및 지방자치단체가 지원하여야 하는 건강가정의 생활문화는 다음 각호의 사항을 포함한다.

가. 가족여가문화
나. 양성평등한 가족문화
다. 가족단위 자원봉사활동
라. 건강한 의식주 생활문화
마. 합리적인 소비문화
바. 지역사회 공동체문화
사. 그 밖에 건강가정의 생활문화와 관련된 사항

(5) 건강가정교육(제32조)

① 국가 및 지방자치단체는 건강가정교육을 실시하여야 한다.

② 제1항의 규정에 의한 교육내용에는 다음 각호의 사항이 포함되어야 한다.

가. 결혼준비교육

나. 부모교육

다. 가족윤리교육

라. 가족가치실현 및 가정생활관련 교육 등

③ 제1항의 규정에 의한 건강가정교육에 관하여 필요한 사항은 여성가족부령으로 정한다.

7) 건강가정전담조직 등

(1) 건강가정사업의 전담수행(제34조)

여성가족부 및 지방자치단체는 건강가정사업에 관한 업무를 전담하여 수행할 수 있도록 하여야 한다.

(2) 건강가정지원센터(제35조)

① 국가 및 지방자치단체는 가정문제의 예방 · 상담 및 치료, 건강가정의 유지를 위한 프로그램의 개발, 가족문화운동의 전개, 가정관련 정보 및 자료제공 등을 위하여 건강가정지원센터(이하 "센터"라 한다)를 설치 · 운영하여야 한다.

② 센터에는 건강가정사업을 수행하기 위하여 관련분야에 대한 학식과 경험을 가진 전문가(이하 "건강가정사"라 한다)를 두어야 한다.

③ 건강가정사는 대학 또는 이와 동등 이상의 학교에서 사회복지학 · 가정학 · 여성학 등 여성가족부령이 정하는 관련 교과목을 이수하고 졸업한 자이어야 한다.

④ 센터의 조직 · 운영 및 건강가정사의 자격 · 직무에 관하여 필요한 사항은 대통령령으로 정한다.

⑤ 센터의 운영은 여성가족부령이 정하는 바에 의하여 민간에 위탁할 수 있다.

3. 가정폭력범죄의 처벌 등에 관한 특례법

가정폭력범죄의 처벌 등에 관한 특례법은 1997년에 제정되었으며, 가정폭력범죄에 대한 형사처벌 절차에 관한 특례를 정하고 가정폭력범죄를 범한 자에 대해 환경의 조성과 성행(性行)의 교정을 위한 보호처분을 함으로써 가정폭력범죄로 파괴된 가정의 평화와 안정을 회복하고 건강한 가정을 가꾸며 피해자와 가족구성원의 인권을 보호함을 목적으로 한다.

1) 정의

① "가정폭력"이란 가정구성원 사이의 신체적, 정신적 또는 재산상 피해를 수반하는 행위를 말한다.

② "가정구성원"이란 다음 각 목의 어느 하나에 해당하는 사람을 말한다.

가. 배우자(사실상 혼인관계에 있는 사람을 포함한다. 이하 같다) 또는 배우자였던 사람

나. 자기 또는 배우자와 직계존비속관계(사실상의 양친자관계를 포함한다. 이하 같다)에 있거나 있었던 사람

다. 계부모와 자녀의 관계 또는 적모(嫡母)와 서자(庶子)의 관계에 있거나 있었던 사람

라. 동거하는 친족

③ "가정폭력범죄"란 가정폭력으로서 다음 각 목의 어느 하나에 해당하는 죄를 말한다.

가. 「형법」 제2편 제25장 상해와 폭행의 죄 중 제257조(상해, 존속상해), 제258조(중상해, 존속중상해), 제260조(폭행, 존속폭행) 제1항 · 제2항, 제261조(특수폭행) 및 제264조(상습범)의 죄

나. 「형법」 제2편 제28장 유기와 학대의 죄 중 제271조(유기, 존속유기) 제1항 · 제2항, 제272조(영아유기), 제273조(학대, 존속학대) 및 제274조(아동혹사)의 죄

다. 「형법」 제2편 제29장 체포와 감금의 죄 중 제276조(체포, 감금, 존속체포, 존속감금), 제277조(중체포, 중감금, 존속중체포, 존속중감금), 제278조(특수체포, 특수감금), 제279조(상습범) 및 제280조(미수범)의 죄

라. 「형법」 제2편 제30장 협박의 죄 중 제283조(협박, 존속협박) 제1항 · 제2항, 제284조(특수협박), 제285조(상습범 및 제283조의 죄에만 해당한다) 및 제286조(미수범)의 죄

마. 「형법」 제2편 제32장 강간과 추행의 죄 중 제297조(강간), 제298조(강제추행), 제299조(준강간, 준강제추행), 제300조(미수범), 제301조(강간등 상해 · 치상), 제301조의 2(강간 등 살인 · 치사), 제302조(미성년자 등에 대한 간음), 제305조(미성년자에 대한 간음, 추행), 제305조의 2(상습범 및 제297조부터 제300조까지의 죄에 한한다)의 죄

바. 「형법」 제2편 제33장 명예에 관한 죄 중 제307조(명예훼손), 제308조(사자의 명예훼손), 제309조(출판물 등에 의한 명예훼손) 및 제311조(모욕)의 죄

사. 「형법」 제2편 제36장 주거침입의 죄 중 제321조(주거 · 신체 수색)의 죄

아. 「형법」 제2편 제37장 권리행사를 방해하는 죄 중 제324조(강요) 및 제324조의 5(미수범 및 제324조의 죄에만 해당한다)의 죄

자. 「형법」 제2편 제39장 사기와 공갈의 죄 중 제350조(공갈) 및 제352조(미수범 및 제350조의 죄에만 해당한다)의 죄

차. 「형법」 제2편 제42장 손괴의 죄 중 제366조(재물손괴 등)의 죄

카. 가목부터 차목까지의 죄로서 다른 법률에 따라 가중처벌되는 죄

④ "가정폭력행위자"란 가정폭력범죄를 범한 사람 및 가정구성원인 공범을 말한다.

⑤ "피해자"란 가정폭력범죄로 인하여 직접적으로 피해를 입은 사람을 말한다.

⑥ "가정보호사건"이란 가정폭력범죄로 인하여 이 법에 따른 보호처분의 대상이 되는 사건을 말한다.

⑦ "보호처분"이란 법원이 가정보호사건에 대하여 심리를 거쳐 가정폭력행위자에게 하는 제40조에 따른 처분을 말한다.

7의 2 "피해자보호명령사건"이란 가정폭력범죄로 인하여 제55조의 2에 따른 피해자보호명령의 대상이 되는 사건을 말한다.

⑧ "아동"이란 「아동복지법」 제3조 제1호에 따른 아동을 말한다.

2) 가정보호사건 신고

(1) 가정보호사건 신고의무

① 누구든지 가정폭력범죄를 알게 된 경우에는 수사기관에 신고할 수 있다.

② 다음 각 호의 어느 하나에 해당하는 사람이 직무를 수행하면서 가정폭력범죄를 알게 된 경우에는 정당한 사유가 없으면 즉시 수사기관에 신고하여야 한다.

가. 아동의 교육과 보호를 담당하는 기관의 종사자와 그 기관장

나. 아동, 60세 이상의 노인, 그 밖에 정상적인 판단 능력이 결여된 사람의

치료 등을 담당하는 의료인 및 의료기관의 장

다. 「노인복지법」에 따른 노인복지시설, 「아동복지법」에 따른 아동복지시설, 「장애인복지법」에 따른 장애인복지시설의 종사자와 그 기관장

라. 「다문화가족지원법」에 따른 다문화가족지원센터의 전문인력과 그 장

마. 「결혼중개업의 관리에 관한 법률」에 따른 국제결혼중개업자와 그 종사자

바. 「소방기본법」에 따른 구조대 · 구급대의 대원

사. 「사회복지사업법」에 따른 사회복지 전담공무원

③ 「아동복지법」에 따른 아동상담소, 「가정폭력방지 및 피해자보호 등에 관한 법률」에 따른 가정폭력 관련 상담소 및 보호시설, 「성폭력범죄의 피해자보호 등에 관한 법률」에 따른 성폭력피해상담소 및 보호시설(이하 "상담소 등"이라 한다)에 근무하는 상담원과 그 기관장은 피해자 또는 피해자의 법정대리인 등과의 상담을 통하여 가정폭력범죄를 알게 된 경우에는 가정폭력피해자의 명시적인 반대 의견이 없으면 즉시 신고하여야 한다.

④ 누구든지 제1항부터 제3항까지의 규정에 따라 가정폭력범죄를 신고한 사람(이하 "신고자"라 한다)에게 그 신고행위를 이유로 불이익을 주어서는 아니 된다.

(2) 가정폭력범죄에 대한 응급조치

진행 중인 가정폭력범죄에 대하여 신고를 받은 사법경찰관리는 즉시 현장에 나가서 다음 각 호의 조치를 하여야 한다.

가. 폭력행위의 제지, 가정폭력행위자 · 피해자의 분리 및 범죄수사

나. 피해자를 가정폭력 관련 상담소 또는 보호시설로 인도(피해자가 동의한 경우만 해당한다)

다. 긴급치료가 필요한 피해자를 의료기관으로 인도

라. 폭력행위 재발 시 제8조에 따라 임시조치를 신청할 수 있음을 통보

(3) 임시조치

① 판사는 가정보호사건의 원활한 조사 · 심리 또는 피해자 보호를 위하여 필요하다고 인정하는 경우에는 결정으로 가정폭력행위자에게 다음 각 호의 어느 하나에 해당하는 임시조치를 할 수 있다.

가. 피해자 또는 가정구성원의 주거 또는 점유하는 방실(房室)로부터의 퇴거 등 격리

나. 피해자 또는 가정구성원의 주거, 직장 등에서 100미터 이내의 접근 금지

다. 피해자 또는 가정구성원에 대한 「전기통신기본법」 제2조 제1호의 전기통신을 이용한 접근 금지

라. 의료기관이나 그 밖의 요양소에의 위탁

마. 국가경찰관서의 유치장 또는 구치소에의 유치

② 동행영장에 의하여 동행한 가정폭력행위자 또는 제13조에 따라 인도된 가정폭력행위자에 대하여는 가정폭력행위자가 법원에 인치된 때부터 24시간 이내에 제1항의 조치 여부를 결정하여야 한다.

③ 법원은 제1항에 따른 조치를 결정한 경우에는 검사와 피해자에게 통지하여야 한다.

④ 법원은 제1항 제4호 또는 제5호의 조치를 한 경우에는 그 사실을 가정폭력행위자의 보조인이 있는 경우에는 보조인에게, 보조인이 없는 경우에는 법정대리인 또는 가정폭력행위자가 지정한 사람에게 통지하여야 한다. 이 경우 제1항 제5호의 조치를 하였을 때에는 가정폭력행위자에게 변호사 등 보조인을 선임할 수 있으며 제49조 제1항의 항고를 제기할 수 있음을 고지하

여야 한다.

⑤ 제1항 제1호부터 제3호까지의 임시조치 기간은 2개월, 같은 항 제4호 및 제5호의 임시조치 기간은 1개월을 초과할 수 없다. 다만, 피해자의 보호를 위하여 그 기간을 연장할 필요가 있다고 인정하는 경우에는 결정으로 제1항 제1호부터 제3호까지의 임시조치는 두 차례만, 같은 항 제4호 및 제5호의 임시조치는 한 차례만 각 기간의 범위에서 연장할 수 있다.

⑥ 제1항 제4호의 위탁을 하는 경우에는 의료기관 등의 장에게 가정폭력행위자를 보호하는 데에 필요한 사항을 부과할 수 있다.

⑦ 민간이 운영하는 의료기관 등에 위탁하려는 경우에는 제6항에 따라 부과할 사항을 그 의료기관 등의 장에게 미리 고지하고 동의를 받아야 한다.

⑧ 판사는 제1항 각 호에 규정된 임시조치의 결정을 한 경우에는 가정보호사건조사관, 법원공무원, 사법경찰관리 또는 구치소 소속 교정직 공무원으로 하여금 집행하게 할 수 있다.

⑨ 가정폭력행위자, 그 법정대리인이나 보조인은 제1항에 따른 임시조치 결정의 취소 또는 그 종류의 변경을 신청할 수 있다.

⑩ 판사는 직권으로 또는 제9항에 따른 신청에 정당한 이유가 있다고 인정하는 경우에는 결정으로 해당 임시조치를 취소하거나 그 종류를 변경할 수 있다.

⑪ 제1항 제4호의 위탁의 대상이 되는 의료기관 및 요양소의 기준과 그 밖에 필요한 사항은 대법원 규칙으로 정한다.

3) 보호처분

(1) 보호처분의 결정(제40조)

① 판사는 심리의 결과 보호처분이 필요하다고 인정하는 경우에는 결정으

로 다음 각 호의 어느 하나에 해당하는 처분을 할 수 있다.

가. 가정폭력행위자가 피해자 또는 가정구성원에게 접근하는 행위의 제한

나. 가정폭력행위자가 피해자 또는 가정구성원에게 「전기통신기본법」 제2조 제1호의 전기통신을 이용하여 접근하는 행위의 제한

다. 가정폭력행위자가 친권자인 경우 피해자에 대한 친권 행사의 제한

라. 「보호관찰 등에 관한 법률」에 따른 사회봉사 · 수강명령

마. 「보호관찰 등에 관한 법률」에 따른 보호관찰

바. 「가정폭력방지 및 피해자보호 등에 관한 법률」에서 정하는 보호시설에의 감호위탁

사. 의료기관에의 치료위탁

아. 상담소 등에의 상담위탁

② 제1항 각 호의 처분은 병과(倂科)할 수 있다.

③ 제1항 제3호의 처분을 하는 경우에는 피해자를 다른 친권자나 친족 또는 적당한 시설로 인도할 수 있다.

④ 법원은 보호처분의 결정을 한 경우에는 지체 없이 그 사실을 검사, 가정폭력행위자, 피해자, 보호관찰관 및 보호처분을 위탁받아 하는 보호시설, 의료기관 또는 상담소 등(이하 "수탁기관"이라 한다)의 장에게 통지하여야 한다. 다만, 수탁기관이 민간에 의하여 운영되는 기관인 경우에는 그 기관의 장으로부터 수탁에 대한 동의를 받아야 한다.

⑤ 제1항 제4호부터 제8호까지의 처분을 한 경우에는 가정폭력행위자의 교정에 필요한 참고자료를 보호관찰관 또는 수탁기관의 장에게 보내야 한다.

⑥ 제1항 제6호의 감호위탁기관은 가정폭력행위자에 대하여 그 성행을 교정하기 위한 교육을 하여야 한다.

4) 피해자보호명령

(1) 피해자보호명령(제55조의 2)

① 판사는 피해자의 보호를 위하여 필요하다고 인정하는 때에는 피해자 또는 그 법정대리인의 청구에 따라 결정으로 가정폭력행위자에게 다음 각 호의 어느 하나에 해당하는 피해자보호명령을 할 수 있다.

가. 피해자 또는 가정구성원의 주거 또는 점유하는 방실로부터의 퇴거 등 격리

나. 피해자 또는 가정구성원의 주거, 직장 등에서 100미터 이내의 접근금지

다. 피해자 또는 가정구성원에 대한 「전기통신사업법」 제2조 제1호의 전기통신을 이용한 접근금지

라. 친권자인 가정폭력행위자의 피해자에 대한 친권행사의 제한

② 제1항 각 호의 피해자보호명령은 이를 병과할 수 있다.

③ 피해자 또는 그 법정대리인은 제1항에 따른 피해자보호명령의 취소 또는 그 종류의 변경을 신청할 수 있다.

④ 판사는 직권 또는 제3항에 따른 신청에 상당한 이유가 있다고 인정하는 때에는 결정으로 해당 피해자보호명령을 취소하거나 그 종류를 변경할 수 있다.

(2) 피해자보호명령의 기간

① 제55조의 2 제1항 각 호의 피해자보호명령의 기간은 6개월을 초과할 수 없다. 다만, 피해자의 보호를 위하여 그 기간의 연장이 필요하다고 인정하는 경우에는 직권이나 피해자 또는 그 법정대리인의 청구에 따른 결정으로 2개월 단위로 연장할 수 있다.

② 제1항 및 제55조의 2 제3항에 따라 피해자보호명령의 기간을 연장하거나 그 종류를 변경하는 경우 종전의 처분기간을 합산하여 2년을 초과할 수 없다.

5) 민사처리에 관한 특례

(1) 배상명령(제57조)

① 법원은 제1심의 가정보호사건 심리 절차에서 보호처분을 선고할 경우 직권으로 또는 피해자의 신청에 의하여 다음 각 호의 금전 지급이나 배상(이하 "배상"이라 한다)을 명할 수 있다.

가. 피해자 또는 가정구성원의 부양에 필요한 금전의 지급

나. 가정보호사건으로 인하여 발생한 직접적인 물적 피해 및 치료비 손해의 배상

② 법원은 가정보호사건에서 가정폭력행위자와 피해자 사이에 합의된 배상액에 관하여도 제1항에 따라 배상을 명할 수 있다.

③ 제1항의 경우에는 「소송촉진 등에 관한 특례법」 제25조 제3항(제2호의 경우는 제외한다)을 준용한다.

(2) 배상명령의 효력과 강제집행

① 확정된 배상명령 또는 가집행선고가 있는 배상명령이 적혀 있는 보호처분 결정서의 정본은 「민사집행법」에 따른 강제집행에 관하여는 집행력 있는 민사판결 정본과 동일한 효력이 있다.

② 이 법에 따른 배상명령이 확정된 경우에는 그 인용금액의 범위에서 피해자는 다른 절차에 따른 손해배상을 청구할 수 없다.

6) 벌칙

(1) 보호처분의 불이행죄

① 다음 각 호의 어느 하나에 해당하는 가정폭력행위자는 2년 이하의 징역 또는 2천만원 이하의 벌금 또는 구류(拘留)에 처한다.

가. 제40조 제1항 제1호부터 제3호까지의 어느 하나에 해당하는 보호처분이 확정된 후에 이를 이행하지 아니한 가정폭력행위자

나. 제55조의 2에 따른 피해자보호명령 또는 제55조의 4에 따른 임시보호명령을 받고 이를 이행하지 아니한 가정폭력행위자

② 상습적으로 제1항의 죄를 범한 가정폭력행위자는 3년 이하의 징역이나 3천만 원 이하의 벌금에 처한다.

(2) 비밀엄수 등 의무의 위반죄

① 제18조 제1항에 따른 비밀엄수 의무를 위반한 보조인(변호사는 제외한다), 상담소 등의 상담원 또는 그 기관장(그 직에 있었던 사람을 포함한다)은 1년 이하의 징역이나 2년 이하의 자격정지 또는 1천만 원 이하의 벌금에 처한다.

② 제18조 제2항의 보도 금지 의무를 위반한 신문의 편집인 · 발행인 또는 그 종사자, 방송사의 편집책임자, 그 기관장 또는 종사자, 그 밖의 출판물의 저작자와 발행인은 500만 원 이하의 벌금에 처한다.

(3) 과태료

다음 각 호의 어느 하나에 해당하는 사람에게는 500만 원 이하의 과태료를 부과한다.

① 정당한 사유 없이 제24조 제1항에 따른 소환에 응하지 아니한 사람

② 정당한 사유 없이 제44조에 따른 보고서 또는 의견서 제출 요구에 따르지 아니한 사람

③ 정당한 사유 없이 검사나 법원이 가정보호사건으로 송치한 제9조 또는 제12조에 따른 가정보호사건으로서 제40조 제1항 제4호부터 제8호까지의 보호처분이 확정된 후 이를 이행하지 아니하거나 집행에 따르지 아니한 사람

④ 정당한 사유 없이 제29조 제1항 제1호부터 제3호까지의 어느 하나에 해당하는 임시조치를 이행하지 아니한 사람

정당한 사유 없이 제4조 제2항 각 호의 어느 하나에 해당하는 사람으로서 그 직무를 수행하면서 가정폭력범죄를 알게 된 경우에도 신고를 하지 아니한 사람에게는 300만 원 이하의 과태료를 부과한다.

4. 한부모가족지원법

한부모가족지원법은 2007년에 제정되었으며, 이 법은 한부모가족이 건강하고 문화적인 생활을 영위할 수 있도록 함으로써 한부모가족의 생활 안정과 복지 증진에 이바지함을 목적으로 한다.

1) 지원대상

2010년 한부모가족지원 사업안내에 의하면 다음에 해당하는 세대주인 어머니 또는 아버지와 그에 의하여 양육되는 만 18세 미만(취학시 만 22세 미만)의 자녀로 이루어진 가정이 지원대상이 된다.

지원대상을 자세히 살펴보면 다음과 같다.

① 배우자와 사별 또는 이혼하거나 배우자로부터 유기된 자

② 정신 또는 신체장애로 인하여 장기간 근로능력을 상실한 배우자를 가진 자

③ 미혼자(사실혼 관계에 있는 자)

④ 배우자의 생사가 분명하지 않는 자

⑤ 배우자 또는 배우자 가족과의 불화 등으로 인하여 가출한 자

⑥ 배우자의 장기복역으로 인하여 부양을 받을 수 없는 자(6개월 미만의 복역자는 제외)

⑦ 국내에 체류하고 있는 외국인 중 대한민국 국민과 혼인하여 대한민국 국적의 아동을 양육하고 있는 자

⑧ 부모로부터 사실상 부양을 받지 못하는 아동과 그 아동을 양육하는 조부 또는 조모(저소득 조손가족)

2) 지원내용

2007년 한부모가족지원법으로 제정되면서 다양한 지원사업을 제공하고 있으며, 현재 한부모가정지원사업은 다음과 같다.

(1) 자녀학비 지원

초 · 중등학교와 이와 동등한 학력이 인정되는 학교에 재학 중인 자녀에게 입학금 및 수업료가 지급된다. 고등학교의 경우 학교장이 직접 신청하도록 되어 있으며, 학비는 분기별로 학교에 직접 지급된다.

학비 외에 국민기초생활보장법에 의한 생계급여는 주 · 부식비, 피복 · 신발비, 위로비 등이 지급된다.

(2) 아동양육비 지원

저소득 한부모가족의 만 12세 미만의 아동에게 아동 1인당 매월 50,000원의 아동양육비를 지원한다.

(3) 복지자금 대여

저소득 한부모가족에게 장기저리의 복지자금을 대여함으로써 생업기반을 조성하여 조기자립 및 생활안정을 도모하도록 하고 있다. 저소득 한부모가족으로서 근로능력 및 자립자활 의지가 뚜렷하고 현실성 있는 사업계획을 제시하는 저소득 한부모가족에게 복지자금 대여를 지원한다. 연간 재산세 납부실적에 따라 무보증 대출과 보증대출, 담보대출로 융자조건이 나누어져 있으며, 2010년도에는 연간 10억 원의 규모로 지원이 이루어지고 있다.

(4) 자녀양육비 이행지원서비스

한부모가족 아동의 양육받을 권리 보호와 자녀양육 부담 경감 및 생활안정 지원을 위한 자녀양육비 이행지원서비스를 제공한다. 자녀양육비 이행지원서비스는 아동을 양육하고 있는 이혼가족, 별거가족, 미혼모 · 부가족 등 한부모가족 및 조손가족에서 신속하고 실질적인 양육비 확보를 위한 법률구조서비스의 전액국가 부담 지원, 비양육부 등의 자녀양육에 대한 책임강화 조성, 효과적인 지원을 위해 전국적인 홍보강화서비스를 제공한다.

(5) 미혼모 · 부자 거점기관 운영지원

미혼모(부)가 자녀를 양육하고 경제적으로 자립할 수 있도록 함에 있어 미혼모 임신 초기부터 상담 및 정보 등을 제공하고자 효과적인 지원체계를 구축하여 지원한다. 이 서비스는 미혼모 · 부가 아기를 스스로 양육코자 할 경우 초기 위기에 대처할 수 있도록 서비스를 제공하여 아동양육은 물론 자립에 이르도록 지원한다.

이 서비스는 첫째, 온라인, 오프라인상의 정보제공 및 관련 기관(미혼모시설, 법률기관, 의료기관, 노동부 등)을 연계하여 종합적인 서비스를 제공한다. 둘째, 자녀출산, 양육 및 응급상황 발생 시 아이병원비, 분유와 기저귀와 같은 생필품 등 위기지원기능을 수행한다. 셋째, 상담을 통한 미혼모 · 부자의 정서적인 지원을 한다. 넷째, 미혼모 · 부자를 위한 자녀와 놀이활동, 마사지 등과 같은 문화체험 프로그램을 제공한다. 다섯째, 미혼모 · 부자를 위한 출산, 양육, 부모교육 등과 같은 교육프로그램을 운영하여 제공한다. 여섯째, 자립경험의 발전적인 방향으로 나아갈 수 있는 자조모임 운영으로 미혼모 · 부의 네트워크 구축 및 정보제공을 한다. 그 외에 공공 또는 민간자원을 연계하여 효과적인 지원을 한다.

(6) 취약가족 역량강화서비스 지원

가족기능이 약화되어 있는 취약가족에 지속적인 가족상담, 자원연계 등을 지원함으로써 기본적으로 가족결속력 및 역량강화를 위해 취약가족의 생계활동 등을 감안하여 찾아가는 상담(out-reach)을 제공한다.

(7) 한부모가족복지시설 입소자 상담 · 치료지원

한부모가족복지시설에는 모자(부자)보호시설, 일시보호시설, 미혼모자시설, 미혼모자공동생활가정, 미혼모공동생활가정이 운영되고 있다. 한부모가족복지시설 입소자들의 경우 다양한 심리적인 어려움을 경험하고 있다. 따라서, 한부모가족복지시설 입소자의 심리 · 정서적 전문 상담 및 치료 지원 등을 통하여 가족생활의 안정은 물론 조기 자립지원을 도모하고자 한다. 한부모가족복지시설 입소자들의 심리검사 지원, 정신보건센터나 정신과 병원을 통한 지원, 전문 심리치료센터를 통한 상담 · 치료지원을 제공한다.

(8) 가족충격완충망 운영지원

성폭력, 실종, 유괴, 학교폭력, 자살 등 외상적 피해를 직 · 간접적으로 경험한 가족들의 보호를 위하여 피해를 최소화하고 지원을 극대화할 수 있도록 위기개입을 지원한다.

(9) 한부모가족 상담사업

한부모가족지원법 제7조에 의거하여 저소득 한부모가족 지원에 관한 상담, 지역사회 내 한부모가족복지시설의 이용안내 및 알선, 기타 보호를 요하는 자에 대한 상담을 제공한다.

(10) 저소득 한부모가족 주거지원

무주택 저소득 한부모가족을 위하여 영구임대주택(아파트)을 우선 제공한다.

(11) 저소득 한부모가족 취업지원(취업성공패키지)

개인별 취업역량 등에 대한 정확한 진단을 토대로 단계별 통합적 취업지원을 제공한다.

(12) 모 · 부자 세대 건강보험료 지원

모 · 부자 가정의 세대에 건강보험료를 소득에 따라 10~30% 경감해 주어 건강보험료를 지원한다.

생각해 보기

1. 가족과 관련된 법에는 어떠한 법이 있는지 생각해 보세요.

2. 가족법에서 정한 가족의 범위는 어디까지인지 설명해 보세요.

3. 민법의 가족법은 어떻게 나뉘고 있는지 설명해 보세요.

4. 건강가정기본법의 제정목적에 대해서 설명해 보세요.

5. 한부모가족지원법의 목적에 대해서 설명해 보세요.

제10장

가족정책

1. 가족정책의 개념
2. 가족정책의 필요성
3. 가족정책의 패러다임과 시각
4. 프랑스의 가족정책
5. 한국 가족정책의 현황과 문제점
6. 가족정책의 발전을 위한 기본정책 방향

2004년 「건강가정기본법」의 제정으로 가족정책의 법적 근거를 마련한 우리나라는 여성가족부의 가족정책관에서 가족관련 정책을 총괄하고 있다. 여성가족부에서는 양성평등 가족관계 증진을 위한 가족교육, 국제결혼 이주여성 지원사업 등 양성평등, 성인지적 가족정책 관련 업무를 체계적으로 추진하고 있다.

1. 가족정책의 개념

1) Kamerman과 Kahn의 정의

가족정책에 대한 정의는 많은 학자들에 의해서 정의되어 오고 있지만 Kamerman과 Kahn(1997)은 가족전체를 단위로, 또는 가족성원에 대하여 특정한 목적을 성취하기 위한 노력으로 명시적 · 묵시적 성격의 고안된 법과 규정, 그리고 혜택 및 프로그램을 모두 포함하고 있다. 가족정책은 정부가 가족에 대해서 그리고 가족을 위해서 행하는 모든 것이라고 하였으며, 가족에 영향을 주면 정부의 활동뿐 아니라 민간부문의 활동도 포함시켜 가족정책이라고 설명하였다.

(1) 사회정책의 한 분야로서의 가족정책

가족과 관련하여 일정한 목표를 설정해 놓은 분야의 정책인데, 그 목표는 대가족, 건강한 아동, 자녀양육비 경감, 남녀평등 등이다. 이들 목표를 달성하기 위해서 만들어진 정책은 가족계획, 소득보장, 실업수당, 육아정책 등이고, 가족법도 이에 해당한다.

(2) 수단으로서의 가족정책

사회의 목표를 성취하기 위한 수단 또는 통제의 수단으로서 가족이나 가족 성원에게 특정 행위를 요구하는 정책이다. 예컨대, 노동력이나 군 병력 공급을 위해 출산 장려를 하는 아동수당과 같은 인구정책, 노년 취업자 제거를 위한 연금정책, 여성을 노동시장으로 유인하기 위한 육아정책과 같은 노동시장정책, 의료비 상승을 제어하기 위한 가정방문 서비스와 같은 보건의료정책 등이 있다.

(3) 관점으로서의 가족정책(사회정책의 선정 및 평가 기준으로 시행되는)

가족정책 연구자가 가장 바람직하게 생각하는 개념으로 가족복지를 정책의 결정 및 정책의 결과를 평가하는 전반적 범주로 사용하려는 정책을 의미한다.

① 명시적 정책

가족을 위한 목표를 의도적으로 세운 정책으로서 입양서비스정책, 육아정책, 가족계획 등이 그 예다.

② 묵시적 정책

의도적으로 만들어진 것이 아니라 결과적으로 가족에 영향을 준 정책으로서 조세정책, 주택정책 등이 그 예다.

이와 같은 광의의 개념에 대해 Wilensky는 "모든 것은 곧 아무것도 아니다" 라고 하면서 가족정책이라고 명명되는 정책이 없다면 가족정책은 없다고 보아야 한다고 주장하였다. 즉 Kamerman과 Kahn 그리고 Wilensky는 모두 가족정책의 개념에 정부가 가족복지를 위해서 의도적으로 목표를 세운 것이 포함되어야 한다고 보았다.

2) Gauthier의 정의

Gauthier는 가족정책을 전통적 요소와 관련된 프로그램을 포함시키면서 협의의 개념과 비전통적 요소를 포함시킨 광의의 개념으로 나누어 정의하였다.

표 10-1 Gauthier의 가족정책 유형화

<table>
<tr><td>협의의 분류</td><td colspan="2">가족정책의 영역으로 가족의 소득유지, 모성보호, 아동보호, 노인보호 등을 포함
- 직접적 소득이전(가족수당, 주거수당, 학비지원)
- 간접적 소득이전(세제혜택 등)
- 모성휴가, 부성휴가</td></tr>
<tr><td rowspan="2">광의의 분류</td><td>비전통적 요소</td><td>- 노인보호 수당
- 가족간병 책임자에 대한 연금
- 노동시장정책(유동시간 근무제, 재택근무)</td></tr>
<tr><td>가족관련법</td><td>- 결혼, 이혼, 동거관련법
- 자녀부양법
- 낙태, 피임관련법
- 학대관련법
- 아동복지법
- 청소년범죄법</td></tr>
</table>

	서비스	- 교육 - 보건 - 쉼터 - 아동복지서비스
	기타 공공서비스	- 대중교통 - 이민법 - 실업지원책 - 직업훈련

출처 : 장혜경 외(2002) 재인용.

3) 가족정책의 개념 정의

가족정책은 가족복지에 관심을 두고 정부가 의도적으로 취하는 조치나 행동을 의미한다. 개인을 다루더라도 가족과 연계해서 다룰 경우 그 구성원이 되는 아동, 노인, 장애인, 여성을 다루는 정책은 그것이 다른 가족구성원에 영향을 미친다면 가족정책에 포함될 수 있다. 이러한 점에서 가족 성원을 대상으로 하여 그들의 복리를 증진하기 위한 수단으로서 행해지는 제반 정책은 가족정책에 포함될 수 있다. 가족과 관련된 사회보험, 공적 부조, 사회복지 서비스 외에도 고용정책, 조세정책, 보건의료정책, 주택정책 등이 포함될 수 있다.

가족정책의 내용이 될 수 있는 것은 ① 정책의 목표(가족 성원의 안정과 복리를 강화하고 삶의 질을 높이는 것)와 관련된 사항(가족의 기능과 구조와 역할, 가족의 복지, 평등, 형평 등), ② 목표에 대한 수단(소득이전, 고용, 세제, 가족법, 사회적 서비스, 건강보호, 주택, 교육, 인구조정 등), ③ 가족 전체와 관련된 대상인구(아동, 노인, 장애인, 여성 등)이다.

2. 가족정책의 필요성

1) 가족의 변화와 가족 부양기능의 변화

현대사회에서 가족의 기능은 변화하고 있으나 시대가 변화해도 가족의 보호 및 부양 기능은 가장 중요한 기능의 하나로 존속할 것이다. Kamerman은 자녀출산 기능과 아동양육 기능, 노인부양 기능에 있어서 가족은 여전히 일차적인 단위로 존속할 것이라고 지적하고 있으며, 특히 가족의 기초, 고유 기능은 변하지 않을 것이라고 설명하고 있다.

우리 사회에서는 가족의 주된 기능을 아동양육과 노인부양으로 보는 경향이 강한데, 이를 위한 직접적 서비스 제공자는 여성이었다. 하지만 현재 우리 사회에서 가족 구조와 가치관은 급격하게 변화하고 있으며, 여성의 인내, 양보, 자기희생을 기반으로 하여 가족구성원의 다양한 욕구를 해결하려는 전통적 방식은 오늘날 가족 내부에서 많은 긴장과 갈등을 야기하고 있다. 따라서, 이러한 가족의 변화에 따라 새로운 포괄적 가족정책이 필요한 것이다.

2) 사회 변화

가족정책을 이해하기 위해서는 가족과 관련된 우리 사회의 변화는 어떠하며 어떤 방향으로 진행되고 있는가를 살펴볼 필요가 있다. 이는 사회의 변화에 따라 가족정책이 변화할 필요가 있기 때문인 것이다. 대표적인 우리 사회의 변화의 모습을 살펴보면 다음과 같다.

(1) 가족구조의 단순화 측면

평균 가구원 수는 감소하고, 1세대 가구가 증가하고 있다. 점차 가족구조가 단순화됨에 따라 사회 변화에 걸맞는 가족정책이 필요한 것이다.

(2) 여성의 경제활동 증대와 가족돌봄 기능의 약화가 지속

여성취업 증가로 맞벌이가족 증가, 특히 1985년 41.9%이던 여성경제활동참가율이 2006년 50.3%로 증가하였으며, 2012년 현재에는 여성경제활동인구수가 10,609,000명 49.9%에 이르고 있다. 이로 인해 돌봄 기능은 더욱 약화될 것으로 전망되고 있어 가족의 돌봄 서비스와 가사를 지원하기 위한 남성의 가사노동 시간 증대와 가족지원정책이 뒷받침되어야 함을 시사하고 있다.

즉 가족의 돌봄 기능은 점차 사회로 이전되는 경향을 보이고 있으며, 가족의 여가 및 휴식 기능도 다른 가족 기능보다 약화된 상태를 보이고 있다.

(3) 빈곤가족이 증가

경제적 어려움으로 가족에서 부적절한 아동양육의 모습이 나타나고 있으며, 빈곤의 악순환, 대물림이 이어져 내려오는 현상이 지속되고 있다. 따라서 빈곤의 악순환, 대물림을 끊어 주고 출발선을 동일하게 해 주려는 드림 스타트 운동이 진행되고 있다. 하지만 경제적 빈곤층에 대한 정책적 노력이 배가되어야 한다. 즉, 빈곤을 예방하고 빈곤가족의 자립 및 자활을 증대시킬 수 있는 가족정책을 강화하여야 하는 것이다.

(4) 자녀양육에 대한 부담이 증가

자녀양육비의 증가로 인해 자녀양육 책임의식이 변화하고 있으며, 양육에 대한 부담으로 저출산 현상까지 초래하고 있다. 따라서 저출산 현상으로 예방하고, 출산율을 높이기 위해서는 정책적인 노력이 제공되어야 하는 것이다.

3. 가족정책의 패러다임과 시각

1) 가족정책의 패러다임

가족정책은 다음의 세 가지 영역으로 구분해서 살펴볼 수 있다.

첫째 영역은 국가는 가족정책 및 가족 지원정책을 통해서 여성이 가족 내에서 담당하리라고 전통적으로 기대되는 일에 대해서 어떻게 지원해 주는가에 해당하는 것이다. 양육과 보육자로서 여성에 대한 인식이 어떠한가에 따라 가족정책의 방향이 달라질 수 있다.

둘째 영역은 첫 번째 영역의 다른 측면이라고 할 수 있는 영역을 의미한다고 할 수 있다. 즉 국가는 사회에서 여성이 경제활동자로서 활동하는 문제에 어떻게 생각하고 있는가에 해당하는 것으로, 여성의 노동권과 관련된 것이라고 볼 수 있다.

마지막 세 번째 영역은 국가는 가족법의 대상을 누구로 정하고 있는가(법적으로 결혼한 부부, 실제혼, 동성 커플)에 해당하는 영역이다. 즉, 전통적인 가족

개념을 고수할 것인지 아닌지에 관한 것으로 가족정책의 패러다임을 구분할 수 있다.

2) 가족정책의 시각

(1) 명시적 가족정책

명시적 가족정책은 1930년대 프랑스와 스웨덴에서 시작하여 제2차 세계대전 후 서유럽과 동유럽을 중심으로 점차 발달되기 시작하였다. 가족정책 발달의 더욱 직접적인 요인은 인구학적인 것으로서 출산율 감소와 여성의 취업률 증가였다. 나아가 이것은 성평등 요구와도 맞물릴 수 있다. 예컨대, 스웨덴의 경우 기혼여성의 일할 권리에 대한 주장이 취업여성의 혼인할 권리와 자녀를 가질 권리에 대한 주장으로 바뀌면서, 가족정책은 가정 안팎에서의 여성의 권리 및 기회보장, 그리고 아동의 빈곤과 박탈을 없애는 것과 일치되어야 한다는 주장이 제기됨으로써 그것을 충족시키기 위한 가족정책이 출현하기 시작하였다.

(2) 정부 개입에 대한 입장

가족 복지를 증진시키기 위해 과연 정부 개입이 효과적인가, 어떤 경우에 정부가 개입해야 하는가에 대한 문제와 연결된다.

① 보수적 또는 자유주의적 시각으로, 정부가 마련한 제반 정책 프로그램이 국민을 빈곤하게 하는 원인이라고 보는 것이다. 가족정책 프로그램이 수혜자를 국가원조에 의존하게 했다. 전통적 가족 유형 중시, 저소득층의 가족을 지원하는 것에 역점, 그 이상의 정책은 가족을 해체시킨다. 가족은 사회를 통제하는 가장 중요한 제도이다. 즉 합법적 혼인, 일부일처제, 혼인 후 자녀 가짐, 어머니의 취업 불가, 성인은 자녀를 위해서 살아가는 것이

그것이다.

② 진보적 시각으로, 현재 가족은 변화하고 있는 것이지 쇠퇴하는 것은 아니라고 보는 것이다. 변화하는 가족의 요구에 대응해서 현존의 가족정책을 바꿀 필요가 있다. 가족이 안고 있는 계급적 불평등의 재생산 문제를 없애는 것에 초점을 두고, 가족을 위해 국가적 · 사회적 지원, 아동의 이해와 성인의 이해가 균형, 여성의 경제적 자립 인정, 남성이 가사와 육아를 분담하는 것에 따라 가족정책이 변화할 수 있다.

③ 여권론적 시각으로, 정부의 개입 여부에 관심을 두기보다 당연히 개입해야 한다는 전제 하에 어떤 영역에 개입해야 하는가 하는 정책 방향의 제시에 중점을 둔다. 기존의 가족정책이 여성의 재생산 기능을 보호하는 데 중점을 둔다고 비판, 기혼여성이 남성에게 재정적 지원을 받는 것을 기대하고 여성이 자녀보호의 책임이 있음을 전제한다고 비판하는 입장이다. 기존 가족정책이 출산보호주의, 부계중심의 온정주의, 가부장제 인식을 반영한다고 주장하며, 관례적 가족인 중간계급의 핵가족을 지원, 보호하기 위한 것일 뿐 미혼부모, 공동체가족 등에는 도움을 주지 못하고 있음을 지적하는 것이다. 자녀가 없는 저소득층 여성에 대한 정책은 없으며, 따라서 이러한 가족정책은 여성의 출산과 의존을 조장한다.

4. 프랑스의 가족정책

가족정책의 내용은 국가마다 특이성이 있지만 주요 선진국의 변화를 살펴보면, 급속한 산업와와 도시화가 진행되었던 초기에는 아동과 여성으로 보호하고자 하는 공적인 개입이 나타났다. 점차 시대가 변화하고 사회가 발전함에 따라 저출산, 여성의 시장참여율 증가, 가족형태의 다양화 등의 변화가 나타나는 최근에는 다양한 공공정책이 마련되고 있으며, 취업활동과 부모역할의 양립을 지원하는 가족친화적 정책 등을 통해 가족을 지원하고 있는 모습이 나타나고 있다(성정현 외, 2006). 가족정책의 국가마다 다양한 특성을 가지고 있지만 프랑스의 가족정책을 살펴보고, 우리나라의 가족정책과 비교해 보도록 하고자 한다.

1) 프랑스의 가족 변화와 정책 이슈

전통적으로 프랑스는 가톨릭의 조합주의적 사회문화 속에서 남성들은 주요 생계부양자이며 여성은 돌봄노동의 전담자로 규정하는 가부장적 분위기가 강하게 유지되어 왔다. 최근까지도 이러한 사회 문화적 배경으로 가족돌봄의 부담은 주로 개별 가족단위, 그러나 보다 엄밀히 말해 여성에 의해 수행되어 왔던 것이 사실이다(Howard, & Elizabeth, 2004; Navarro, 1999). 이러한 사회분위기는 결과적으로 부양기능을 대체하는 가족서비스의 발전을 어느 정도 지체하게 만든 것도 사실이다. 그럼에도 불구하고 프랑스는 다른 유럽 국가들에 비해 비교적 일찍이 인구감소라는 사회문제에 봉착함에 따라 다양한 인구증가책을 모색하게 되었고, 이러한 필요에 따라 프랑스는 일찌감치 여성의 지위나 노동조합의 발달과는 무관하게 자녀양육에 대한 정책적 우선순위를 부여하는 등 가족지원시스템을 발전시켜 온 예외적인 국가이다.

최근 프랑스 가족정책의 핵심적이고 지속적인 이슈는 가정과 직장생활의 조화로운 병행을 지원하기 위한 다양한 노력들로 구성되어 있으며, 이러한 가족정책의 방향은 결과적으로 모든 가족의 사회적 보호의 토대를 제공하는 보편적인 사회유대정책으로 전환을 의미하는 것이다(Howard, & Elizabeth, 2004).

2) 가족과 청소년 이슈

(1) 청소년과 인터넷

최근 유럽위원회가 설문조사한 바에 따르면 프랑스에서 인터넷을 사용하는 자녀의 부모들 가운데 55%는 자녀의 안전한 인터넷 사용법에 대한 정보가 필요하다고 응답한 바 있다(SOFFRES, 2002). 이는 부모들이 문제의 심각성이나 정확한 위험 요소에 대해 이해하고 있지는 않다 할지라도 적어도 인터넷이라고 하는 새로운 매체의 양면적 요소를 인식하고 있음을 보여주는 것이다. 2003년 18세 미만의 유럽 인터넷 사용자는 27% 증가했으며, Nielsen과 NerRatinges의 조사결과에 따르면 청소년 인터넷 사용자 1,310만 명 가운데 9백만 명이 12~17세였고, 4백만 명은 12세 미만으로 나타났다. 또한 전국인구조사원(INED)이 발표한 결과에서는 청소년(15~25세) 층의 인터넷 이용비율이 78%에 달하는 것으로 나타났다.

이 같이 청소년의 인터넷 사용이 활발해짐에 따라 이들은 인터넷 경제의 주요대상으로 부각되고 있다. 마케팅에 이용되는 사례 이외에도 인터넷으로 인한 또 다른 위험은 음악이나 영화 파일을 주로 웹상에서 무료로 다운로드하는 관행과 관련된 것이다. 프랑스에서는 만개 이상의 음악파일을 복제한 교사에 대해 최초의 실형이 구형된 바 있는데, 만약 이러한 관행에 익숙해진 청소년들을 기소할 경우에는 그들에게 어떠한 책임을 지울 수 있는 것인가는 향후 심각하게 논의될 필요가 있다.

아직까지는 이러한 문제에 대해 청소년들과 그들의 부모는 크게 의식하고 있지 않는 상태라는 점에서 문제의 심각성은 훨씬 커지고 있다. 뿐만 아니라 수정주의, 인종차별주의나 혹은 반유태주의와 같은 일련의 이데올로기에서부터 퇴폐적이거나 수치스러운 행동에 대한 예찬과 공격이 인터넷에 유포됨으로써 아이들에게 폭력적이고 불안정한 내용이 무의식적으로 수용되는 문제가 제기된다. 보다 심한 것은 최근 한 포럼을 통해 심각성이 제기된 바와 같이 20만개의 아동 포르노 영상이 인터넷상에서 자유롭게 유포되고 있다는 사실이다. 미성년자의 17%가 이미 포르노 사이트를 접한 적이 있는 것으로 나타나고 있으며, 이에 현재 프랑스에서는 인터넷의 아동 포르노의 위험에 대한 보고서를 제출하여 유해한 정보로부터 청소년을 보호하고, 부모들의 인식확인, 청소년 자녀들이 안전한 인터넷 이용을 보장할 수 있는 다양한 도구와 조건들을 마련한다는 목표를 설정하여 새로운 가족문제에 대응하고 있다(연대 · 건강 · 가족관련부처간 심의대표부, 2005).

(2) 10대 청소년의 출산과 사회적 통합

유럽국가 내에서 프랑스 10대 청소년의 출산율은 높은 편이 아니다. 앵글로 색슨 국가의 경우에는 이러한 문제가 최고조에 이른데 비해 프랑스는 30년간 지속적으로 줄어들고 있는 것이 사실이다. 프랑스의 10대 출산율은 OECD 국가의 평균을 밑도는 수준이지만 핀란드, 덴마크, 스페인, 이탈리아, 스웨덴보다는 높아 해마다 4,000명 이상의 10대 청소년이 어머니가 되고 있는 상황이다. 이 가운데 12% 가량의 청소년은 임신 사실을 뒤늦게 알게 되어 당사자인 10대의 어머니에게는 사회적 불안정을, 임신한 아이의 치료적 차원에서는 매우 상처받기 쉬운 위험상태에 노출되어 있다. 수적으로 본다면 1980~1997년간 미성년 어머니의 출생아 수는 반 이상 줄었으며 임신율도 36%나 감소하고 있지만, 다른 한편 지난 10년 동안 16세 미만 청소년들의 출산율은 상대적으로 증가하고 있음은 주목해야 할 것이다.

이들이 겪는 문제를 요약하자면 이전의 빈곤과 불안정한 상황을 더욱 강화하는 결과를 초래하고 학업중도 포기 가능성이 높고 여러 가지 건강상의 문제에 부딪칠 위험이 크고 이들이 성장한 후에는 부모의 무관심에 희생되거나 심각한 학업곤란을 겪게 됨으로써 부모가 겪은 사회적 배제를 되풀이할 가능성 또한 높다. 또한 10대 청소년은 어린 나이에 자녀양육에 대한 부담과 어려움 등으로 사회적 부조에 의존할 가능성이 매우 높다. 이에 프랑스 정부는 최근 몇 가지의 정책방향을 다음과 같이 제시하고 있다.

- 10대 청소년들이 저한 가족사회 문화적 환경의 차이를 반영하는 다양한 예방프로그램의 실시
- 전자정보 조직망 등의 도구를 통해 10대 어머니들의 사회적, 제도적 네트워크를 확대 ⇨ 이들의 사회적 배제의 가능성을 최소화

3) 가족문제 및 정책 이슈

1980년대 이후 프랑스 가족은 전통적 가족의 감소와 한부모 및 독신가구의 급증, 그리고 이로 인한 가족의 불안정성 증대 및 이에 대한 효과적인 사회적 지원방안이 가장 큰 사회적 관심사로 부각되어 왔다. 나아가 여성의 사회적 역할이 증가해감에 따라 유자녀 가족 여성의 실질적인 노동시장 참여율 또한 지속적으로 확대되어 가면서 이들의 직장과 가정생활의 양립지원방안 또한 사회적 쟁점이 되고 있다. 이는 무엇보다 자녀가 많을수록, 자녀의 연령이 어릴수록 여성의 노동시장의 참여율이 낮아지고 있다는 현실적 고민에 따른 것이다. 예컨대 2002년 기준 자녀수가 3명 이상이고 이 가운데 막내의 연령이 3세에서 5세 사이의 한 자녀를 가진 여성의 82%는 유급노동에 참여하고 있다(Regards sur parite, 2004). 따라서 다음에서는 한부모 가구의 경제적 불안정성의 증가와 이에 대한 프랑스 정부의 지원정책과 가정과 직장생활 양립을 위한 프랑스의 다양한 노력에 대해 간략히 살펴보고자 한다.

(1) 한부모 가족의 경제적 불안정성과 사회적 지원

프랑스의 경우 모든 법적 결합의 거부와 개인 신뢰의 약화 등은 개인의 사적 영역에서 통상 이혼의 증가로 표출되고 있다. 현대사회에서 결혼과 성생활이 분리되는 것과 함께 더 이상 결혼은 어머니 되기의 필수조건이 아니다. 결혼하지 않는 부부가 한집에 살면서 혼외자의 출산이 가능해지고, 개인 간 동거 형태 또한 매우 다양해져 일시적 결합부터 결혼의 이행기로서의 동거와 안정적이지만 결혼제도로부터 벗어난 결합형태 등 매우 이질적이고 복잡한 양상을 보여주고 있다. 이러한 가족형태의 다양성은 결과적으로 부모가 결혼하지 않은 가족수의 증가를 의미하며, 따라서 한부모 가족은 법적 기준보다는 인구학적 기준이 더욱 유효하다고 볼 수 있다.

특히 프랑스인들은 혼인한 부부와 1자녀 이상의 가구형태를 전통적인 가족형태로 정의하고 있지만, 1998년 조사 결과에 따르면 이미 조사대상자의 86%가 미혼인 남녀가 아이를 가지고 있는 가구에 대해서도 정당한 가족으로 인정하는 것으로 나타난다. 소위 가족적 삶의 주된 유대는 자녀를 키우는 부부의 법률적 상태보다는 자녀를 기르고 있다는 사실에 근거해야 한다는 것이 프랑스의 사회적 통념이 되고 있는 것이다. 실상 프랑스인들은 무자녀의 혼인부부보다도 오히려 이전 결합에서 생긴 아이와 함께 사는 재구성 가족이거나 한부모로서 자녀와 살고 있는 가족을 더욱 가족으로 인정하는 경향이 강하게 나타난다.[6)]

한부모 가구의 불안정한 경제상황은 양부모가족의 18%가 저소득 수당 수혜자임에 비해 한부모 가족의 55%가 저소득(소비단위당 월수입이 719유로) 수당 수혜자라는 사실에 의해 쉽게 확인할 수 있다. 지난 10년간 불안정한

6) 무자녀 혼인부부에 대해서는 65%가 가족이라고 응답한 반면, 재구성가족은 84%, 한부모 가족은 70%의 응답자가 가족이라고 답하고 있다. 동일한 이유에서 프랑스인의 상당수(62%)는 조부모와 손자의 동거를 가족으로 인정하고 있다(CNAF, 2003:101).

수당 수혜자 가운데 한부모 가족은 증가하는 추세에 있는데, 이는 단순히 한부모 가족의 증가에 기인하기보다는 최저소득 수준에 있는 한부모 가족이 증가한 결과라고 볼 수 있다. 조사결과에 따르면, 현재 가족수당을 지급받는 250만 명의 아동(0~19세)이 한부모와 거주하는 것으로 나타났으며, 이들 한부모의 평균연령은 수당을 지급받는 양부모의 평균연령보다 높다(수당을 지급받는 한부모는 40세 미만이 40.8%에 비해, 양부모는 45.7%). 또한 가족 규모는 적어 수당을 지급받은 한부모 가족의 경우 자녀가 한 명인 가족은 53%이지만, 수당을 지급받는 양부모 가족은 한자녀 가구의 비율이 23%에 불과하다(CANF, 2005).

표 10-2 프랑스 여성 한부모 수당 및 급여

여성 한부모 가구주에게 제공하는 수당 및 급여	
가족지원수당(ASF)	한부모 보호급여(API)
아동에 대한 돌봄노동으로 인하여 발생하는 일/가족 갈등을 해소하기 위해 다양한 서비스를 제공함으로써 여성가구주로 하여금 노동시장 참여를 선택하게 할 뿐만 아니라 아동을 가진 모든 가구에게 지급되는 수당	빈곤한 여성 한부모 가구만을 대상으로 지급되는 급여로 가정 내에서 전일제 돌봄노동을 선택할 수 있게 함으로써 여성의 한부모의 경제적 어려움과 자녀돌봄의 부담을 최소화하고 있다.

출처 : Lefaucher & Martin(1997), 이용우(2006) 재인용.

프랑스의 한부모 가족에 대한 사회정책은 주로 소득지원에 초점이 맞추어져 있지만, 여전히 실업상태에 있는 여성 한부모의 수가 증가함에 따라 이들의 사회보장 의존도가 매우 높아 경제활동을 하지 않는 여성 한부모 가족의 소득원 가운데 59.8%가 사회보장급여를 통해 충당되고 있다. 프랑스는 사회적 소득이전을 통한 탈빈곤율이 31.3%로서 유럽의 10개 국가 내에서 49.9%의 스웨덴, 38.2%의 핀란드, 36.4% 영국에 이어 4번째를 차지함으로써 한부모에 대한 정책적 배려가 효과적으로 이루어지는 국가로 분류될 수 있지만 여성 한부모의 상당수 여전히 빈곤상태에 놓여 있다는 점에서 보다 근본적인 정책접근이 요구된다고 볼 수 있다(Esping-Anderson, 2002; 심창학, 2003).

(2) 가정과 직장생활의 양립지원

프랑스 정부는 일과 가족생활 조화의 어려움을 약화시키는 노동시간의 불예측성과 불규칙성의 증가(특히 불규칙적 시간의 증가)에 주목하고, 가족의 노동시간, 어린자녀의 보육시스템의 유연성 및 자녀성장의 욕구와 리듬의 중요성을 인식하게 되었다. 결과적으로 프랑스는 노동시장 및 가족환경의 변화에 대응하기 위해 1998년과 2000년에 걸쳐 10명 이상의 피고용인이 있는 회사의 법적 주당 노동시간은 39시간에서 35시간으로 줄이는 획기적인 법안을 마련하게 되었다. 주당 35시간 노동의 이행은 노동 시간의 재조직을 촉진시켰으며, 고용주들과 몇몇의 노동조합들 역시 이러한 "노동시간 단축" 정책에 반응하고 있다. 최근 연구결과에 따르면 정규직 기준으로 반나절 근무 또는 하루 쉬는 것(days off)은 노동자들에게 일반적으로 관행으로 확산되고 있는 것으로 밝혀졌다. 이런 점에서 주 39시간 노동시간에서 35시간으로 노동시간을 감소시키는 법안의 제정은 노동시간의 감소와 동시에 부모의 양육 및 가정생활을 위한 시간 확보를 명문화한 것이다. 실제로 노동시간의 감소로 6세 미만의 아동이 있는 부모의 60%가 만족스럽다는 조사결과가 발표된 바 있으며(Fagnani & Letablier, 2004), 줄어든 노동시간으로 가족시간이 확보된 남성들의 부모역할 확대를 기대할 수 있을 것이다.

4) 가족의 자녀양육 및 사회화 기능 지원정책 유형 및 특성

(1) 재정적 지원

일찍이 프랑스는 가족에 대한 재정적 지원으로서 가족수당을 발전시켜 온 대표적인 국가이다. 기본적으로 프랑스의 가족수당은 거주에 기반하여 지급되며, 부모의 소득원과 무관한 수당과 소득원에 따라 달라지는 수당으로 구분될 수 있다. 가족수당은 자녀수에 따라서 수당의 유형과 지급액수가 달라지는데, 이 외에도 매우 다양하고 복잡한 30여 종류의 가족수당제도가 있지만, 기본적인 목적은 아동이 있는 가족의 직간접 비용을 국가가 분담하여 개별가정의 부담을 덜어 주기 위함이다.

① 부모의 소득원과 무관한 수당

부모의 소득원과 무관하게 지급되는 수당으로 자녀가 한 명 이상인 가정이면 혜택을 받을 수 있는 것으로 특수교육수당, 가족지원수당, 가정보육사 고용지원 및 지원수당, 자택 내 육아수당 등이다.

• **특수교육수당**(AES) : 장애아동을 둔 가정에서 지급되는 수당으로 자녀가 만 20세가 될 때까지 혜택을 받을 수 있으며, 장애의 정도에 따라 107유로에서 1003유로까지 지급된다. 또한 자녀가 특수교육기관에서 보호를 받을 경우 장애 정도에 따라 추가로 수당이 지급되는데, 이 경우에는 부모 중 한 사람이 노동을 보류하거나 제3자의 도움이 요구되어야 한다는 제한 규정이 있다.

• **가족지원수당**(ASF) : 아동을 키우고 있는 사별한 배우자나 한부모에게 지급되는 수당으로 부모가 없는 고아이거나 양부모가 지불 능력이 없는 경우, 이혼한 부모가 양육책임을 거절한 경우에도 해당된다. 자녀가 20세가 될 때까지 지급되며, 지급금액은 아동 1인당 82.77유로이며, 부모가 모두 없는 고아이거나 양부모가 지불 능력이 없는 경우에는 110.36유로가 지급된다.

• **가정보육사 고용지원 및 지원수당**(AFEAMA) : 6세 이하의 자녀를 둔 가정에서 일정한 자격요건을 갖춘 가정보육사를 고용한 경우 그 가족의 경제적 부담을 덜어 주기 위해 사회보장기금을 비롯한 가족사회복지기금의 분담금

을 보조해 주는 것으로 아동의 연령과 가족의 수입에 따라 지급된다.

- 3세 이하의 아동을 위한 수당 : 가족소득이 12,912유로 이하이면 203유로, 수입이 12,912와 유로 사이이면 160유로가 지급되고 소득이 17,754보다 많으면 133유로의 현금이 지급된다.
- 3~6세 아동을 위한 보조금 : 지급금액의 절반으로 나누어진다(OECD, 2004).

② **부모의 소득원을 고려한 수당**

부모의 소득이 일정한 기준을 넘지 않을 경우에 지급되는 수당으로 부가적 가족수당을 제외하고는 자녀가 한 명 이상인 경우에 받을 수 있다. 여기에는 영유아수당, 입양수당, 새학기(개학준비)수당, 한부모수당, 가족소득 보충급여 등이 있다.

- **영유아수당**(APJE) : 영유아수당은 세 살 이하의 자녀를 두었거나 임신 5개월 이상인 임신부에 대해 급여를 지급하되, 가족당 한 건의 수혜원칙을 적용하고 있으며, 육아휴직수당(APE)을 받고 있는 경우에는 이 수당을 받을 수 없다. 가족상황이나 소득수준에 따라 수혜자격에 제한이 있으며, 현재 3세 이하의 아동이 있는 가족의 80%가 매월 156.31유로가 지급된다.
- **새학기수당**(ARS) : 6~18세 자녀를 대상으로 일시불로 67유로가 지급되는 자산형 급여로서 3~21세 자녀가 3명 이상 있는 가족에게는 추가적으로 139 유로를 지급한다.
- **자녀교육수당** : 자녀교육수당은 6~18세의 학교에 재학하는 부양자녀가 한 명 이상 있고, 일정 소득수준 이하인 경우 일률적으로 자녀당 249.07유로의 수당을 제공한다.
- **한부모수당**(API) : 일정한 저소득 이하의 빈곤가구로서, 미혼부모이거나 별거, 이혼, 사별 등으로 홀로 자녀를 부양하는 한부모에게 한부모수당이 제공된다. 부양자녀 수에 따라 월수당액은 차등적으로 지급되며,

월소득총액과 한부모수당 최대액 간의 차액을 보충적으로 지급한다. 한부모수당의 최대액은 임신 중인 자녀를 둔 경우 512.82유로, 자녀 한 명을 둔 경우 683.75유로, 자녀 두 명 이상부터 추가 자녀 수당 가산액 170.94유로가 지급된다.

• **가족소득보충급여**(CE) : 자녀가 3명 이상이면서 자녀 모두 3세 이상 만 21세 미만인 경우로 셋째 자녀가 만 3세가 되는 다음 달부터 지급되며, 가족상황과 소득액에 따라 수혜자격이 제한되고 별도의 신청없이 소득액 신고만으로 자동 지급받을 수 있다. 소득액이 기준치를 초과하지 않을 경우 매달 153.22유로를 받을 수 있다.

(2) 휴가제도

프랑스의 노동법에는 부모로서의 양육권리, 장애인, 노인에 대한 근로자의 책임에 대한 관심이 통합되어 있어 모성휴가, 부성휴가, 아동간호휴가 등이 명시되어 있으며, 부모휴가, 아동간호휴가는 사회보장기금법에서 다루고 있다.

① 모성휴가

16주 동안의 유급휴가를 받게 되지만, 자녀수에 따라 차별적으로 제공된다. 두 번째 자녀까지는 통상 출산 전 6주와 출산 후 10주로 16주의 휴가기간이 주어지지만, 세 번째 자녀부터는 휴가기간이 출산 전 8주, 출산 후 18주로 총 26주로 늘어나고 세 쌍둥이 이상의 경우 각각 24주와 22주가 출산 전후로 제공된다.

휴가기간 동안에는 모성급여가 제공되며, 산모가 출산과 관련하여 병원치료를 받아야 할 경우에는 추가로 2주의 유급휴가가 제공되고 하루 최고 386.87프랑이 제공된다. 모성휴가 기간에는 사회보험으로부터 모성급여를 지급받게 되는데, 두 번째 자녀까지는 사회보험 기여분을 공제하고 난 순임금의 100%를, 출산 전 6주, 출산 후 10주간 보전받으며 세 번째 자녀부터는 26주간 지급받게 된다. 또한 모성보험에는 반드시 여성으로만 한정하지는 않는다.

② **아동간호휴가**

16세 미만의 자녀를 가진 근로자 가운데 자녀가 아픈 경우에 이들을 보살피기 위한 휴가를 사용하거나 필요한 경우 시간제 근무로 전환할 수 있는 권리를 보장한다.

③ **아동간호수당제도**

아동이 심각한 질병이나 사고, 장애로 부모의 지속적인 보살핌이 필요하여 부모가 노동을 중단하게 될 경우 4개월 동안 부모들에게 지급되는 수당으로 이는 모성휴가, 상병휴가, 실업수당, 부모양육수당 등과는 별도로 지급받을 수 있다.

(3) 보육서비스

① **공보육서비스**

- **국립탁아소**(Creche) : 준국가기구로 전국조직인 전국가족수당공단(CNAF)에서 관할하며, 아래의 표에서 보면 국립탁아소는 수용력이 크게 부족하여 해당 아동의 8%만을 수용하고 있을 뿐 대부분은 여전히 부모가 집에서 양육하거나(64%), 등록보육사나 가정보육사를 이용하고 있다. 따라서 프랑스는 민간 분야 개방 공적 보육시설(탁아소)을 보완하기 위해 민간 분야를 개방하여 양육보조원 소개회사 창설 지원, 보육시설 투자 기업에 대해 세금 공제 혜택 노동자의 출산과 육아에 우호적인 기업의

보육시설 투자비용 중 60%에 해당하는 세금을 감면하여 전문성 제고 및 지위개선을 통해 더 많은 육아보조원을 확보하고자 노력하고 있다.

표 10-3 공보육시설(0~6세 미만) 제공실태(1999)

아동의 연령	보육형태	보육시설수	보육시설 내 자리수
3세 미만	탁아소(creche)	4,300	138,400
	전통적 형태	3,188	123,200
	mini creche	372	6,700
	부모협동 creche	740	8,500
	가정보육사	1,103	60,900
3~5세	유치원	294	10,400
6세 미만	주간보호시설(day nuseries)	4,804	68,100
	전통적 형태	4,022	62,200
	부모협동운영	782	5,900

출처 : DREES(Direction de recherche des etudes dl l evaluation et des statistiques; 홍승아) 재인용.

• **유아학교** : 3~6세 미만의 아동이 보육대상인 유아학교는 교육부에서 주 35시간 운영하고 있다. 급식실이 구비되어 있으며, 이용료는 부모의 소득에 따라 비례한다. 프랑스 아동의 98%가 등록해 있으며, 취업모의 이용을 돕기 위해 오전 8시부터 5시까지 직장근무 시간에 맞추어 운영되며 유자격자에 의해 안전하게 보육이 이루어지도록 관리 · 감독이 이루어지고 있다.

② 개별보육 지원서비스

미테랑 정부 이후 프랑스 보육정책은 크게 두 가지 방향으로 선회하고 있는데, 하나는 노동시간을 조정하며 부모의 자녀양육 참여를 독려하는 것이고, 다른 하나는 보육서비스를 개별화하는 것으로 공공재원으로 운영되는 보육시설의 부족분을 민간보육서비스를 통해 해결하기 위해 다양한 양육수당과 세금감면 혜택을 제공하는 것이다. 노동시간의 조정은 부모휴가를 시간제로 전환하고 모의 전일제취업보다는 시간제 취업을 장려함으로써 여성의 자녀양육 참여를 확대하기 위함으로 부모 가운데 한쪽이 자신의 노동을 중단하고 직접 자녀를 양육할 경우 양육수당을 지불하고 있다. 또한 공보육시설의 대안으로서 가정 내 보육수당과 등록보육사 고용지원제도가 도입되었는데, 1994년 이후 CNAF의 기금 가운데 집단 공보육시설인 creches에 지원되는 금액보다 개별보육 부분에 대한 재정지원이 크게 확대되고 있다.

(4) 담당기구

① 가족관련 부처간 심의회 대표부

가족담당 장관 관할의 파견행정 조직으로 약 15명의 심의단으로 구성되어 있으며, 주요 장관들(국민교육, 법, 국민통계경제연구소, 주거, 내무, 도시 등)의 지휘하에 실험적 임무를 담당하고 있다, 대표부의 역할은 관련 부처장관들과 부처업무의 활성화 및 조정의 역할과 수상의 직할권한으로 관장되며, 가족관련 포럼을 준비하고 가족관련 자료발간 기획 및 자료수집과 관련연구를 진행한다.

② 프랑스 가족수당공단(CNAF)

가족 및 인구, 주택, 질병, 노동재해 등과 관련된 사회보장제도의 일환으로 가족분야와 관련하여 합법적인 수당서비스의 재정적 지원 및 전략을 총괄하는 기구가 바로 프랑스 가족수당공단이다. CNAF 산하에는 125개의 가족수당금고(CAF)가 조직되어 있는데 행정위원회의 통제 하에 실질적인 업무를 주관하고 있다.

5. 한국 가족정책의 현황과 문제점

1) 한국 가족정책의 현황

가족의 변화가 두드러짐에도 한국 가족정책의 현황에서는 예방보다는 사후 대책에 치중하고 있다는 점, 그 정책도 단편적이어서 개별 가족정책의 일관성이 결여되고 법과 제도에 지체 현상을 보인다는 점, 가족의 다양성이 인정되지 못하는 점, 그리고 가족정책에 대한 관점의 부재로 통합적 시행방안을 시행할 수 있는 행정전담부서가 마련되지 못했다는 점 등의 문제점을 찾을 수 있다.

우리나라에서 가족정책은 이제까지 사회보장 관련법이나 정책을 통해 이루어져 왔다. 2004년 이후에는 건강가정지원법에 의해 가족정책이 이루어지고 있다. 가족에 대한 구체적인 정책으로는 우선 소득지원정책으로 연금, 건강보험, 산업재해보상보험, 고용보험과 같은 사회보험과 공제, 조세 감면과 같은 조세정책을 들 수 있다. 그리고 가족의 자녀양육과 보호 기능을 지원하는 가족 정책도 있고, 빈곤가족을 위한 정책으로 기초생활보장제도를 통한 생계와 의료급여도 있다.

최근 심각하게 제기되고 있는 저출산 문제와 이혼, 실직 등과 같은 위기가 사회적 문제로 쟁점화되기 이전에는 사실 가족복지정책의 부재에 대해 확인만 하였을 뿐 구체적으로 어떤 정책이 마련되어야 하는가에 대한 논의는 부족하였던 것이 사실이다. 그러나 이혼 및 그에 따른 아동의 빈곤 문제 등이 심각해지면서 이혼과정에서의 법적 · 제도적 절차와 한부모가족을 위한 가족정책에 대한 논의가 증가하고 있는 실정이다.

예방보다는 사후 대책에 치중, 단편적 정책, 개별 가족정책의 일관성 결여, 법과 제도에 지체 현상, 가족의 다양성이 인정되지 못함, 가족정책에 대한 관점의 부재, 행정전담부서가 마련되지 못함, 기초생활보장제도를 통한 생계와 의료급여, 저출산 문제와 이혼, 실직 등과 같은 위기, 이혼 및 그에 따른 아동의 빈곤 문제, 이혼과정에서의 법적 · 제도적 절차와 한부모가족을 위한 가족정책에 대한 논의가 더욱 필요할 것이다.

2) 한국 가족정책의 문제

(1) 예방보다 사후 대책에 치중

현대의 가족 문제는 요보호 대상층에서만 나타나는 것이 아니라 점차 사회 문제화됨으로써 국가는 더 이상 잔여적인 가족정책에 머물러서는 안 되며, 보편적인 가족정책의 변화를 모색해야 한다.

(2) 가족정책 방향에 일관성 결여, 법과 정책의 지체 현상

가족을 단위로 하기보다는 가족의 개별 구성원을 대상으로 한 정책이 이루어지고 있어 일관성과 제도적 뒷받침의 지체 현상을 보인다. 인구정책으로는 인구감소정책에서 출발하여 2004년 현재 고령화 및 저출산으로 인한 인구증가정책을 시행하고자 하고 있다. 여성정책과 노동정책에서는 보육정책을 통해 기혼여성의 취업을 촉진하는 정책을 펴고 있다. 그러나 기혼취업여성의 세제 및 관련 정책에서 취업부부의 특성을 고려하지 않아 일관성이 적으며, 아동보육시설이 부족한 것은 지체 현상이라고 볼 수 있다.

(3) 가족과 개인 간의 안정성 혹은 갈등의 초래 가능성

우리나라 가족정책은 대개 혈연에 기초한 핵가족을 기본 구조로, 이들 가족은 문제가 없다는 가정을 전제로 한다. 가족관계에 사회가 개입하지 않는다는 원칙은 전형적인 범주에 들지 않는 다양한 형태의 가족구성원에게 많은 가족 문제를 노출시키고, 정상적인 가족으로 여겨지는 핵가족 내부에서도 가족구성원 간 불신과 반목, 갈등 등의 병리 현상이 가족이라는 미명하에 합리화되거나 심지어는 폭력적 양상으로 발현되기도 하였다.

(4) 인정되지 못한 가족의 다양성

우리나라 가족정책은 특정한 가족구조로 유지하고자 하는 정책을 수행하고 있다. 하지만 최근 우리나라의 가족의 형태를 살펴볼 때 다양한 가족형태들이 나타나고 있어 이를 고려한 가족정책이 추진되어야 할 것임으로 시사한다.

3) 가족복지 서비스에 대한 고민과 한계점에 대한 비판

가족 전체를 대상으로 한 포괄적이고 보편적인 가족복지 서비스 대신 요보호 대상자 개인을 중심으로 한 서비스를 제공할 수밖에 없었던 것이 사실이다. 이와 같은 사회복지 전반의 요보호, 잔여주의적 접근방식은 지역사회 사원의 종합적인 복지 서비스 제공기관인 사회복지관의 가족복지사업에 직접적 영향을 미쳐 ① 가족복지사업 예산의 절대적 부족, ② 가족상담 및 가족치료 전문인력의 부족, ③ 가족복지사업의 행정적 지원체계 부족을 초래하였다. 그리고 가족 문제가 소득계층, 가족 형태, 가족주기 등을 망라하여 발생하고 있음에도 지역 사회복지관을 통한 가족복지사업은 주로 저소득층이나 이미 가족구조가 해체된 가정에 대한 현물지원에 더 많은 노력을 투여할 수밖에 없는 구조를 초래하였다. 앞으로 가족정책은 취약계층(요보호대상) 중심의 잔여적 서비스라는 한계점에서 벗어나 다양한 가족형태를 고려한 예방적 차원의 보편주의적 서비스로 확장될 필요성이 있다.

4) 가족복지 서비스 전달체계의 문제점

건강가정기본법상의 서비스 전달체계인 건강가정지원센터의 문제점은 크게 서비스 전달체계상의 중복 문제, 그리고 기능상의 중복 문제로 나누어 생각할 수 있다. 이전까지 취약가정을 대상으로 한 서비스는 종합사회복지관에서 진행되었기 때문에 건강가정지원센터를 바라보는 시각이 부정적인 측면도 있는 것이 사실이다. 건강가정기본법에 따르면 전국 16개 시 · 도 및 234개 기초단체에 지원센터를 설립하도록 되어 있는데 이러할 경우 엄청난 재정적 부담이 될 것으로 보인다. 또한 기존의 가족복지 서비스 제공기관과의 서비스 중복 및 재정 낭비라는 문제를 피할 수 없다. 따라서, 취약계층의 가족만이 아닌 일반가정을 대상으로 포함하여 건강가정을 유지할 수 있는 건강가정지원센터의 역할이 체계적, 조직적으로 이루어져야 함이 확실해지고 있는 것이다.

전달체계상의 중복 문제뿐만이 아니라, 기존 가족 관련 서비스기관과 기능이 중복되는 것도 건강가정지원센터의 또다른 문제라고 할 것이다. 지원센터의 역할은 대부분 기존의 가족복지 시행기관, 즉 사회복지기관에서 이미 실시되고 있는 프로그램이거나 서비스이다. 예를 들어 개별 및 가족상담, 어머니 및 아동청소년 집단상담, 부모자녀 의사소통교육, 이혼가정 상담 및 지원, 결혼준비모임, 노인모임, 가족치료, 가족생활교육 등 많은 종류의 프로그램이 이미 운영되고 있다. 하지만 일반가정의 프로그램 이용률이 낮아 요보호 복지를 뛰어넘는 보편적 복지의 방향으로 나아갈 수 있도록 노력이 필요한 것이다.

6. 가족정책의 발전을 위한 기본정책 방향

현대사회에서는 출산율 저하, 가족부양 기능의 약화, 이혼의 증가, 빈곤가구의 증가 등의 다양한 차원의 중층적이고 복합적인 가족문제에 존재하고 있다. 따라서 가족정책도 이러한 점들을 고려하여 정책이 이루어져야 할 것이다.

1) 가족정책의 패러다임 전환

지금까지 우리나라에서 가족은 여성이 문제를 해결하는 방식으로 처리되었기 때문에 사회정책의 대상이 아니었다. 하지만 점차 가족부양 부담의 사회화, 대안적인 가족상 제시, 성평등 관점을 포함하고 있다.

따라서 가족정책이 성공적으로 수행되려면 아동양육, 노인부양, 민주적이고 평등한 가족환경 조성 등이 개별 가족의 차원을 넘어서 공공의 책임이라는 사회적 합의가 전제되어야 하고, 이와 연관한 정책과제와 개별 사업이 기획 · 개발되어야 하고, 아울러 재정 확보와 함께 이를 효율적으로 수행할 행정체계 확립이 요구된다.

2) 돌봄기능의 사회적 분담기제 확보

우리 사회에서 가장 취약한 부분이 자녀출산 및 양육에 대한 책임과 역할이 공유되지 않고 있는 부분이라는 점에서 이에 대한 보다 적극적인 정책들이 필요하다. 이를 위해 개인과 사회와 국가가 함께 노력하고 책임을 공유해야 하는데, 부모에게 지급하는 아동관련 재정지원, 보육에 대한 공공재원 지원, 부모휴가를 통해 출산의 시기에만 영향을 주는 것이 아니라 각 개인의 행동에 직접적인 영향을 미침으로써 출산율도 향상시키고 일과 가족을 양립할 수 있을 것이다.

3) 청소년 보호기능을 수행할 수 있는 가족지원정책의 강화

범 정부차원에서 예를 들어 부모교육, 가족상담, 건강한 가족공동체를 위한 가족단위 프로그램 지원 등을 확대함으로써 다각도의 정책적 개입과 청소년 보호를 위한 가족사업의 특성화 및 중점화가 필요하다. 취약구조 및 환경에 노출된 청소년의 경우 상대적 박탈감 및 소회감, 체념주의적 사고에 쉽게 빠져들 수 있고 일반 청소년들에 비해 유해환경에의 노출 가능성은 높아질 수밖에 없고, 그 만큼의 일탈행동 가능성도 확대될 수밖에 없음을 생각해 볼 때 건강가정지원센터의 사업이 더욱더 활성화시킬 필요가 있다.

4) 성평등 지향

우리 사회에서 여성의 경제활동 참가율은 50%를 겉돌고 있다. 현대사회의 경우 성차별적 고용구조로 여성의 일자리 창출이 시급하다고 할 수 있다. 여성고용정책과 긴밀하게 연결하여 가정과 직장을 양립할 수 있도록 지원하는 방양으로 운용되어야 한다. 또한 일하는 어머니가 경력 중단으로 인한 큰 피해 없이 아동을 양육할 수 있도록 다양한 지원을 제공해야 한다. 고용보험 등, 육아휴직 수당의 인상, 사업장의 규모나 고용형태와 관계없는 모든 여성 근로자의 혜택이 주어져야 할 것이다.

5) 일과 가족 양립에 관한 정책방향

여성의 사회참여 기회 확충과 가족경제의 불안정성 증가, 가족의 내구소비력 확대 등은 여성 경제활동 참가로 인한 2인 생계부양자 구조의 보편화를 나타내고 있는 추세이다. 또한 남성들이 욕구와 삶의 방식 또한 다양해짐으로써 가족친화적 삶에 대한 욕구가 증가하고 경쟁적 가치를 지양하게 됨에 따라 점차 자녀양육에 대한 남성들의 참여욕구에 따라 증가하고 있다. 따라서 남녀 모두가 함께 일과 가정생활을 병행할 수 있는 사회적 여건을 마련하는 것이다. 국제적으로 남녀의 일, 가정양립 지원정책에서 부모휴가제도가 핵심적으로 강조되고 있는데 국제적인 정책동향은 가족정책 차원에서 우리 사회의 노동시장의 개편, 보육서비스 등과 함께 부모휴가제도 정착을 위한 국가와 기업의 적극적인 노력이 필요함을 강조하는 것이다.

생각해 보기

1. 가족정책의 의미를 생각해 보세요.

2. 우리나라의 가족정책의 방향에 대해서 생각해 보세요.

3. 우리나라 가족정책의 문제점에 대해서 생각해 보세요.

4. 우리나라 가족정책의 향후 방향에 대해서 생각해 보세요.

제11장

여성장애인

1. 여성장애인의 개념 및 현황
2. 여성장애인의 현황 및 문제
3. 여성장애인을 위한 사회적 지지
4. 여성장애인을 위한 대책

1. 여성장애인의 개념 및 현황

여성장애인이란, 하나 혹은 그 이상의 신체적 · 정신적 장애를 지니면서 사회적 장애를 경험한 여성을 말한다. 여기에는 손상의 심각성과 문화적 배경, 생활공간에 관계없이 모든 연령대의 여성이 포함된다. Fine과 Asch(1988)는 여성장애인을 제한된 사회적 역할과 가치 규정된 성인의 역할을 성취하는 데 필요한 제도적 수단의 부재로 인해 '역할상실'을 경험하는 사람으로 개념화하였다. 따라서 여성장애인은 개인의 신체적 · 정신적 장애 속에서 사회의 욕구에 맞게 사회 역할을 할 수 없는 여성을 의미한다 할 수 있겠다.

그러나 아직까지도 우리나라에서는 여성장애인에 대한 개념조차도 제대로 정립되지 않고 있는데 '여성장애인', '장애여성', '장애인여성'을 혼용하여 사용하고 있음을 알 수 있다. '여성장애인'은 '장애인'이 일반적으로 남성을 가리키고 있기 때문에 성별을 나타내는 여성을 대체시켜 사용하고 있는 것으로 사회인구학적인 의미이며 또한 장애인 인구 구분의 편의를 위하여 사용되기도 한다. 한편 '장애여성'과 '장애인여성'은 여성으로서 장애라는 차이와 제한성, 불리한 상황을 강조하는 관점에서 사용되고 있어 여성보다는 장애에 초점을 맞추었다. 이처럼 여성장애인을 '여성장애인' '장애여성' '장애인여성' 등 통일성 있게 사용되지 않고 혼재되어 있는데 이것은 아직도 우리 사회에서 여성장애인이 사회 관심 밖의 대상임을 보여주고 있는 것이다. 그리고 국가 주도로 조사되고 있는 인구사회학적 기본수치인 인권실태에 관한 조사와 여성부에서 발간하는 여성백서조차에서도 여성장애인에 대한 실태가 조사되지 않고 있는데 이 또한 여성장애인이 우리 사회의 범주에

끼지 못하는 실정임을 단적으로 보여주고 있는 예라 할 수 있다(김인숙, 2004; 이은혜, 2006).

여성장애인 문제는 단순한 장애인의 문제에서만 끝나지 않고, 남성우월적인 사회풍토하에서 차별받는 여성의 문제까지 내포하고 있기에 이중장애문제라 불리기도 한다. 즉 여성장애인의 경우 수적으로 남성과 거의 동일한 비중을 차지하고 있음에도 불구하고 상대적으로 정책적 측면의 고려대상에서 배제되어 왔고 복지정책적 차원에서도 별다른 관심을 받지 못했다. 그러다가 최근에 와서야 여성장애인 문제에 대한 관심이 일기 시작했는데, 그 계기가 된 것은 1986년 한국 DPI가 여성장애인 문제에 관한 세계적인 추세를 한국 사회에 소개함으로써 처음으로 여성장애인의 문제를 제기하였으나 정책적인 관심을 받지 못했다. 이후 1990년대 후반에 들어서 여성장애인을 대상으로 성폭력 문제가 사회적 이슈가 되면서 성폭력특별법에 여성장애인에 대한 보호조치가 언급되었고 1998년 장애인인권헌장에서 여성장애인의 권리보장에 대한 내용을 포함함으로써 제도적 보장이 이루어지기 시작하였다. 장애인인권선언을 모태로 하여 1999년 장애인복지법에서 비로소 국가 및 지방자치단체에서 여성장애인 복지사업을 추진하는 근거를 마련하였다(이은혜, 2006).

2. 여성장애인의 현황 및 문제

2007년 기준으로 우리나라 여성장애인은 전체 장애인의 38.1% 정도를 차지하는데 남성장애인에 비해 출현율이 낮지만, 고령으로 갈수록 여성장애인 출현 비율이 높아지고, 여성장애인이 남성장애인보다 더 빠른 속도로 증가하고 있다(변용찬 외, 2006; 송다영 외, 2011). 또한 장애등급에 따른 장애 정도를 보면 경증일수록 남성장애인이, 중증일수록 여성장애인이 많고, 장애에 대한 진단 및 치료에 있어서는 여성장애인보다 남성장애인이 진단 및 치료를 받은 경우가 더 많았다. 즉 장애 정도로 볼 때 여성장애인은 중증이 더 많지만 장애에 대한 진단이나 치료는 남성장애인에 비해 덜 받은 셈이다(변용찬 외, 2006; 송다영 외, 2011).

교육연수를 성별로 비교해 보면 여성장애인은 4.5년으로, 남성장애인의 7.7년에 비해 훨씬 짧다. 또한 여성장애인 중 대학 이상의 고학력자 비율은 12.2%에 불과하여 심각한 저학력 상태를 보여주는데 이러한 낮은 교육수준은 낮은 취업률과 낮은 소득으로 연결되어 여성장애인의 취업수준은 남성장애인에 비해 절반도 되지 않으며, 월평균 소득 차이는 1/3에도 미치지 못하는 것으로 나타났다.

한편, 여성장애인은 성적 자기결정권을 행사하기 어려운 현실에서 빈번하게 성적 공격이나 폭력의 대상이 되는 경우가 많은데, 여성장애인 대상 성폭력상담소와 보호시설 모두 숫적 열세는 물론이고 적절치 못한 공간구성과 낮은 접근성, 전문인력 부재 등의 문제로 방문상담이나 다양한 장애유형과 등급에 따른 성폭력 상담을 진행하기 어려운 상황이다.

결혼, 출산, 양육에 있어 여성장애인은 비장애여성보다 결혼 가능성이 적고, 늦게 결혼하며 이혼 가능성은 더 높은 것으로 보고되고 있는데 이러한 낮은 결혼율은 장애로 인한 생활의 어려움과 출산 및 양육의 부담과 관련이 있으며, 적절한 배우자를 만나지 못하는 소외된 사회환경과 사회적 편견이 큰 요인으로 작용하는 것으로 나타났다(공미혜 외, 2007). 여성장애인은 신체적 장애가 있다는 사실만으로 소위 '정상적인 육체'의 기준에서 미달되어 여성의 범주에서 제외되고 여성의 역할을 잘 하지 못하는 존재로 평가절하되어 출산, 육아, 생리 등 여성으로서의 보편적인 기능수행에 있어 주변의 지지를 받지 못하고 어려움을 겪는 경우가 많다(김성미 · 심인선, 2007).

특히 여성장애인은 아이를 키우는데 있어 심각한 제약과 부담을 가진다. 여성장애인들이 출산 후 아이를 키우는데 겪는 가장 큰 어려움은 자녀들을 기대만큼 제대로 키우지 못하는 데서 오는 불안감, 자녀양육 과정에서 타인으로부터 도움을 받는 자로 인식되는 데서 오는 심리적 부담감이다.

여성장애인이 아이를 키우는 데서 마주치는 제약과 부담은 주로 양육노동과 가사노동의 중첩에서 오는 신체적 피로이다. 일반여성만큼 자녀양육을 제대로 할 수 없다는 자괴감, 자신의 장애 때문에 자녀와의 외출과 놀이가 제한되는 데서 오는 답답함, 자녀의 학교활동에 잘 참여할 수 없다는 데서 느끼는 소외감 등이 여성장애인들이 말하는 대표적인 심리적 고통이다. 더불어 여성장애인은 아이를 교육하면서 교육비 부담, 학교 선생님과의 관계 맺기, 자녀의 부모차별 혹은 자녀와의 의사소통의 어려움 등을 호소하고 있다(경상대학교여성연구소, 2011).

3. 여성장애인을 위한 사회적 지지

여성장애인을 위한 공식적 및 비공식적 사회적 지지가 있으면 이들의 임신, 출산과 자녀양육이 훨씬 더 쉬울 것이다. 그러나 임신, 출산과 자녀양육의 모든 영역에서 여성장애인은 충분한 사회적 지지를 받지 못하고 있으며 특히 사회복지기관이나 관련 전문가 등에 의한 공식적 지지가 매우 미약한 것으로 나타나고 있다.

출산 후 산후조리에 있어서도 가족의 지원에 간신히 의존하는 것으로 나타났으며 그나마 가족이 없는 경우에 여성장애인은 아이를 출산하고 키우는 것을 혼자서 감당해야 한다. 여성장애인의 대부분이 이웃과 고립되어 있었고 결혼 이후 친구들과의 관계도 소원해지는 것으로 나타나고 있으며, 결혼을 반대하던 친정식구 혹은 시댁식구들과는 왕래가 없기 때문이다.

여성장애인에 대한 사례조사에서도 여성장애인을 위한 사회적 지지가 부족한 것이 드러났는데 아이를 키우는데 아무도 도와주지 않았다는 점, 가사활동이 힘들다는 점이 지적되었다. 자녀양육 과정에서 주로 남편의 도움을 받으며, 시댁식구나 친정식구의 도움을 받기도 하지만, 전혀 도움을 받지 못하는 경우도 있었다. 가족 외에 친구, 친지의 도움이 있는 경우도 일부분 나타났다. 그러나 결혼 후 친정식구나 친구들과의 연결이 단절되어 지지를 받지 못하며, 특히 공식적 지지를 받은 경우는 하나도 없었다.

이 연구에 의하면 여성장애인들의 대다수가 경제적 어려움을 겪고 있어 임신, 출산 지원정책으로 출산비용을 지급해 주기를 희망하는 비율이 가장 높았으며(60%), 출산도우미 제공을 원하는 비율은 다음으로 높았다(27%). 지방자치단체가 가장 시급하게 추진해야 할 여성장애인 정책으로 교육비를 포함하는 경제적 지원을 가장 많이 희망하였고(57.7%), 다음으로 가사분담 및 육아지원 도우미(15.4%), 자녀학습지도와 같은 교육 프로그램(11.5%), 특수보육, 특수학교 등 교육서비스(3.8%) 순으로 나타났다(경상대학교여성연구소, 2011).

4. 여성장애인을 위한 대책

위에서 살펴본 바와 같이 대다수 여성장애인들은 특히 결혼과 임신, 육아에 있어 상당한 심리적 두려움, 가사노동 부담감, 경제적 곤란, 가족관계

갈등 등을 경험하는 것으로 나타나고 있다. 페미니스트이론에서는 이처럼 여성장애인의 낮은 혼인율과 가정폭력으로 인한 높은 이혼율, 또한 여성장애인의 인공임신중절과 열악한 모성보건 서비스 접근성을 들어 여성장애인에 대한 인권침해라고까지 주장하고 있다.

그렇다면 여성장애인의 성공적인 혼인과 임신, 출산을 위해 어떤 정책과 서비스가 제공되어야 할 것인가? 우선 미혼 여성장애인들은 자신의 장애로 인해 결혼에 대한 막연한 두려움을 가지는 경우가 적지 않다. 또한 미혼 여성장애인들은 주위의 반대로 인하여 결혼하겠다는 마음조차 먹지 못하거나 결혼이 성사되지 못함을 알 수 있다. 따라서 미혼 여성장애인들의 결혼을 위하여 만남의 기회를 마련하고, 혼인과 성에 대한 교육 프로그램을 개진할 필요가 있다.

여성장애인에게 있어서 임신, 출산은 심리적 부담감을 주게 되며 특히 여성장애인의 건강에 주는 부담이 크다고 할 수 있다. 이때 가족으로부터 회의나 반대에 부딪치면 임신, 출산을 기피하게 되고 출산하더라도 가족으로부터 지지를 받지 못하는 원인이 되기도 한다. 따라서 여성장애인의 임신, 출산, 산후조리 과정에서 도우미 파견사업 등 충분한 지원이 있어야 할 것이다.

여성장애인은 아이를 키우는 가운데 가족으로부터 도움을 받아야 함에도 불구하고 이혼, 별거, 친정식구와 시댁식구와의 단절로 도움이 되지 못하고 있다. 더욱이 남편은 육아에 전혀 도움이 되지 못할 뿐만 아니라 오히려 여성장애인을 폭행하는 등 이들의 삶의 질을 저해하는 경우가 많다. 더불어 증가하고 있는 아동양육비와 교육비 부담은 여성장애인의 가정경제를 위협해 빈곤에 처할 가능성을 높이게 된다.

보건복지부에서는 장애인복지법 제29조에 의한 등록장애인으로 저소득 가정의 여성장애인, 가족 등의 지원체계가 없는 중증여성장애인, 임신 및 출산 예정 또는 영유아 자녀를 둔 여성장애인, 중증 및 고령의 독거 여성장애인을 대상으로 가사도우미 사업을 시행하고 있다. 주요 서비스 내용은 여성장애인의 임신, 출산 및 산후조리를 위한 도우미 파견, 여성장애인의 자녀양육 및 가사활동 지원, 여성장애인의 산전 · 산후관리 등 건강관리, 여성장애인 가사도우미 양성교육 등이다.

또한 이혼한 여성장애인이 가장 심각한 소외를 경험한다. 상당한 비율의 여성장애인들이 가정폭력을 이유로 이혼하게 되는 경우가 많은데, 이들 대부분이 가정경제와 자녀양육을 동시에 떠맡아 빈곤에 시달리고 있다. 여성장애인의 가정폭력, 성폭력 예방을 위하여 전문가들은 경찰을 포함한 가정폭력 관련 집행기관과 가해자를 대상으로 교육을 실시할 것을 제안하고 있으며, 전문화된 여성장애인 보호시설과 장애인전문 통합상담소의 확대 설치를 주장하고 있다.

결론적으로 볼 때 여성장애인이 처해있는 상황에 대한 개선점은 다음과 같다(최선화 · 오영란, 2009).

첫째, 여성장애인 관련제도와 정책의 정비이다.

현재 장애인관련 법률로서 장애인차별금지법, 장애인복지법, 장애인고용 및 직업재활법, 특수교육진흥법, 노인 · 장애인 · 임산부를 위한 편의증진법 등이 있지만 이들 법률에는 여성장애인에 관한 제도가 명시되어 있지 않다. 다만 성폭력특별법에 '신체적으로 항거 불능인 자에게 성폭력을 할 경우 가중처벌한다'는 내용이 명시되어 있을 뿐 다른 여타 모든 법안에는 여성장애인의 특별한 요구를 수렴할 수 있는 명문화된 법제도가 없다. 따라서 여성장애인의 욕구와 문제를 체계적으로 다룰 수 있는 제도 마련이 시급하다.

둘째, 여성특성을 고려한 정책 마련이다.

위에서 살펴본 바와 같이 여성장애인의 경우 여성으로서 독특하게 경험되는 임신, 출산 등의 고유영역에 대한 관심과 서비스 개발이 이루어져야 하며, 특별히 결혼과 관련하여 부부관계가 자녀들과의 관계에서 발생할 수 있는 문제해결에 도움을 제공하는 상담 및 산전 후 관리 지원서비스가 체계적으로 마련되어야 하며, 자녀양육을 위한 가정 도우미제도의 확대 실시와 여성장애인 자녀의 어린이집 우선 이용권이 보장되어야 할 것이다. 또한 자녀관계에서 발생할 수 있는 문제해결에 도움을 제공하는 상담 및 가족관계 개선을 위한 프로그램도 제공해야 한다.

셋째, 개인별로 차별화된 여성장애인 복지서비스 마련이다.

넷째, 60세 이상 고령 독거 여성장애인으로 저소득층에 해당하는 고위험집단의 판별을 통한 우선 지원대상자 선정이다.

이외에 자립을 위한 고용강화, 의료와 건강관리 서비스 구축, 장애여성을 위한 정보체계 구축, 여성단체를 비롯한 민간기구 활동의 활성화 등이 요청된다.

생각해 보기

1. 국내 여성단체들의 유형과 활동내용에 대해 알아봅시다.

2. 미래 가족관계의 변화에대해 예측해 보고, 성인지적 관점에서 논의해 봅시다.

제12장

글로벌시대의 다문화가족

1. 다문화가정

국제결혼의 사전적 의미는 "국적을 달리하는 남여가 결혼하는 일"이다(동아새국어사전, 2005). 국제결혼이란 다른 종족 혹은 국민 간에 이루어진 가족공동체를 의미하며, 국제결혼을 하여 이루어진 가정을 국제결혼 가정이라고 부른다. 그리고 국제결혼에 의해 태어난 자녀들을 보편적으로 혼혈인이라고 부른다. 60년대에는 혼혈인을 흔히 'Amerasian'이라고 불렀다. 이 말은 펄벅재단을 창설한 펄벅여사가 만든 말로 American+Asian이라는 뜻으로 미국계 혼혈인이라는 뜻을 포함한다(유현승, 1998).

한국남성과 외국인 여성과의 국제결혼이 증가하면서 새로운 혼혈인에 대한 용어가 등장하였다. 1997년 외국인 노동자 문제를 연구하는 시민단체에서 코시안(Kosian)이라는 단어를 처음 사용하였다. 코시안은 한국인(Korean)과 아시아계 외국인(Asian)의 합성어로 이후로 우리 사회를 규정하는 새로운 키워드가 됐지만 코시안이라는 용어자체가 인종 차별이라는 지적에 부닥쳤다(양재찬, 2006).

결혼이민을 연구하는 학자들은 혼혈인이라는 말보다는 '이중문화 또는 다중문화 가정의 자녀'라는 용어를 즐겨 쓴다. 일각에서는 국제결혼이란 말이 차별성을 내포할 가능성이 있으므로 국제결혼이란 말 대신에 다문화가정 또는 이중문화가정이라는 말을 쓰기도 한다. 아동을 지칭할 때는 '혼혈아'라는 말보다는 '이중문화가정의 자녀'라는 말이 보다 인권적인 용어로 사용되고 있는 점에서, 국제결혼이라는 말보다 다문화 결혼이라는 말이 어울릴 수 있다고 하였다(한국염, 2004). 그 후 2006년에 전북교육청에서 세계적인 국제결혼 가정을 포괄하고 혼혈인들을 존중할 수 있는 명칭을 전국적으로 공모하여 코시안이나 혼혈인 대신 '온누리안(Onnurian)'이라는 새로운 명칭을 선정하여 적극 활용할 방침으로 홍보하고 있으나 일반적으로 통용되지 못하는 낯선 용어였다.

2003년 30여 개의 시민단체로 구성된 건강가정시민연대가 '국제결혼', '혼혈아' 등의 차별적 용어를 추방하고 대신 '다문화가족'이나 '다문화가족 2세'로 부르자고 제안함으로써 사용되기 시작하였다(한겨레신문 2003. 12. 3). 이러한 제안은 크게 호응을 얻어 현재에는 '결혼이민자', '국제결혼'이라는 용어보다는 다문화라는 용어로 고쳐 부르고 있다.

다문화가정의 유형에는 국제결혼가정, 이주노동자가정, 탈북자 출신의 새터민 가정을 포함하고 있다. 국제결혼가정의 경우 한국인 남성과 외국인 여성간의 결혼으로 이루어진 가정을 의미한다. 이주노동자가정의 경우에는 이주노동자 남성과 여성이 결혼하여 이루어진 가정, 외국인 남성과 여성이 자국에서 결혼 후 한국에 이주한 가정, 이주노동자로서 결혼하지 않고 단독 또는 동료와 함께 생활하는 가정으로 포함한다. 마지막으로 새터민 가정의 경우 북한체제와 사회를 떠나 남한 사회에 정착하고 공식적으로 남한 주민등록을 취득한 북한지역 출신 주민의 가정을 의미한다.

2. 다문화가정의 현황

통계청의 자료에 따르면 최근 15년 간 한국의 국제결혼 추세에서 한국남성과 외국여성 사이의 결혼이 47배나 증가하였다. 1991년만 해도 663명밖에

되지 않던 것이 2005년에 42,356건으로 최고조에 이르렀다. 2011년도에는 29,762건으로 나타나고 있다. 이전에는 주로 한국여성이 미국, 일본, 호주 같은 이른바 '선진국' 남성과 결혼하는 경우가 주를 이루었는데 반해, 최근에는 한국 남성이 한국계 중국인, 일본, 필리핀, 베트남, 말레이시아 등과 같은 아시아계 여성과 결혼하는 경우가 압도적인 비율을 차지한다. 이 경우에도 처음에는 한국계 중국인, 중국 내 조선족 여성들이 한국 남성과 결혼하는 경우가 가장 많았다. 하지만 요즈음은 한국 남성과 결혼하는 외국 여성의 국적이 훨씬 다양해지고 증가 속도 면에서는 일부 아시아계 여성들이 조선족 여성들을 뛰어넘는 추세마저 보이고 있다(Ha Minh Thanh, 2005).

1980년대 들어와서 한국의 경제개발과 함께 국가 간의 교류와 민간인의 교류가 증가되면서 국제결혼이 급속하게 증가되었으며 '국경 없는 세계'를 표방하는 세계평화통일가정연합(통일교)을 중심으로 국제합동 결혼식 등을 통하여 국제결혼이 이루어져 왔다. 통일교회 가정국에 의하면 이들 사이에서 태어난 한 · 일 국제결혼 자녀가 약 1만 3천명이 된다고 하였다(인봉숙, 2001). 1990년대는 국제결혼을 통한 다문화가족의 구성은 대부분 한국 여성이 외국 남성과 결혼하는 형태였으나, 1992년부터는 한국인 남성과 외국인 여성과의 결혼이 증가하기 시작하였으며, 1995년부터는 한국인 남성의 국제결혼이 한국인 여성의 국제결혼을 능가하기 시작하였다.

1990년대 초반부터 시작된 '한국남성'과 '중국 조선족 여성'간의 결혼은 농촌의 '신부 부족문제'를 해결하는 대책으로서 정부의 적극적인 개입, 지원하에 급속하게 증가되었다. 이는 한국남성과 이주여성의 요구와 다양한 사회 환경적 요인들이 결합된 결과로서 이들 결혼의 증가현상이 나타나게 된 것이다(김오남, 2006). 즉, 농촌의 영농후계자 장가보내기 운동의 일환으로 중국동포나 중국한족과 결혼하는 경우가 급증하기 시작하였다. 그러나 조선족 여성들의 위장결혼 비율이 높아지자 1990년대 초반에는 이후 필리핀, 태국, 몽골 등으로 국적이 확대되었고, 최근에는 베트남과 구소련 등으로 더욱 다변화된 것으로 조사되었다(빈부격차 · 차별시정위원회, 2006).

우리나라의 국내 거주 외국인은 2009년 12월 말 현재 870,636명으로 대한민국 인구 48,834,837명(2010. 3)의 약 2%를 차지하고 있다. 국내 거주 외국인의 경우 1995년부터 서서히 증가하다 최근 들어 2003년부터 2009년까지 급격하게 증가하고 있으며, 2009년 이후 증가세가 주춤하고 있는 추세이다. 외국인 주민이 총 인구의 5% 이상을 차지하면 다문화 사회로 분류되는데 우리나라는 아직 여기에는 미치지 못하였지만, 다양한 국적의 국제결혼 증가로 인해 국내 거주 외국인 가운데 여성결혼 이민자들이 급격하게 증가하고 있다. 통계청(2012)의 이혼 및 혼인 관련 보고에 의하면, 국제결혼은 1990년 4,710건에서 2000년 11,605건으로 증가하였고, 매년 2005년에는 42,356건으로 증가하였다가 2006년부터 점차 감소 추세를 보이고 있다. 우리나라 전체 결혼대비 국제결혼 비율은 1990년 1.2%에 불과하였으나, 급격한 상승세를 보여 2005년 13.6%의 정점을 이루다가 2008년부터 점차 감소 추세를 보이고 있지만 전체의 혼인율의 10.8%를 차지하고 있다. 이중 한국인 남성과 결혼한 여성결혼 이민자 수는 1990년대 중반부터 증가하여 2005년에 급격한 상승세를 보이며 2008년도에는 28,163건으로 77.8%를 차지하고 있으나 최근 전년보다 3천건이 감소하였다(통계청, 2012). 현대사회의 새로운 가족 형태로 자리잡은 다문화가정의 경우 최근에 눈에 띄게 증가하고 있으며, 다문화가정이 증가하면서 자연스럽게 다문화가정 여성들이 경험하는 여러 가지 심리적 부적응에 대한 사회적 관심이 증가하고 있다.

이처럼 한국 사회에서 '국제결혼'에 대한 건수도 증가하고 있으며, 더불어 인식은 점차적으로 변화되어 가고 있고, 점차 수용의 움직임도 생겨나고 있다. 그러나 국제결혼에 대한 인식과 수용의 정도는 배우자의 국적, 인종, 젠더, 계급에 따라 다르게 나타나는 듯하다(임안나, 2005).

3. 다문화가정의 문제점

1) 다문화가정 아동의 문제점

혼혈아의 출생은 8.15해방 후의 미군정과 6.25전쟁으로 인한 UN군의 참전, 그리고 UN군의 대부분을 이루고 있는 미군의 계속적인 주둔으로 인한 한국의 특수한 상황이 그 원인이다. 우리나라 혼혈인의 문제는 주한미군과 관련하여 형성된 기지촌의 윤락여성 미혼모에게서 태어난 미군사생아 혼혈인으로부터 비롯되었다(한경아, 1994). 이 때 미군 아버지와 한국인 어머니 사이에서 태어난 혼혈아는 외모와 피부 색깔이 전혀 상이한 혼혈인으로서 혈통이 섞이고 피부색이 다르다는 이유로 등안시되었다. 이외에도 출생상에 개입된 윤리적 문제로 인해 단일민족으로 구성되어 있고 유교적 전통윤리가 뿌리깊은 한국 사회에서 한국 국적을 가지고도 한국인으로서 대우를 받지 못하였다. 이러한 사회적 상황 아래 혼혈인들은 정서적으로 많은 갈등상황에 처하게 되고 빈곤, 교우관계, 학교 및 사회경험의 결핍 등의 문제로 사회적 이탈이 예견되어 사회적 문제로 대두되었음에도 불구하고 혼혈인의 문제를 근본적인 해결보다는 임시방편적 방법으로 해외입양을 통해 해결하려고 했다(김미혜, 1982).

이후 세계평화통일가정연합을 중심으로 국제결혼이 이루어졌으며, 1990년대 이후부터는 중국을 시작으로 본격적으로 아시아 각 국의 여성들과의 국제결혼이 증가하게 되었다. 이러한 국제결혼의 증가로 인해 다문화가정이 생겨나게 되고, 다문화가정의 자녀 또한 증가하고 있다.

하지만 다문화가정 자녀의 수가 빠른 속도로 증가하고 있는 요즈음도 한국 사회에서는 혼혈인에 대한 차별과 무관심이 여전하며, 사회적 편견과 멸시는 다문화가정 자녀를 제도권 교육 밖으로 밀어내고 있으며 어릴 때 학교에서 밀려난 아동은 정상적인 사회인으로 성장할 기회를 놓칠 수밖에 없다(설동훈, 2006).

현재 다문화가정 자녀는 5만 명으로 추정되며 교육과학기술부(2010)에서 파악한 초 · 중 · 고교에 재학 중인 자녀는 30,040명에 이르며 이는 2009년 21.4%나 증가하였다. 지역별로는 경기도가 22.3%, 서울 12.9%, 전라남도가 9.6%, 경상남도가 7.2%, 충청남도가 7.0%의 순으로 나타났다. 그 가운데 초등학생의 비율은 78.6%를 차지하고 있다. 또한 다문화가정 자녀 중 3~5세 비중이 높은 것으로 나타나 향후 학교에 입학하는 아동은 더욱 증가할 것으로 예상하고 있다. 미취학 자녀를 어린이집이나 유치원에 보내는 비율은 27.3%로 한국 사회의 평균 비율 56.8%보다 떨어지는 것으로 나타난다.

다문화가정 자녀의 수가 빠른 속도로 증가하고 있는 요즈음 한국 사회에서는 이들에 대한 차별과 무관심이 여전히 높은 수준으로 나타나고 있으며, 다문화가정 자녀들은 일반적으로 초등학교 저학년 때는 언어장벽, 고학년 때는 학습장벽, 중학교 들어서는 교우관계 장벽 등에 시달리고 있는 것으로 나타났다(전남일보, 2007. 5. 24).

특히 다문화가정 자녀의 경우 '학습결손'과 '편견과 차별로 인한 학교 부적응'을 가장 많이 경험하는 것으로 나타났다(교육인적자원부, 2006). 상당수의 다문화가정 자녀들은 부모의 낮은 경제 · 사회적 지위, 언어 · 문화 · 교육방식의 차이 등으로 인해 가정 · 학교교육에서 문제를 드러내는 것으로 보고되고 있다.

다문화가정 자녀의 어려움으로 가장 먼저 신체적 차이에 따른 어려움이라 할 수 있다. 대부분의 다문화가정 자녀의 부모 중 한 명 특히 어머니의 경우

외국인이기 때문에 출생부터 외모의 차이가 있을 수 있다. 이로 인해 성장하면서 또래집단으로부터 집단 따돌림이 있을 수 있는데 2005년 보건복지부 실태조사에 의하면 다문화가정 자녀가 또래 아이들로부터의 집단 따돌림을 경험한 비율이 17.6%였으며, 이는 외모로부터 오는 차이로 인한 차별을 의미한다. 특히 어머니가 중국동포보다는 태국, 필리핀 등의 외국인일 경우 그 비율이 더 높게 나타났다. 다문화가정에 대한 인식부족으로 인해 또래들과의 부정적인 관계를 형성하기도 하고, 집단 따돌림을 받으며 사회성 발달에 악영향을 줄 뿐 아니라 정체감 형성에까지 부정적 영향을 줄 수 있다고 보고되고 있다.

다문화가정 자녀의 두 번째 문제로는 언어적 환경에 따른 어려움이라 할 수 있겠다. 아동의 언어습득 및 발달은 가정환경, 교육환경에 많은 영향을 받는나. 가성환경은 언어학습을 하는데 중요한 역할을 하며 특히 부모와의 언어 상호작용이 매우 중요한 요인이라고 할 수 있다. 언어 상호작용에 있어서 가정의 충분한 모국어 습득 환경과 주된 양육자인 어머니의 사용언어 및 의사소통 유형은 아동의 언어발달에 직접적인 영향을 미치게 된다(정은희, 2004). 다문화가정의 어머니가 한국어에 서툴러 다문화가정 자녀들은 유아기 때부터 언어발달이 지체되어 학습능력과 이해력이 크게 떨어지게 마련이며, 보통 일반가정에서 부모들의 도움으로 익히는 한글 쓰기와 읽기, 수학 등의 기초학력을 배우지 못하고 초등학교에 입학하게 된다.

양재찬(2006)의 연구결과 조사대상의 58%가 한국어 의사소통, 사고방식이나 가치관 차이, 생활습관의 차이 등으로 어려움을 겪고 있는 것으로 나타났으며 시부모와 자녀의 관계에서 한국어 의사소통의 어려움을 가장 많이 지적하고 있었다. 따라서 아동이 어머니를 통해 우리말 배우기를 기대하기는 힘든 실정이다. 조부모가 없는 경우는 TV를 빼고는 체계적인 언어습득 경로가 없어 매우 기초적이고 단순한 언어구사에 그치고 있다고 하였다. 오성배(2005)의 연구에 의하면 국제결혼가정 자녀들은 언어학습과 정체성의 형성,

대인관계의 형성과정이 다른 아동들에 비하여 많은 문제점을 나타내고 있는 것으로 나타났다. 더욱이 이러한 문제점은 정부와 학교의 준비 부족과 더불어 언어 · 문화에 제대로 적응하지 못한 어머니의 영향으로 더욱 심각해지고 있는 것으로 나타났다. 특히 언어적인 측면의 경우 어머니의 사용언어, 의사소통 유형이 아동의 언어발달에 직접적인 영향을 미치고 있음에도 불구하고 다문화가정의 경우 어머니의 한국어 실력이 부족한 경우가 많기 때문에 자녀들의 언어발달에 영향을 미치고 있는 것을 알 수 있다. 다문화가정의 자녀들의 경우 대부분 언어의 장벽을 넘지 못하고 있으며, 초등학교 1~2학년의 경우 학습능력이 비슷하지만 4~5학년에 들어서면 언어의 이해도가 떨어지면서 특별보충과정을 받는 학생들이 발생한다고 하였다(전남일보, 2007. 5. 27).

다문화가정 자녀의 언어발달은 학교현장에서 학습수행에까지도 영향을 미치는 것으로 나타났다. 대부분 언어 능력이 부족하여 독해력과 어휘력, 쓰기, 작문능력 등이 일반학생들보다 현저히 떨어지고 그에 따라 학습부진의 정도가 심각하다. 또한 이들의 상당수는 언어발달 지체 및 문화 부적응으로 인해 학교수업에 대한 이해도가 낮으며, 지나치게 소극적이거나 반대로 폭력성 또는 과잉행동장애를 보이는 등 정서장애도 나타나고 있다고 보고하고 있다(조영달 외, 2006). 더욱이 외국인 어머니들의 경우 방과후 가정에서의 아동 학습지도를 거의 해 줄 수 없다는 것 또한 학습수행 능력에 영향을 미친다고 나타나고 있다(국가청소년위원회, 2006). 학습수행은 또한 다문화가정 부모의 낮은 경제력으로 아동들이 사설기관의 보충학습 참여가 불가능한 경우가 많으며, 이로 인해 학습부진의 결과를 낳기도 한다(홍정미, 2009).

이상에서 일반가정 자녀의 언어 환경의 측면과 비교해 볼 때 다문화가정 자녀들은 공통적으로 같은 또래의 아동들에 비하여 언어발달에 문제가 있는 것으로 나타나고 있으며, 이로 인해 학교생활에서의 어려움으로도 연결되고 있음을 알 수 있다.

세 번째로 다문화가정 자녀의 어려움으로는 경제적 문제에 따른 어려움을 들 수 있다. 다문화가정 대부분은 평균 소득 이하의 계층에 해당되고 자녀의 교육비 지출을 못하고 있으며, 현재 초등학교에 재학 중인 다문화가정 자녀를 두고 있는 대부분의 다문화가정은 우리나라에서 경제적으로, 사회적으로 열등한 계층에 있는 경우가 많다. 또한 높은 물가 상승으로 인해 대부분의 가정이 점차 맞벌이를 하게 되는 사회적 분위기 속에서 국제결혼을 통해 우리나라에 오게 된 대부분의 여성의 경우 한국어 사용능력이 떨어지기 때문에 대부분의 경우 육체적 노동을 하는 아르바이트 외에는 제대로 된 직장을 갖기는 어려운 형편에 있다. 간혹 취업을 하여 상대적으로 여유롭게 사는 가정도 있으나, 이마저도 대부분 계약직이며 매우 드문 경우에 속한다고 할 수 있다. 실제 결혼이민자가족센터가 2007년 상반기 동안 도우미를 파견해 실시한 아동양육지원서비스 사업 가운데 학습지도가 가장 많이 차지한 것이 이들 다문화가정이 자녀들의 교육비를 감당하지 못하고 있음을 증명해 주고 있다(전남일보, 2007. 8. 29).

마지막으로, 다문화가정 자녀의 경우 정체성 형성과정에서 여러 가지 혼란을 느끼고 있으며, 아버지와 어머니 두 나라의 문화가 혼재된 가정교육으로 인해 정체성 형성에 부정적인 작용을 하고 있는 것으로 나타났다.

특히 다문화가정 자녀는 부모의 서로 다른 가치관과 생활 풍습으로부터 어떤 것을 따라야 할지 혼란을 겪을 수 있다. 이들은 두 나라 문화가 혼재된 가정교육과 우리나라의 학교교육을 동시에 경험하면서 정체성 형성에 혼란을 느끼게 된다. 또한 이러한 정체성 형성의 혼란은 대인관계의 형성과정에도 부정적으로 작용하며, 또래들로부터 놀림을 당하거나 자신감을 잃어 학교교육에서도 주변으로 밀리게 한다(정현영, 2006).

단일민족이라는 뿌리 깊은 자부심 때문에 다문화가정 자녀들이 이유 없이 학교에서 따돌림을 당하고 있는 현실 속에서, 다문화가정 자녀들이 가진 그들 가족의 고유한 문화와 가치관을 스스로 인정하고 자부심을 가지게 하며, 단일문화 속에서 자란 아동들이 미리 다문화사회를 대비할 수 있도록 해야 한다. 점점 증가하고 있는 다문화가정 자녀들의 문화를 존중하고 서로가 가진 좋은 점들을 배울 수 있는 기회를 학교현장에서 만들어 주어야 한다. 이후 우리 사회를 이끌어갈 새로운 흐름이 될 다문화가정 자녀들이 사회적 편견으로부터 보호받고 건전한 가치관을 형성할 수 있도록 하는 것이 필요하다. 한국청소년상담원(2006)과 펄벅재단의 조사결과(2001) 다문화가정 자녀들의 경우 차별이나 불공평, 놀림을 당하는 것 등으로 인해 학교를 그만두고 싶어하는 비율이 일반아동에 비해 높게 나타났으며, 실제 학업을 중단하는 비율도 일반아동에 비해 높게 나타났다(홍정미, 2009).

2) 다문화가정 여성의 문제점

우리 사회에서 다문화가정 여성들의 경우 가족 내에서 생활방식 및 가치관의 차이, 가부장적 가족 질서로 인한 갈등, 역할 분담을 둘러싼 갈등, 부부간의 불신과 갈등, 고부간의 갈등, 자녀문제, 인격적 무시, 가정 폭력 및 학대, 경제적 어려움, 한국어 의사소통 어려움, 부부여가활동, 한국 음식 적응의 어려움 등을 경험하고 있는 것으로 나타나고 있다.

다문화가정 여성들의 경험하는 다양한 어려움 가운데 첫 번째로 이민자 및 다문화가족들은 새로운 문화적 환경에 대하여 통제의 어려움을 느끼게 되고, 이러한 통제할 수 없다는 느낌은 심리적 건강을 위협하는 요소가 되어 문화적응 스트레스를 높이는 결과를 가져올 수 있다. 이주자들은 새로운 주류 사회의 가치, 관습, 사회적 기준과 고유 문화의 전통적인 가치, 관습, 사회적 기준의 영향에서 갈등을 느끼게 되며, 문화적응 스트레스가 높을수록 높은 우울과 불안을 겪게 된다. 이처럼 문화적응 스트레스로 인해 개인의 신체적, 심리적, 사회적 건강상태를 해칠 수 있으며, 이전에 가지고 있던 사회 질서와 문화적 규범에 관한 심리 사회적 균형을 잃게 함으로써 혼란과 갈등을 초래할 수 있다.

두 번째로는 부부간의 관계에 대한 어려움이다. 특히 부부간 언어소통의 문제로 인해 많은 어려움을 호소하고 있다. 부부관계에서 아내가 한국어가 서툴다는 이유로 이야기를 잘 들어주지 않거나 무시하며, 집안일의 결정에서 소외시키는 등 의사소통에 대한 시도마저 적은 실정이다. 심지어 시부모나 남편의 학대와 폭력, 부부관계에서는 남편의 성관계 강요, 외부세계와의 강제적 차단, 경제적 문제, 남편의 음주 등 심리적으로 크게 불안정한 상황이다.

즉, 다문화가정 여성들의 경우 남편과의 성격 차이, 생활방식 차이, 경제적 문제, 음주문제, 부모와의 불화 등으로 인한 부부갈등을 경험하고 있는 것으로 파악되고 있다. 부부싸움의 원인으로는 문화 또는 가치관의 차이, 성격 차이, 남편의 음주, 의사소통의 어려움 및 오해 등이 높은 순위로 나타나고 있다. 이러한 불평등한 결합으로 결혼이민 여성이 불안정한 모습을 나타낼 수 있다.

세 번째로는 부모역할에 대한 어려움이라 할 수 있다. 최연실(2007)의 연구에 따르면, 과반수(54.2%)의 다문화가정 어머니들은 '자녀보다 한국어를 못해서' 자녀와의 대화가 어렵다고 하였다. 또한 대부분의 어머니들은 한국어능력 부족으로 인해 자녀의 숙제를 돕거나(66.2%) 자녀의 학교 교사와 의사소통할 때도(75.2%) 어려움을 겪는다고 보고하였다. 이와 같은 어머니의 언어능력 부족은 낮은 양육효능감으로 이어진다. 다문화가정의 어머니들은 자녀가 유치원이나 학교에서 알림장에 적어온 내용이나 일어났던 일을 제대로 이해하지 못해 의사소통이 안 될 때 마음이 매우 불편하며 이로 인해 자녀와 부정적 관계가 발생할까봐 걱정한다고 하였다(황상심 · 정옥란, 2008). 또한 이들은 나이 많은 자녀나 한국어 방문교사, 친지 등의 도움으로 자녀를 지도하는 경향을 보이나, 이러한 과정이 반복되면서 자녀가 '어머니는 내 공부를 도와줄 수 없는 사람'이라고 인식하게 될 수 있다(전홍주 등, 2008). 결혼이민자 어머니들은 언어능력의 부족 때문에 심리적으로 위축되고 소극적인 태도를 갖게 되어(박미경 · 엄정애, 2007) 공식적인 학교 행사 이외에는 학부모 모임이나 교사와의 접촉을 회피하는 경향이 있다(이혜경, 2005). 교육에 관심이 많은 결혼이민자 어머니들은 가정의 한국어 습득 환경에 대한 우려 때문에 자녀들을 일찍 기관에 보내는데, 보낸 후에는 오히려 기관에 교육을 일임하는 경향을 보인다(왕한석, 2007). 하지만 교육기관에 대한 지나친 의존은 기본적인 생활 습관에 대한 교육과 부모와의 애착형성을 통한 정서발달이라는 과업마저 기관에 지나치게 맡겨 버리는 위험성을 갖는다(전홍주 등, 2008).

네 번째로는 다문화가정의 부모자녀 간의 어려움을 살펴보면, 결혼이민자 여성들이 자녀를 양육하면서 많은 스트레스를 경험하고 있다. 결혼이민자 여성들 대부분은 준비되지 않은 상태로 단기간에 급격한 변화를 겪고, 이들 중 상당수가 남편감에 대한 정보가 부족한 상태에서 한국에 와 결혼을 하게 되었고, 출산과 육아에 대한 교육을 받은 비율도 5.5%에 그치는 것으로 조사된다.

다섯 번째로 신분상의 불안문제를 들 수 있다. 한국인과 결혼한 이주여성의 경우, 한국인 남편과 살고 있으나 방문 동거비자로 체류 자격을 취득해야 하는 외국인의 신분이기 때문에 복지대상에서 배제되어 있고, 어떤 이유라도 결혼 사유가 해소되면 법적으로 불법체류자의 신세로 전락하는 등, 법적으로 매우 불안정한 상태에 놓여 있다. 심지어 어떤 남편은 부인이 다른 부인을 얻겠다며 나가라고 내쫓아 놓고 가출신고를 해서 부인을 불법체류자로 만드는 경우도 있다. 일년마다 비자를 갱신하도록 되어 있는데, 그 신청권이 남편에게 있기 때문에 남편이 비자 문제를 전가의 보도처럼 휘두르며 이주여성을 억압한다. 2년 후 취득할 수 있는 국적도 남편이 보증을 서야 가능하도록 되어 있기 때문에 국적법 역시 이주여성에게는 무기가 되어 있다. 어떤 경우는 아이를 낳아도 국적 신청을 안해 주는 경우도 있다. 사정이 이러니만큼, 이혼을 한다할 때, 양육권과 면접권을 얻어 내는 것은 하늘의 별따기다. 대부분의 국제결혼 여성인권 문제는 국적을 취득하기 전에 발생한다. 국적 취득을 통한 체류만이 아니라 억울하게 내몰리는 외국인 아내의 인권과 생존권을 보장하기 위해 한국에서 살 수 있도록 하는 체류권과 노동권에 대한 장치가 있어야 할 것이다. 그나마 정부가 외국인 여성들의 입장을 고려해서 G1 비자라는 것을 만들었지만 이는 국적을 취득하기 전에 남편이 죽거나 실종했을 경우, 미성년자를 부양할 경우, 남편의 귀책사유에 의해 이혼이나 별거를 할 경우, 귀화할 자격을 주도록 자격요건을 완화한 것이다. 문제는 귀책사유가 남자에게 있다는 것을 극심한 폭력 이외에는 증명해 내기가 힘들다는 것이다.

마지막으로는 사회참여 기회의 부족을 들 수 있다. 결혼이민 여성들은 언어교육, 문화적 체험의 복지 서비스 등의 관리가 부족하기 때문에 취업의 어려움이 따른다. 이들이 결혼생활에 어려움이 있더라도 도움을 요청할 곳이 없는 것이 우리 사회의 현실이다.

3) 다문화가정의 문제점

(1) 언어 및 문화적 갈등

결혼이주자들이 처음 한국에 왔을 때 문화적 갈등을 겪는 것은 당연하다. 그러나 신부를 받아들이는 가족 측에서 그러한 차이를 인정하려는 노력이 부족하면서 갈등이 생긴다. 대부분의 경우, 신부에게 일방적으로 한국문화를 강요하면서 정작 그들의 문화를 이해하려는 노력은 부족한 경우가 많다. 이러한 문화적 이질감에서 오는 외국인 신부의 소외감은 더욱 크기 마련이다. 그리고 외국인 신부들의 언어문제로 인해서 의사소통이 원활하지 못한 경우, 갈등의 골이 깊어지기도 한다. 원활한 의사소통이 불가능하면 서로에 대한 이해가 부족하게 되고, 외국인 신부들이 적응하는데 여러 모로 큰 어려움을 겪게 된다.

(2) 사회적 편견

다문화주의 전통이 없고, 순혈주의 중시 풍토로 인해 여성 결혼이민자에 대한 편견 및 차별이 존재한다. 그리고 다문화가정을 비정상적인 가정, 사회문제의 원천으로 보는 시각이 있다. 언론을 통해 피상적으로 알게 된 내용을 토대로 여성 결혼이민자들을 한국으로 팔려온 여성으로 이해한다거나, 또는 한국에 돈을 벌기 위해 정상적 결혼생활을 할 의사가 없으면서도 온 것으로 생각하는 등의 선입관에 기초해 판단하는 경우가 대부분이다. 이처럼 편견과 차별이 지속될 경우 이로 인한 사회적 갈등이 표출될 우려가 있다.

최근 다문화가족에 대한 사회적 관심이 확대되면서 다문화가정에 대한 언론 보도도 늘어나고 있다. 하지만 언론 보도가 다문화가족에 대한 부정적 측면에 집중되면서 다문화가족에 대한 부정적 인식도 확산되고 있다. 특히 이주여성들에 대한 가정폭력 문제는 이제 언론의 단골 메뉴가 되었다. 그런데 이러한 언론 보도 내용은 자치 대다수의 다문화가정의 남성들이 이주여성들에 대한 비인권적 폭력을 행사하고 있는 것처럼 오해될 공산이 크다. 그리하여 다문화가족이 일반적으로 문제가정의 범주로 규정될 소지도 있다. 정부나 시민단체는 문제가 있는 다문화가족만 부각시킬 것이 아니라 모범적인 다문화가족의 사례를 발굴하고 시상하는 노력도 해야 할 것이다. 그리고 그 원인이 어디에 있는가를 파악하고 장려하는 노력도 함께 진행해야 한다.

언론이 다문화가족에 대한 부정적 사례들만 보도하게 되면 결국 국민들은 다문화가정을 문제가정으로 인식할 수 있는 가능성을 증대시키기 때문에, 보도에는 그만큼 신중함이 필요한 것이다. 언론이 다문화가정에 대한 일반화의 오류를 범하지 않도록 해야 할 것이다. 그리고 언론은 굳이 국제결혼가정을 다문화가족으로 범주화시킬 필요도 없다. 범주화를 잘못하게 되면 결국 이것은 부정적인 낙인이 되기 때문이다. 이는 새터민과 조선족, 또는 중국 동포 등의 경우도 마찬가지로 적용되는 사례이다.

너와 나의 구별은 차이와 차별을 불러오게 마련이다. 다문화의 경우도 단일문화, 단일민족에 대한 차이를 강조하는 부정적인 뉘앙스를 함축하고 있다면 그 자체로서 바람직하지 않다. 편의상 굳이 범주화가 필요하다면 다문화가족보다는 교차 결혼 가정으로 정의하는 것이 더욱 좋을 것이다. 이는 민족과 국가, 그리고 문화와 생활양식의 교류와 교환을 담보하는 의미로 민족과 문화, 국가의 차이와 차별을 넘어서 세계인으로 하나가 되기 위한 상호작용과 관계의 형성을 의미하기 때문이다.

(3) 가정폭력 문제

외국인 여성이 결혼이라는 연결고리를 통해 한국에 오는 것은 국내서 결혼이 여의치 않은 한국남성의 사정과 외국인 여성들의 경제적 욕구가 타협된 결과물이라는 인식이 우리 사회에 지배적이다. 실제로 적지 않은 우리나라 사람들이 외국인 여성들을 '돈 목적으로 결혼하는 사람', 또는 '목적을 위해 위장결혼한 사람'이라는 편견을 갖고 바라본다. 결혼은 기본적으로 윤리와 경제적 문제가 미묘하게 얽힌 제도지만 우리 사회는 이주여성들에게 유독 경제적인 잣대만 대고 있다.

이러한 그릇된 인식으로 인해 외국인 아내와 결혼한 한국인 남편들이 의처증을 갖는 경우가 많아지고 있다. 의처증이 있는 남편들은 대부분 '자기 부인이 돈을 목적으로 한국에 왔고 자기와 위장결혼을 했으니까 언젠가는 도망갈 것'이라는 그릇된 생각을 가지고 있다. 생활기반이 약한 한국인 남편들이 나이 차이가 많이 나는 젊은 아내들에게 위기감을 느끼는 것이다. 그리고 외국인 아내를 돈을 주고 사온 신부라는 남편들의 잘못된 사고도 가정폭력의 한 원인으로 지적된다.

(4) 다문화가정 자녀들의 정체성 혼란

혼혈아동들은 친척과 가족으로부터 냉대받고 외국인으로 치부하면서 한 민족으로 인정하기를 거부하는 한국 사회의 편견으로 인해 따돌림을 당하면서 심리적 고립감, 정서적 소외감을 경험하게 된다. 이러한 사회적 고립감과 소외감 때문에 혼혈아동과 그 어머니는 정체성의 혼란을 느끼게 되는데, 이러한 정체성 혼란은 아동의 성장과 발달에 악영향을 미치게 되고, 낮은 자존감과 상실감 우울 등의 감정을 갖게 한다.

(5) 다문화가정 자녀들의 교육문제

다문화가정의 80% 이상이 농어촌 지역에 거주하기 때문에 도시의 일반가정에 비해 교육수준이 떨어진다. 또한 부모가 맞벌이인 경우가 많아 방과후에 자녀의 학습지도를 해 줄 사람이 없고, 학원을 보내거나 과외를 하는 것은 엄두도 못내는 경우가 대부분이다.

교육문제 중 가장 큰 문제는 언어교육이다. 다문화가정의 자녀들은 말을 배우는 가장 중요한 시기인 유아기에 한국말이 서투른 외국인 어머니의 교육 하에 성장하기 때문에 언어발달이 늦어지고 의사소통에 제한을 받는다. 따라서 언어능력의 부족은 학습부족으로 이어지는 경우가 대부분이다. 저학년 아동의 경우, 언어 능력 부족으로 여러 가지 문제점을 겪게 된다. 무엇보다도 언어장애로 인해 집단 따돌림을 받는 경우가 많다. 그리하여 학교 부적응 현상이 속출하고, 정상적인 교육이 어렵게 된다. 고학년으로 올라갈수록 일상적인 의사소통에는 큰 문제가 없어지지만 독해와 어휘력, 쓰기, 작문능력이 현저히 떨어지는 것으로 나타난다.

언어문제는 단순히 의사소통 장애로 끝나지는 않는다. 여기에서 파생되는 학교생활 부적응, 가족이나 이웃 간의 불화 등 여러 문제들이 있다. 특히 몇 년 후에는 다문화가정의 자녀들이 급속히 늘어나서 각 지역 초등학교에 입학할 것이다. 이런 문제들을 해결하기 위해서는 정부가 나서야 한다. 다문화가정 자녀들을 위한 교육 프로그램을 개발하고, 자녀와 부모를 함께 가르칠 전문기관을 설립하는 등 장기적인 계획과 실천이 필요하다.

(6) 빈곤의 세습 문제

다문화가정의 1세대라고 할 수 있는 기지촌의 혼혈인 2세들은 대부분 경제적 빈곤에서 벗어나지 못하고 있다. 비록 오늘날 다문화가정의 아동들이 그들과는 조금 다른 사회적 배경을 가지고 있기는 하지만 현재의 추세로 보아서 결코 낙관적이라고 볼 수는 없다. 열악한 가정환경과 사회적 편견으로 인해 학교와 사회로부터 소외받고 있는 다문화가정의 아동들이 현재의 빈곤을 세습받을 우려가 크다. 다문화가정 자녀들이 '빈곤의 세습'에서 벗어나지 못한다면 그들이 우리 사회에서 융화되지 못하고, 새로운 사회문제와 갈등을 야기하게 될 것이다.

4. 다문화가정의 지원정책

1) 다문화가족지원정책의 대상과 연혁

「다문화가족지원법」에 근거하는 다문화가족지원정책의 대상은 결혼이민자, 결혼이민자의 자녀, 한국인 배우자, 그 외의 가족원이다. 이 중 한국 국적을 취득하지 않은 일부 결혼이민자와 일부 자녀는 「재한외국인처우기본법」과 「지방자치단체의 외국인 주민 관련 조례」에 의한 '외국인정책'의 대상이기도 하다. '외국인정책'은 '대한민국 국적을 가지지 아니한 자로서 대한민국에 거주할 목적을 가지고 합법적으로 체류하는 자'를 대상으로 하기 때문이다.

정부는 다문화가족 구성원의 안정적인 가족생활 및 삶의 질 향상, 사회통합을 위하여 다문화가족지원정책을 실시하고 있다. 범부처 차원의 「여성결혼이민자가족의 사회통합 지원방안」을 시작으로(2006. 4. 26), 부처별로 다문화가정 학생교육 지원(교육과학기술부, 2008. 10), 다문화가족 생애주기별 맞춤형 지원 강화대책(여성가족부, 2008. 11), 제1차 외국인정책기본계획(출입국 · 외국인정책본부, 2008. 12) 등이 마련되었다.

최근에는 다문화가족의 삶의 질 향상 및 안정적인 정착 지원, 다문화가족 자녀에 대한 지원 강화 및 글로벌 인재 육성을 위해 '다문화가족지원정책 기본계획(2010~2012)'을 수립하고 5개 정책과제, 28개 세부사업을 추진 중에 있다.

2) 다문화가족지원정책의 추진 현황

다문화가족지원정책 종합계획은 관련 정책의 추진 방향을 3가지로 요약하고 있다.

첫째, 효율적 · 효과적인 연계를 통하여 다문화가족에 대한 통합적 지원체계의 확립이다. 둘째, 자립능력을 증진시키는데 역점을 두고 분야별 중점과제를 선정하여 결혼이민자의 취업대책과 자녀교육을 강화하고자 한다. 셋째, 수요자 특성에 맞는 맞춤형 서비스를 확대하기로 하고 정책대상자별 · 생애주기별 프로그램을 제공하여 서비스 사각지대를 최소화하고자 한다.

표 12-1 다문화가족지원정책 기본계획(2010~2012)의 비전 및 목표

비전	열린 다문화사회로 성숙한 세계국가 구현
목표	■ 다문화가족의 삶의 질 향상 및 안정적인 정착 지원 ■ 다문화가족 자녀에 대한 지원 강화 및 글로벌 인재 육성

추진과제		주요내용
다문화가족 지원정책추진체계 정비	• 다문화가족지원 관련 총괄 · 조정 기능 강화 – 다문화가족지원 서비스 전달체계 효율화 – 다문화가족지원 정책 추진 기반 확충	– '여성가족부'는 '다문화가족 정책위원회' 운영을 주도적으로 담당하고(시행계획 수립, 사업의 조정 · 협력 등), '국무총리실'은 부처간의 이견 조정 및 지원 기능을 수행한다. – 정부 부처 · 지방자치단체 사업 등을 주기적으로 점검하여, 유사 · 중복사업을 지속적으로 발굴 · 조정한다. – 2010년 중 다문화가족지원센터, 지방자치단체, 민간 관계기관 사이의 업무분담 방안 등 지역서비스전달체계 개선방안을 마련
국제결혼 중개 관리 및 입국 전 검증시스템 강화	• 국제결혼 중개에 대한 관리 강화 – 결혼이민 예정자 대상 사전정보 제공 확대 – 자립 가능한 이민자 유입을 위한 입국전 검증 시스템 강화	「결혼중개업의 관리에 관한 법률」 개정 추진 – 국제결혼중개업체의 결혼당사자 신상정보(예. 혼인력, 건강 등) 서면제공 의무화 – 외국현 지법령을 위반했을 때 처벌규정을 강화 입국 전 검증 시스템 강화 – 사증발급 심사기준에 '혼인의 진정성' 외에 '건강한 족형성' 및 '사회통합 용이성' 등 포함 – 가정폭력 · 상습적 성범죄 전력자 등의 외국인 배우자 초청자격 제한
결혼이민자 정착지원 및 자립역량 강화	• 결혼이민자 한국어교육 및 의사소통 지원 강화 • 결혼이민자 직업교육 및 취업지원 활성화 – 안정적 사회통합을 위한 국적취득 합리화 – 결혼이민자 생활적응	부처별 한국어교육 프로그램간 연계체계를 구축 – 사회통합프로그램(법무부)의 한국어교육 기준을 다문화가족지원센터 등의 교육과정에 적용하고, 국적취득 등 편의를 제공 한국어 교육방법 다각화 – 방문교육지도사의 방문교육서비스 실시 – 한국어교육 통합정보망(누리 – 세종학당)을 통한 온라인 교육서비스 실시

	지원 및 사회보장확대 – 이혼 및 폭력피해 결혼이민자 인권보호 증진 – 배우자 교육 운영 및 다문화가족간 네트워크 강화	**결혼이민자 취업지원** – 「결혼이민자 진로설계 지원 프로그램」을 개발 · 보급 (2011) – 직업능력개발계좌 발급을 확대 (2010년 200명 → 2012년 400명) – 결혼이민자 채용기업에 장려금 지원 – 결혼이민자에게 적합한 직업 발굴 및 사회적 일자리 지원 확대 **이혼 및 폭력피해 결혼이민자 인권보호** – 한국 국적의 자녀가 있는 이혼한 결혼이민자의 체류기간 연장 (1회 심사마다 최대 3년까지) – 「이주여성긴급지원센터 1577-1366」 및 이주여성쉼터 · 이주여성자활지원센터 · 그룹 홈 등 운영
다문화가족 자녀의 건강한 성장환경 조성	• **글로벌 인재 육성을 위한 맞춤형 교육지원 강화** – 다문화가족 유아 등의 언어발달 지원 사업 확대 – 다문화가족 학부모의 자녀교육 역량 강화 – 학교 부적응 자녀 지원을 위한 인프라 확충	– 다문화가족 유아 교육과정 · 프로그램 개발, 확대 – 희망유아교육사 및 다문화언어지도사를 통한 언어발달 지원 확대 – '거점학교'(다문화가족 자녀가 15명 이상 재학중인 학교)를 지정하여 한국어교육 및 교과학습 지도 지원 – 이중언어교육을 활성화
다문화에 대한 사회적 이해 제고	• **다문화이해 증진을 위한 사회교육 활성화** – 다문화이해 증진을 위한 학교교육 강화 – 다문화 관계자(지방자치단체 일선 공무원 등)에 대한 교육, 확대 – 다문화이해 증진을 위한 홍보활동 강화	– 다문화가족과 일반국민이 함께하는 문화 · 생활체육 프로그램을 확대 – 다양한 매체를 활용한 미디어홍보 강화 – 학교의 특별활동에 '다문화이해 교육'을 강화하고, 다문화이해 교실 운영 확대

출처 : 국무총리실 http://www.pmo.go.kr/
http://multiculture.dibrary.net/html_contents/htmls/2010_ko_KR/2010m_mp000002.html

추진체계는 '다문화가족정책위원회'를 중심으로 여성가족부는 시행계획의 수립, 사업의 조정 · 협력 등 위원회 운영의 주도적 역할을, 국무총리실은 부처 간 이견조정 및 지원 기능을, 관련 부처는 분야별 사업수행을 담당하고 있다.

3) 다문화가족지원정책의 특징

첫째, 다문화가족지원정책은 다문화가족의 환경과 생활자원을 고려하여 구성원의 정착, 성장 및 발달, 노후에 기여할 수 있도록 생애적 연계성을 가지고 설계되어야 한다.

둘째, 다문화가족지원정책은 다문화가족의 욕구와 수요에 기반을 둔 실용적인 내용으로 구성되어야 한다. 한국어 및 한국문화에 대한 이해, 자녀양육 · 교육 및 경제활동, 은퇴 및 노후보장 주기가 반영되는 정책을 만들되, 수요를 고려하여 생활에 실질적으로 도움이 되는 프로그램으로 설계하여야 한다.

셋째, 다문화가족지원정책은 이주민과 일반 국민 모두를 대상으로 하는 양방향성을 가지고 있어야 한다. 범부처 차원의 첫 대책이라 할 수 있는 2006년 4월의 「여성결혼이민자 가족사회통합 지원방안」에서 '사회통합'을 지향하고 있다고 명시한 이래, 「제1차 외국인정책기본계획」(2008)을 거쳐, 최근의 「다문화가족지원정책 기본계획」(2010)에 이르기까지 다문화가족 지원의 최종 지향점은 '사회통합'으로 정리할 수 있다. 따라서 다문화가족정책에서 원주민인 일반 국민의 성공적인 통합을 위해서는 다문화가족에 대한 일반 국민들의 이해와 수용이 전제되어야 한다.

4) 다문화가족지원센터 운영

여성가족부에서는 다문화가족의 안정적인 가족생활과 사회통합을 지원하기 위하여 다문화가족지원센터를 운영하고 있다. 2006년도 21개로 시작하였던 다문화가족지원센터가 2011년에는 200개로 확대되어 시 · 군 · 구 단위에서 서비스를 제공하고 있다. 건강가정지원센터에서 다문화가족에게 서비스를 제공하는 병합형 센터도 49개가 포함되어 있으며 다문화가족에게 다양한 가족지원 서비스가 통합적으로 이루어질 수 있도록 앞으로 병합형 센터를 더욱 확대해 나가고 있다.

(1) 기본 사업내용

다문화가족지원센터에서 기본적으로 제공되는 프로그램으로 한국어교육, 가족통합교육, 가족 및 개인상담, 다문화가족 자조모임, 자녀지원 프로그램, 육아정보나눔터 운영, 취업능력 향상교육, 나눔봉사단, 다문화인식 개선사업 등이다.

표 12-2 다문화가족지원센터 기본 사업내용

사업명	사업내용(목적, 대상, 내용 등)
한국어교육	• 결혼이민자를 대상으로 수준별 반편성을 통한 단계별 한국어교육 실시 (1~4단계 과정 및 특별반)
가족통합교육	• 다문화가족 구성원에 대한 가족 내 역할 및 가족문화에 대한 이해력 향상 교육실시 • 배우자 이해 프로그램, 부부관계 향상 프로그램, 다문화이해 교육, 법률 및 인권교육, 결혼과 가족의 이해, 한국 사회 적응교육 등

가족 · 개인 상담	• 결혼이민자와 그 가족의 문제를 파악하고, 심리 · 정서적 지원 • 부부 · 부모 · 자녀 · 성 · 경제문제 등 결혼이민자와 그 가족들의 문제를 파악하고, 심리 · 정서적 지원
다문화가족 자조모임	• 출산국별 모임으로 정서적 유대감과 초기정착 강화 • 결혼이민자 자원봉사단 구성 및 사업활동가 육성
자녀지원 프로그램	• 결혼이민자 및 그 자녀, 배우자 등을 대상으로 자녀건강지도, 자녀교육프로그램, 자녀생활지도, 아버지 교육, 부모-자녀관계 및 자긍심 향상 프로그램 등을 운영
육아정보 나눔터	• 센터 이용시간 동안 자녀 일시 보호 및 육아관련 서비스 제공을 위한 센터 내 공간 설치하여 운영
취업능력 향상 및 취업연계지원	• 직업기초 소양교육 제공(직장문화 안내, 직장예절, 이미지메이킹, 컴퓨터 교육, 지역 내 취업기관 견학 등) • 취업처 발굴 및 관리(구직상담, 취업알선, 취업정보제공 등)
다문화가족 나눔봉사단	• 다문화가족이 필요로 하는 서비스 수요에 기반하여 자원봉사인력을 구성 및 활용(멘토링, 가족상담, 법률지원, 통번역 서비스 등)
다문화인식 개선사업	• 결혼이민자들과 지역사회 구성원들이 다양한 문화를 체험하는 기회를 통해 공동체 의식 함양

(2) 특성화 사업내용

특성화 사업으로는 방문교육사업, 다문화가족 자녀 언어발달 지원사업, 언어영재 교실사업, 통번역 서비스사업 등이며 지역의 서비스 수요나 인적 자원, 센터역량 등에 따라 서비스가 다르게 제공되고 있다.

표 12-3 다문화가족지원센터 특성화 사업내용

사업명	사업내용
방문교육사업	교통불편이나 임신 · 출산 등의 이유로 집합교육에 참여하기 어려운 결혼이민자 및 그 자녀 등을 대상으로 전문지도사가 대상 가정을 방문하여 주 2회(1회당 2시간) 서비스를 제공하는 사업으로 한국어교육서비스, 부모교육서비스, 자녀생활서비스가 현재 진행 중이며 하반기에 방문상담서비스를 시범 운영할 계획이다.
언어발달지원 사업	언어발달 지연 등으로 어려움을 겪고 있는 자녀를 지원하기 위해 언어발달지도사 200명(2010년 100명)이 163개 센터에서 적합한 평가도구를 활용하여 아동의 언어발달 정도를 평가하고 지체 아동에 대해 어휘, 구문발달 촉진, 대화, 사회적 의사소통 능력, 읽기, 이야기하기 등의 발달촉진을 위한 언어교육을 실시하고 있다.
엄마(아빠)나라 언어습득을 위한 언어영재교실 운영	다문화가족 자녀는 이중언어 구사자로 양성될 수 있는 언어 · 문화적 잠재능력을 보유하고 있고, 엄마(아빠) 나라 언어습득에 대한 사회적 격려와 수용은 이들 자녀들이 다문화 감수성과 이중언어 역량을 지닌 글로벌 인재로의 성장을 지원할 뿐만 아니라 부모와 자녀간의소통을 증진시키고 다문화가족으로서 자긍심을 고취시킬 수 있는 효과를 얻을 수 있다. 다문화가족지원센터에서는 2010년 52개 센터를 통한 시범운영을 거쳐 올해는 100개 센터로 확대하여 중국어, 베트남어, 몽골어, 캄보디아어 등 결혼이민자 주요 출신국 6개 언어로 언어영재 교실을 운영하고 있다.
결혼이민자 통번역 지원사업	다문화가족이 언어소통 문제로 불편을 겪는 것을 해결하기 위하여 선배 결혼이민자를 통 · 번역 지원사로 채용하여 후배 결혼이민자를 돕도록 하는 제도이다. 현재 전국 127개 다문화가족지원센터에 210명의 통번역지원사가 중국어, 베트남어, 몽골어 등 12개국 언어로 통 · 번역 업무를 수행하고 있다.

5) 다문화가족 생애주기별 맞춤형 지원 강화대책

(1) 결혼준비기: 결혼중개 탈법 방지 및 결혼예정자 사전준비 지원

① 국제결혼 탈법 방지 및 결혼당사자 인권보호

• 국제결혼중개업 관리 강화(확대 · 강화)

- 대량 · 속성 결혼중개 시스템으로 인한 피해방지를 위해 국제결혼 중개업을 자유업에서 등록제로 전환, 관리 · 감독 강화(2008. 6~)
- 결혼중개업자에 의한 인권침해 방지를 위해 국제결혼중개업자의 전문지식 및 윤리의식 향상 교육 실시(2008~)
- 중개업체와 이용자간 공정 거래 질서를 확립하기 위해 표준약관을 제정하고(공정위), 개선사항 검토 후 법령개정 추진(2009)
- 결혼중개 과정의 부정확한 정보제공으로 인한 피해방지를 위해 법에 국제결혼중개업자의 신상정보 사전제공 의무규정 신설(2009)

② 결혼이민 예정자 사전 정보제공

• 결혼이민 예정자에게 사전정보 제공 프로그램 운영(확대 · 강화)

- 결혼이민자 다수지역(베트남, 필리핀)에서 사전정보 제공 · 상담, 주재국 정부와의 협력활동 등을 추진하기 위해 국제결혼이민관 파견(2007. 12)
- 결혼이민 증가지역(몽골)에서 실시 중인 콜센터 및 입국 전 사전교육 프로그램을 다양화 · 내실화(2009)
- 사전정보 제공, 상담 프로그램 실시 등 해외 현지에서의 정책 추진 및 협의를 위하여 타국 정부, IOM 등 국제기구와 협력체계 구축 검토(2009)

• 결혼이민자 입군 전 · 후 지원 프로그램 연계(신규)

- 결혼이민자 사전정보 제공 프로그램과 다문화가족지원센터 사업을 연계(2009)

③ 한국인 예비배우자 사전교육

- 한국인 예비배우자 결혼준비 교육 체계화(확대 · 강화)
- 배우자로서의 마음가짐과 의사소통기법 등을 지원하기 위해 실시하는 예비배우자 결혼준비 교육 매뉴얼 및 프로그램 표준화(2008~)
- 배우자 교육의 수준을 제고하기 위해 전문강사 양성 및 강사 Pool 운영 · 지원(2008~)
- 각 부처 실시 중 예비배우자 교육에 대한 협조 · 연계 강화(2008)
- 한국인 예비배우자의 교육 참여율 제공방안 마련(신규)
- 한국인 국제결혼 예비배우자 교육 참여율 제고를 위하여 지자체와 연계 · 협력 강화(2009)
- 각종 저우시책 우선권 부여방안 검토 · 부처 협의(2009~)

(2) 가족 형성기: 결혼이민자 조기적응 및 다문화가족의 안정적 생활 지원

① 결혼이민자 의사소통 지원

- 한국어교육 다각화, 전문화(확대 · 강화)
- 한국어 교육의 접근성 제고를 위해 집합교육, 방문교육, 온라인교육, 방송교육 등 다양한 매체활용 강화(2008~)
- 양질의 표준화된 한국어교육 서비스를 위해 한국어교육 전문강사 양성 · 활용(2009)
- 교육수준 제고를 위해 국립국어원과 한국어 고급교재 등 수준별 · 상황별 다양한 교재 개발 및 보급 협의(2009)

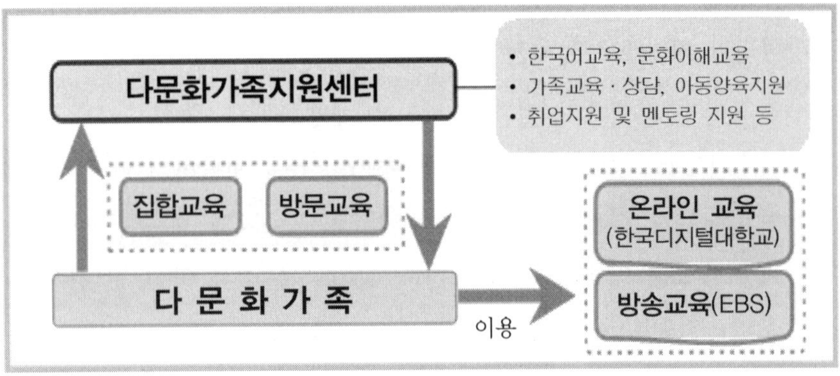

[그림 12-1] 한국어교육 체계도

• 통 · 번역 요원 파견 서비스 등 제공

- 의사소통 어려움 해소를 위해 다문화가족지원센터 중심 광역 단위 통 · 번역 요원 파견 시스템 구축(2009)

통 · 번역 요원 활동내용

▷ 입국 초기 상담, 정보제공, 교육과정 통역

▷ 가족간 의사소통 지원 및 위기 대응

▷ 유치원 · 초등학교 알림장 번역, 학교 상담시 통역 서비스

▷ 행정 · 사법기관, 병원 진료 등에 필요한 통역 등

※ 일본 가나가와현은 지방자치단체가 언어별로 6명의 통역요원을 양성하여 병원 방문, 초등학생 알림장 번역 지원

- 보건복지콜센터에 외국어가 가능한 인력을 채용해 다국어 상담 및 연계 서비스 실시(2009)
- 다문화가족지원센터에서 이민자 출신 자원봉사 인력을 활용해 동일

출신국 멘토 및 상담역할 활성화(2009)

- 보건소 통역 서비스 확대(확대 · 강화)
- 결혼이민자 보건소 이용시 통역 서비스 제공(2007~)
- 시범보건소 확대 등 보건소 통역 서비스 강화(2009)
- 다문화가족지원센터에서 시행 예정인 통 · 번역 인력 파견 서비스와 연계 추진(2009)

② 다양한 생활정보 제공

- 생활 · 정책 정보매거진 보급 확대(확대 · 강화)
- 다국어판 생활 · 정책 정보 매거진 연 4회 발간, 해외공관 및 출입국관리사무소 등을 통해 배포(2008. 4~)
- 생활 · 정책 정보매거진 발간 언어 및 배포대상기관 확대 추진(2009)
- TV 등 방송매체 활용 정보제공 활성화(확대 · 강화)
- 위성방송 및 케이블방송의 외국인 대상 라디오 음악방송에 한국생활 정책정보 제공(2008. 8~)
- 각종 방송매체에 정보제공 시스템 구축, 정책 컨텐츠 개발 · 제공 등 추진 협의(2009)
- 외국인 남편 대상 정보제공사업 활성화(신규)
- 외국인 남편의 사회적응력을 제고하고 잘못된 정보로 불이익을 받는 경우를 방지하기 위해 포괄적 정보서비스 체계 구축(2009)
- 건강보험 가입 안내 홍보 강화(기존)
- 결혼이민자 국적취득 여부와 상관없이 적용되는 건강보험에 가입 미신고로 혜택을 받지 못하는 사례를 방지하기 위해 건강보험 가입안내 홍보 리플릿, 안내문을 제작, 배포(2002~)
- 리플릿, 안내문 발송을 통해 지속적으로 홍보하고, 다문화가족 지원사업 홍보와 연계하여 실시하는 방안 검토(2009)

③ **다문화가족 생활보장**

- 기초생활보장제도 적용 대상 확대(확대 · 강화)

- 다문화가족의 기초생활보장 지원을 위해 한국 국적의 미성년 자녀를 양육하고 있는 국적 미취득 결혼이민자에 대해 기초생활보장제도 적용(2007~)
- 직계존속을 부양하는 국적 미취득 결혼이민자에 대하여 특례 확대 적용 추진(2009)

- 자활사업 적용 대상 확대(확대 · 강화)

- 저소득층 다문화가족의 자활 능력을 배양하기 위해 한국 국적의 미성년자녀를 양육하고 있는 저소득층(최저생계비 120% 이하 등) 국적 미취득 결혼이민자를 자활사업 대상에 포함(2007)
- 국적 미취득 결혼이민자에 대한 기초생활보장제도 확대 적용 시 대상 확대 검토(2009)

- 긴급지원제도 적용 대상 확대(확대 · 강화)

- 가정폭력 등 갑작스러운 위기상황으로 생계유지가 곤란한 저소득층 국적 미취득 결혼이민자(임신 · 자녀양육 중)를 대상으로 생계, 의료, 주거비 등 지원(2006~)
- 국민기초생활보장법상 외국인에 대한 특례규정을 신설하고, 긴급지원제도를 대한민국 국민과 결혼한 결혼이민자로 확대 적용 추진(2009)

④ **가족관계 증진 및 가족위기 예방**

- 배우자 · 부부교육 및 가족통합교육 강화(확대 · 강화)

- 배우자 · 부부교육 체계화를 위해 프로그램 표준화 및 전문강사 Pool 운영 · 지원(2008. 10)
- 결혼이민자 · 배우자 · 시부모 · 부부관계 · 부모자녀 등 가족관계 증진

을 위한 가족통합교육 추진(2008~)

• 가족위기 상담 강화(확대 · 강화)

- 다문화가족지원센터 전문상담 요원 보강 및 보수교육을 통한 상담의 상시체제 및 전문성 강화(2009~)
- 보건복지콜센터, 이주여성긴급지원센터 1577-1366을 활용해 연중 24시간 상담서비스 제공(2009)

• 가족위기 개입 네트워킹 강화(확대 · 강화)

- 가정폭력 등 가족위기 발생시 긴급지원체계 구축을 위해 이주여성긴급지원센터(1577-1366) 및 이주여성쉼터를 확충(여성부)하고 다문화가족지원센터와의 연계를 강화(2009)
- 다문화가족지원센터, 이주여성긴급지원센터에서의 초기 상담을 거쳐 보편적 서비스가 제공될 수 있도록 경찰 및 법률지원기관과의 연계 강화 추진(2009)

(3) 자녀양육기: 다문화가족 자녀 임신 · 출산 · 양육 지원

① 임신 · 출산 지원

• 임신 · 출산 방문 지원 서비스 실시

- 다문화가족지원센터에서 출산 1~2개월 앞둔 출산 예정자를 대상으로 임신 중 건강관리, 출산준비, 양육방법 등을 교육 · 지원하는 임신 · 출산 지원 방문 서비스를 제공(2007~)

• 산모 · 신생아도우미 서비스 지원(확대 · 강화)

- 저소득층 다문화가족 산모 · 신생아의 건강관리, 산후 돌봄 등 필수서비스 제공을 위해 가정방문 서비스 실시(2006~)
- 지원대상을 저소득층 출산 가정에서 중산층 가정까지 단계적으로 확대(2010~)

- 임산부 및 영유아 영양플러스 사업 추진(확대 · 강화)
- 건강의 취약계층인 임산부, 영유아(만 6세 미만)를 대상으로 영양지원 및 영양교육 프로그램 제공(2005~)
- 전국 보건소 사업 확대 추진

② 부모의 자녀양육 능력 배양

- 아동양육지원 방문교육 효율화(확대 · 강화)
- 결혼이민 여성의 양육능력을 향상하기 위하여 다문화가족지원센터에서 아동양육지원 방문교육 실시(2007~)
- 사업의 효율성 제고를 위해 지역별 수요 및 사업 성과평가 등을 토대로 사업비 차등 지원(2009)
- 다문화가족지원센터 내 육아정보 나눔터 설치(확대 · 강화)
- 다문화가족지원센터 내에 양육정보 교환의 장을 만들어 자녀양육시 문제해결 능력을 증진하고 자녀양육 스트레스 해소 지원(2008)
- 자체 공간 확보 유도 및 지자체, 민간 지원 연계 등을 통해 설치를 확대하고 방문교육지도사 배치 등으로 사업 효과성 증대(2009)
- 부모-자녀 자긍심 향상 프로그램 실시(신규)
- 자녀가 엄마(아빠) 나라에 대한 이해를 증진하고 부모-자녀간 유대를 강화할 수 있도록 다문화가족지원센터에서 부모와 자녀가 함께 할 수 있는 프로그램 개발 · 보급(2009)
- 아버지 육아교육 실시(신규)
- 다문화가족지원센터에서 다문화가족 남편 육아참여 필요성 및 육아법 등을 교육하는 육아교육 프로그램 운영(2009)

③ 영유아 보육 · 교육 강화

- 영유아 무상보육 확대 검토(신규)

- 다문화가족의 보육료 부담 완화를 위하여 일정소득 이하의 다문화가족 영유아에 대한 무상보육료 지원 검토(2010)

• 농어촌 지역 소규모 보육사업 실시(신규)

- 다문화가정 영유아의 어린이집 접근성 제고를 위해 보육시설이 없는 농어촌을 중심으로 소규모보육 시범지역을 지정(2009)

• 어린이집에서의 다문화 프로그램 강화(확대 · 강화)

- 다문화가정 아동 대상 사회성 발달 프로그램, 일반아동 대상 문화감수성 증진 프로그램, 보육교사 대상 다문화 영유아 지도 프로그램 등 개발(2008)
- 다문화 프로그램 이수 보육교사 양성(2009)
- 다문화 아동의 언어습득 및 건강한 사회 · 정서적 발달 지원을 위해 어린이집에 한국어교사, 치료사 등 파견(2010~)

• 아이돌보미사업 연계 강화(확대 · 강화)

- 양육자의 출장 · 질병 등 일시, 긴급한 돌봄이 필요한 가정에 아이돌보미 서비스를 제공함으로써 시설보육의 사각지대를 해소(2007)
- 아이돌보미 교육과정 중 다문화관련 내용을 심화하여 아이돌보미의 다문화이해를 제고(2009)
- 수요자 이용 확대를 위해 다문화가족 방문교육 사업과 연계 및 홍보 강화(2008)
- 아이돌보미 사업기관 미분포 지역의 경우 비영리법인 · 단체를 활용하는 등 사업시행 지역을 확대해 다문화가족의 서비스 접근성 강화(2010)

④ **부모 · 자녀 건강관리**

• 무료 건강검진사업 추진(기존)

- 의료 취약계층인 여성결혼이민자 및 배우자의 질병 조기발견 및 건강증진을 위해 무료 건강검진 및 건강행태조사 실시(2007~)

- 의료서비스 지원사업 실시(기존)
- 건강보험, 의료급여 등 의료보장제도에 의해 혜택을 받을 수 없는 국적 미취득 결혼이민자 및 그 자녀에게 병원 입원비 등 진료비 지원('2005~)
- 맞춤형 방문건강관리 서비스 실시(확대 · 강화)
- 의료기관 및 의료정보 접근성이 떨어지는 다문화가족에 대해 보건소 등록관리 및 방문 서비스를 실시해 건강위험 요인 및 질환의 자가 관리를 지원(2007~)
- 결혼이민자의 건강수준 · 삶의 질을 평가 · 분석하고, 방문건강관리사업 동영상 제작 · 배포를 통하여 대상자 발굴 강화(2009)
- 자녀의 예방접종률 제고(기존)
- 다문화가정을 대상으로 예방접종 관련 필수 정보를 제공함으로써 예방접종 중요성에 대한 이해를 증진하고 예방접종률을 제고(2007~)
- 간담회, 현장방문, 포커스그룹 인터뷰 등을 통하여 다문화가족 자녀의 예방접종 의견 수렴과 현황 파악(2008. 9~10)

(4) 자녀교육기: 다문화아동 · 청소년 학습발달 및 역량 개발 지원

① 아동 언어 · 학습 · 정서 발달 지원

- 취학전 영유아 기본언어 · 학습능력 지원(확대 · 강화)
- 어린이집 중심으로 다문화 영유아 언어발달 지원 강화(2009)
- 시설미이용 발달지연 영유아 교육을 위해 다문화가족지원센터 등을 활용하여 실시하고 있는 교과부의 "희망교육사" 사업확대 및 연계 강화(2009)
- 방과 후 인프라를 활용한 학습 · 성장 지원(확대 · 강화)
- 다문화아동의 학습지원과 사회성 · 정서 발달지원을 위해 지역아동센터 등을 방과 후 다문화 특화시설로 활용(2009)

- 청소년수련시설(청소년수련관, 문화의 집 등) 확대로 다문화아동 방과 후 활동 역량개발 활성화(2009)

② **아동 · 청소년 역량개발 지원**

- 아동 · 청소년 이중언어 역량 개발 추진(신규)
- 다문화가족지원센터에서 다문화아동 · 청소년을 위한 언어별 교육강사를 양성, 이중언어 프로그램 운영 지원(2009)
- 청소년 글로벌 역량강화 지원(확대 · 강화)
- 다문화아동 · 청소년을 국제교류 해당국가 방문대상에 우선 선발(장기)
- 다문화아동 · 청소년 국제교류 특화 프로그램 운영(2008)
- 아동 · 청소년 사회 · 문화 역량 강화 지원(확대 · 강화)
- 지역아동센터, 청소년수련원, 복지시설, 문화의 집 등 아동청소년 시설을 활용한 문화예술 프로그램 지원(2009)
- 국립청소년수련원을 활용해 다문화아동 · 청소년의 사회성 강화활동 체험 지원 강화(2009)
- 청소년 활동프로그램 공모사업에 다문화아동 · 청소년 특화사업 우선 지원(2009)
- 다문화청소년 자원봉사 프로그램 개발 · 지원(2009)
- 아동 · 청소년 역량개발 지원 전문기관 육성(확대 · 강화)
- "무지개청소년센터"를(가칭) 「중앙다문화아동 · 청소년센터」로 특수법인화하여 다문화 관련 서비스 전담기관으로 육성(2009)

③ **빈곤 · 위기 아동 · 청소년 지원**

- 빈곤 다문화아동 · 청소년 맞춤형 통합서비스 제공(확대 · 강화)
- 드림스타트 서비스 대상자 중 빈곤 다문화가정 아동(0~12세) 집중 사례관리를 통해 개별 욕구와 상황에 맞는 보건 · 복지 · 교육 맞춤형 통합

서비스 제공(2008)

- 아동발달지원계좌(CDA) 사업대상을 기존 시설보호 아동 위주에서 다문화가정의 저소득계층 아동까지 단계적으로 확대 추진(장기)

• 다문화아동 · 청소년 상담지원 강화(확대 · 강화)

- 무지개청소년센터에서 청소년지도사, 청소년상담사, 사회복지사를 대상으로 다문화 상담전문가 양성과정 운영(2008)
- 전국 147개 상담센터에서 다문화아동에 대한 상담서비스가 제공될 수 있도록 상담요원 다문화교육 강화 및 홍보 실시(2009)

• 위기 다문화아동 · 청소년 지원을 위한 인프라 확충(확대 · 강화)

- 다문화아동 · 청소년 종합지원 시범사업 실시(2007~)
- 위기 청소년을 조기 발견, 네트워크를 통하여 적절한 서비스를 제공하는 CYS-Net 활용 강화(2008)

④ **부모의 자녀교육 역량 강화**

• 부모의 학교 상담시 통역요원 파견(신규)

- 부모 자녀교육 관련 상담시 언어소통 어려움 해소를 위해 다문화가족지원센터의 통 · 번역 인력 파견 서비스와 연계하여 부모 또는 학교 등에서 요청시 통역 요원을 파견(2009)

• 부모의 자녀교육 능력 강화 프로그램 활용(신규)

- 교과부 개발 예정인 자녀학습 지도능력 함양 프로그램을 다문화가족지원센터의 부부 · 부모교육, 아동양육 방문교육 지도시 활용(2009)
- 교과부에서 개발 예정인 다국어판 다문화가족 학부모용 학교생활 안내책자를 다문화가족지원센터에 보급 · 활용(2009)

(5) 가족 역량 강화기: 결혼이민자 경제 · 사회적 자립 역량 강화

① 결혼이민자 경제적 자립 역량 강화

• 결혼이민자 취 · 창업 지원모델 개발 · 보급(신규)
- 결혼이민자 거주지역별 · 출신국별 취업형/창업형 자립모델 개발 · 보급(2009)

• 결혼이민자 적합직종 개발(신규)
- 지역 및 결혼이민자의 인적 자원 특성을 고려한 직종 발굴(2009)

• 결혼이민자 직업교육 · 훈련 강화(확대 · 강화)
- 농촌거주 결혼이민자의 농촌사회 정착을 돕고 농업 인력으로의 육성을 위해 영농기술교육 실시(2008. 6~)
- 컴퓨터 및 인터넷 활용기술 등을 통한 정보 습득 및 온라인교육 참여능력 제고를 위한 정보화교육 실시
- 직장예절, 면접기술 및 구직등록, 기술교육 등 취업능력 향상 교육을 통한 경제적 자립 능력지원(2008~)

• 결혼이민자 취업 연계 강화(확대 · 강화)
- 다문화 강사를 양성해 지역 내 어린이집 및 초등학교 등에서의 활동과 연계 지원(2008~)
- 원어민 외국어 강사를 양성해 지역교육청과 연계하여 보조강사로 활동할 수 있도록 지원(2008~)
- 지역별 다문화가족지원센터와 취업전담 지원기관 및 정부기관 · 지자체간 일자리 연계 협력체계 구축(2009~)

② 결혼이민자 사회연계 강화

• 다문화가족 자조모임 활성화(확대 · 강화)
- 결혼이민자의 초기 사회통합 지원 멘토 역할을 수행할 수 있도록 출신

국별 결혼이민자 자조모임, 배우자 자조모임, 시부모 자조모임 운영 활성화 지원(2008~)

- 자조모임에 센터 종사자 및 정책전문가가 참여해 소통과 참여의 장으로 발전 도모(2009~)

• 다문화가족 모니터링단 운영 강화(확대 · 강화)

- 다문화가족을 정책주체로 참여케 하고 정책의 현실 적합성 제고를 위해 결혼이민자 및 배우자로 구성된 다문화정책 모니터링단 운영(2008~)
- 중앙 차원에 다문화가족 생활 불편 해소 창구 개설(2009)

• 결혼이민자의 지역사회 활동 참여 확대(신규)

- 다문화가족지원센터와 자원봉사센터(243개 시 · 군 · 구별 설치)가 연계하여 결혼이민자의 자원봉사활동 개발(2009~)
- 결혼이민자 지역사회 참여를 위한 사회연계(bridge) 프로그램 개발 · 보급(2009)

(6) 가족 해체시: 해체 다문화가족 자녀 및 한부모가족 보호 · 지원

① 한부모가족 지원

• 다문화가족 이혼 후 실태 파악(신규)

- 다문화가족 실태조사를 통하여 이혼사유 및 이혼 후 문제 실태 파악 및 대책 수립(2009)
- 통계청 이혼 통계에 이혼가정 아동 통계 추가 협의 추진(2009)

• 결혼이민자와 그 자녀를 한부모가족 수혜대상에 포함(기존)

- 국내 체류 외국인 중 대한민국 국민과 혼인하여 대한민국 국적의 아동을 양육하고 있는 사람도 한부모가족지원법상의 보호대상자에 포함(2006~)

② **요보호 아동 지원**

- 무연고 · 방치아동 보호(신규)
- CYS-Net 체계를 통해 가족해체 다문화아동 · 청소년 신속발견, 무연고 · 방치 아동 발생시 시설보호, 그룹홈, 가정위탁 등 현행 요보호아동 보호체계에 반영 · 보호(2009)
- 다문화아동 · 청소년 전담 동반자를 육성하여 이혼, 가족해체 등 고위험에 처한 다문화아동 · 청소년 전담 보호(2009)

- 무단 출국 자녀의 교육권 · 생활권 보장대책 검토(신규)
- 국제기구 등과 연계하여 무단 출국 후 방치 자녀 실태파악 및 대책수립(2009)

(7) 전(全)단계: 다문화사회 이행을 위한 기반 구축

- 사업추진체계 정비
- 다문화가족 등록 · 서비스 관리 시스템 구축(신규)
  다문화가족지원센터에 비치된 회원카드를 DB로 구축해 지속적으로 관리 강화(2009)

생각해 보기

1. 다문화가정 유형에 대해서 설명해 보세요.

2. 다문화가정 어려움 가운데 다문화가정 여성이 경험할 수 있는 부분을 설명해 보세요.

3. 다문화가정 지원정책 방향에 대해서 자신의 의견을 설명해 보세요.

제13장

가족의 삶의 질 향상방안

1. 미래가족 생활변화와 정책과제
2. 대내외적 환경변화와 미래가족의 시나리오

1. 미래가족 생활변화와 정책과제

앞에서 살펴본 바와 같이 가족변화와 관련된 많은 부분이 가족 자체에서 비롯된 것이기보다는 가족 밖의 사회 경제적, 이데올로기적 상황과 관련된 것이 대부분이므로 문제의 원인과 본질을 이해하고, 대안을 모색하기 위해서는 가족 내 문제뿐 아니라, 가족이 가족 밖의 사회변화와 어떻게 연관되어 있는지 올바로 파악하고 분석하는 일이 중요하다.

따라서 가족이 사적 영역이라거나 경쟁과 긴장, 적대감으로 이루어진 사막 한가운데 존재하는 일종의 '비사회적 오아시스'(Gikins, 1997)라는 주장은 모호한 것이며 실제로 시장관계와 노동계약은 공적 영역에서의 비중 못지않게 가족의 일부를 구성하며, 가족 관련법과 정책, 제도들을 통해 가족관계와 역할을 통해 개인들의 삶에 영향을 미친다.

이미 서구사회에서는 이러한 가족의 대내외적 환경변화에 가족이 어떻게 대응할지에 대한 미래의 시나리오들이 모색되고 있다(Bertram, 2006).

1) 평등가족 대안

가사, 노동돌봄을 남녀 배우자가 평등하게 분담하고 취업활동에서 여성에게 가로 막혀 있던 모든 장벽이 사라지는 경우로서 성인지적 가족정책에서 지향해야 할 정치적, 정책적 목표로서 가장 바람직한 것이다.

2) 가족 내 가부장적 관계 부활의 시나리오

가족 내 가부장적 관계 부활의 시나리오로서 가족 내 가부장적 관계의 부활은 가족 내 전통적 성별 노동분리 관계가 다시 고착 내지 강화되는 경우를 의미한다. 생활수준 향상과 출생 자녀 수 감소는 오히려 가사, 돌봄노동에 투입해야 하는 시간 규모를 확대하는 결과를 가져올 수도 있기 때문이다. 생활수준 향상은 가사노동을 더욱 정교하고 세분화된 차원으로 변화시켰고 이에 상응하여 더 많은 지식과 시간, 그리고 노력을 가사노동 수행에서 필요로 하게 된다. 또한 자녀 수 감소만큼 자녀 1인당 들이는 돌봄비용과 시간은 더욱 증가하여 결과적으로 돌봄노동의 전문화로 이어질 수 있다. 결국 가사, 돌봄노동의 전문화 주체로서 전업주부의 모습이 부각될 수 있다는 것인데 이를 '성별 차이의 재안정화'라 명명할 수 있다(Burkart, 2007). 돌봄노동가치를 인정해 주는 아동수당, 양육수당 등 사회보장제도 도입과 반면에 지속적으로 불안정한 취업활동, 돌봄노동에 대한 여성에 대한 기대 등이 오히려 가사, 돌봄노동 주체로서의 여성상을 고착할 수도 있다는 전망이다.

3) 남성적 역할을 하는 여성 시나리오

이에 상응하여 더 많은 남성이 전업주부 역할을 받아들이고 자신의 경력 쌓기를 포기할 수 있을 것이며 더 나아가 일, 가정 양립을 제대로 할 수 없는 상황은 여성뿐 아니라 남성에게도 부담으로 작용할 수 있다. 남녀 배우자가 취업활동을 하면서 가사, 돌봄노동을 평등하게 분담해야 한다는 성평등 의식이 확산되는 반면 취업시장에서 여성 지위가 남성지위를 추월하면서 일, 가정 양립 부담을 남성도 갖게 될 때 전업주부로서 '새로운 아버지'의 등장을 예측할 수 있다는 것이다(Burkart, 2007).

4) 가족생활의 양극화 시나리오

대개 가족생활을 언급할 때 남녀관계, 즉 성을 매개로 하지만 계급, 계층

차원을 더하면 가족생활의 양극화를 예측할 수 있다. 가족생활 양극화 양상은 출산 부담에서 벗어나려는 중산층 여성의 욕구가 대리모 출산과 맞물려 중산층 여성은 취업활동에 주력하고 출산은 하층계급이 담당할 것이라는 파이어스톤(Firestone, 1970)의 예측에서 이미 단초를 찾을 수 있다. 가사, 돌봄노동이 전문화하고 여성취업이 증가하며 일, 가정 양립은 불가능한 상황에서 남녀 배우자 간 평등, 불평등 상황과 관계없이 가사, 돌봄노동은 서비스 상품화될 것이라는 전망이다. 즉 서비스 산업의 여성화 현상이 이와 맞물려 상품화한 가사, 돌봄노동은 하층계급 여성이 전담하는 영역이 되고 중산층 여성은 취업활동과 경력 쌓기에 몰두하게 될 것이다(Hochschild, 2003).

2. 대내외적 환경변화와 미래가족의 시나리오

우리도 이러한 대내외적 환경변화에 따른 미래가족의 시나리오를 예측해 보고 바람직한 변화와 적응방안의 제시를 통해 미래가족의 삶의 질을 최대한 향상시킬 수 있는 방안을 모색하여야 할 것이다. 이를 위해 국가와 사회는 가족이 바람직한 방향으로 변화될 수 있도록 법과 제도적 지원을 하면서 가족에 대한 개입이 가족원 간의 연대를 강화해 주고, 가족공동체의 가치를 보장해 줄 수 있도록 해야 할 것이다.

1) 가족의 돌봄기능에 대한 사회적 지원정책의 필요성

우선 자녀돌봄에 있어서 남성의 참여가 요구되며 노부모 돌봄에 대해서는 가족보다는 사회적 책임이 현재보다 확대되어야 할 것이다. 국민의식조사

(한국여성정책연구원, 2011) 결과 대체로 부모 부양방식은 현재와 같은 대면적이고 직접적인 보살핌의 방식이 약화되거나 최소한 현재 수준으로 정체될 것이라고 전망하고 있다. 이는 점차 자기부양이 길어지고 있는 노령인구들에 대한 사회적 보살핌이 시급해지며 고도의 기술사회로의 진입에 따라 점차 노부모와 성인자녀간의 대면적 접촉 또한 급속히 줄어들 것이라는 전망을 염두에 둔다면 다양한 정서적, 관계적 서비스 지원 역시 매우 중요해질 수밖에 없다.

이에 가족정책이 향후 가족원 돌봄을 중심으로 재편되어야 하며, 돌봄정책은 돌봄기능을 경제적으로 물리적으로 지원하는 보편적 제도와 더불어 노부모와 자녀관계의 친밀성을 높일 수 있는 다양한 정서적, 관계적 서비스 및 프로그램도 개발되어야 할 것이다.

2) 가족 친밀성, 공동체성에 대한 희구충족을 위한 정책의 필요성

가족관계의 대면접촉은 약화되고 있으나 관계의 친밀성에 대한 욕구는 증가하고 있다는 것은 여러 가지 측면에서 확인된다(한국여성정책연구원, 2011). 명절에 모이는 것에 대해 가족이 함께 모여 식사하는 것에 대해 지속될 것이라는 전망도 있다는 점, 3세대 공동거주 주택, 공동체형 주택에 대한 긍정적인 기대 등이 그것이다. 이에 가족이 친밀한 관계를 지속할 수 있는 다양한 정책이 마련되어야 하며 지역사회에서 가족이 함께 모여 활동할 수 있는 다양한 장을 마련하고 이를 지원하는 제도가 필요하다. 또한 3세대 따로 똑같이 주거를 가능하게 하는 주택건설을 촉진하고 이용하려는 3세대 가족에 대한 경제적 지원제도가 마련되어야 할 것이다.

'가족친화 사회환경의 조성촉진에 관한 법률'에서 '가족친화 사회환경'이란 '일과 가정생활을 조화롭게 병행할 수 있고, 아동양육 및 가족부양 등에 대한 책임을 사회적으로 분담할 수 있는 제반환경을 말한다'고 규정하고 있다. 따라서 가족친화 환경의 핵심은 '가족돌봄의 책임성'을 인지하고 돌봄 관련 인프라를 구비하고 있는 쾌적한 지역환경(김혜영, 2009)이 될 것이다. 이러한 가족친화적인 사회환경을 위한 구성요건은 첫째, 자녀와 노약자의 돌봄 책임을 가족과 이웃, 지역사회가 함께 공유하고자 하는 지역의 가치와 철학, 둘째, 특정한 형태의 가족을 옹호하거나 보편적인 형태의 가족만을 주요대상으로 설정하기보다는 다양한 가족을 인정하고 배려하는 원칙, 셋째, 다양한 개별가족의 일상적인 문제와 가족돌봄의 욕구가 지역사회 내에서 충족될 수 있도록 다양한 지역자원과 관련 서비스 인프라 구비, 넷째, 개인과 이웃, 지역사회의 소통과 유대의 네트워크가 형성될 수 있도록 지역사회의 지원 필요, 다섯째, 지역사회의 물적, 인적 자원 및 다양한 서비스 프로그램 등에 대한 효율적인 정보제공체계 구축, 여섯째, 개별가족을 넘어 지역주민, 한국 사회, 세계시민이 공존할 수 있는 지역 발전의 비전 제시 등이 있다(김혜영, 2009). 이를 위한 구체적인 프로그램으로 최근 건강가정지원센터를 중심으로 지역사회의 돌봄에 관한 품앗이 프로그램 운영이 있다(중앙건강가정지원센터, 2010).

3) 장례 관련 지원제도와 여가의 개발 필요성

노인고독사, 1인가구의 사망 등에 대비한 장례관련 지원제도와 더불어 상업적 장례대행업에 대한 관련 감독체계의 구축과 더불어 가족여가를 개발하기 위한 인프라 구축이 있어야 할 것이다. 특히 소득수준의 차이가 여가의 질 차이로 이어지지 않도록 사회적 여가의 개발이 요청되며 특히 자기계발형 여가 등 고급여가에 대한 수요를 충족시킬 수 있는 공적 시스템이 필요할 것이다.

가족의 삶의 질 향상을 위해서는 무엇보다 가족과 일, 젠더간의 경계를 재구성하고 돌봄주체와 대상의 변화를 꾀하는 것이 필수적일 것이다. 변화하는 가족을 위한 새로운 패러다임의 준거틀로 제시된 '성주류화 전략', '돌봄과 정의의 조화', '보편적 양육자-생산자 모델'은 모든 사회구성원에게 스스로 좋은 삶을 선택할 수 있는 자율성과 시간에 대한 자기결정권(야마구치, 2010)을 부여하고, 개인이나 가족이 택한 삶의 방식을 인정해 주는 사회를 지향한다.

생각해 보기

1. 남성장애인에 비해 여성장애인으로서 더 심각하게 나타날 수 있는 문제점과 어려움에 대해 논의해 봅시다.

2. 여성장애인의 역량강화를 위한 구체적인 실천방안에 대해 논의해 봅시다.

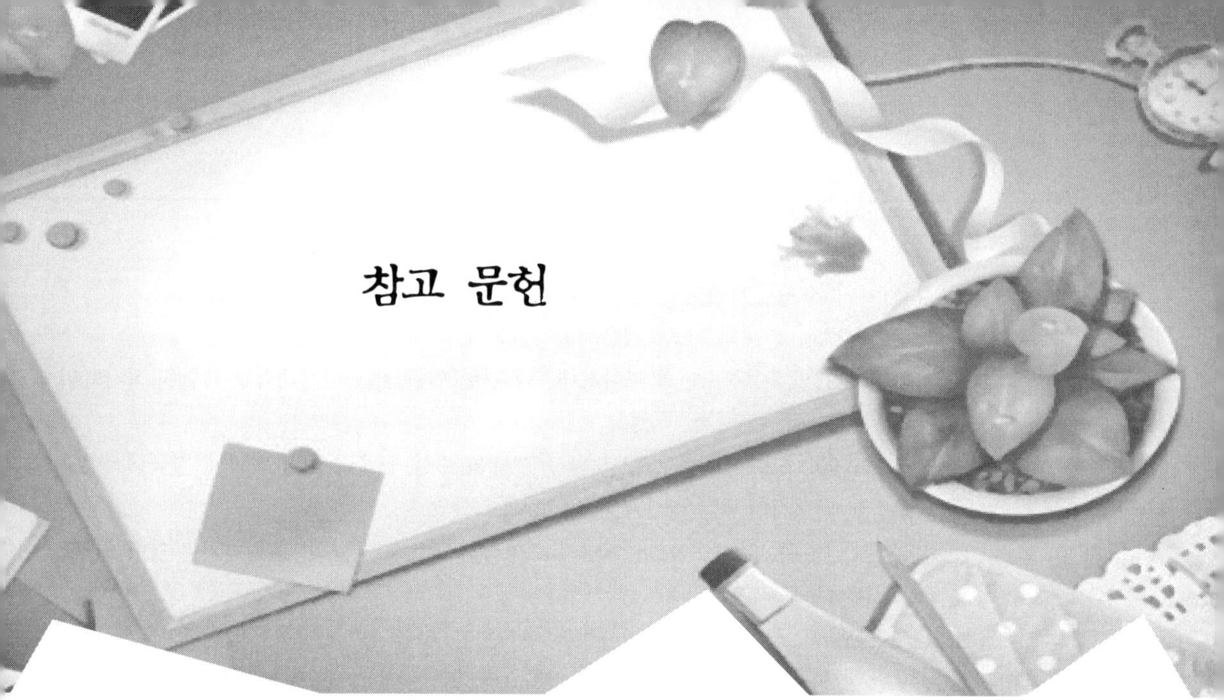

참고 문헌

강준만(2009). 어머니 수난사. 서울: 인물과 사상사.

경상대학교 여성연구소 편저(2011). 여성 한국사회를 묻다. 경상대학교출판부.

고보선 · 유용식(2004). 노인학대 유형별 대처전략에 관한 연구: 개인적 위험요인을 중심으로. 노인복지연구, 23, pp. 83-105.

고정자(2001). 현대가족문제론. 동아대학교출판부.

공미혜(2004). 성과 성정치학, 서울: 한울.

공미혜 · 김경화 · 김현지 · 주경미(2007). 장애여성의 삶과 복지. 서울: 신정.

곽삼근 · 조혜선 · 윤혜경(2005). 생애주기별 성 역할 발달과 갈등. 한국여성학, 21(2), 147-179.

교육과학기술부(2010). 다문화가정 자녀 현황(2010년 초 · 중 · 고).

교육인적자원부(2006). 다문화자녀교육대책. 교육인적자원부.

국가청소년위원회(2006). 외국인근로자 자녀현황조사.

권순형(2006). 고려의 혼인제와 여성의 삶. 서울: 해안.

권정득(2002). 학대받는 노인들의 사회복지서비스 욕구에 관한 연구. 가톨릭대학교 대학원 석사학위논문.

권혜자(2008). 왜 한국의 여성 경제활동 참가율은 여전히 낮은가. 노동사회 3월호.

김기봉 외(2009). 가족의 빅뱅. 서해문집.

김두헌(1975). 현대의 가족. 서울: 을지문화사.

김미혜(1983). 혼혈청소년의 자아정체감에 관한 연구, 이화여자대학교 대학원 석사학위논문.

김선주(1999). 고고자료를 통해 본 원시, 고대의 여성, M우리 여성의 역사. 한국여성연구소 여성사연구실편: 29-54.

김성미 · 심인선(2007). "여성장애인의 모성경험 만족도가 삶의 질에 미치는 영향 연구". 여성연구, 72(1).

김애희(2004). 국어교과서의 성차별적 내용분석. 부산대학교 교육대학원 석사학위논문

김오남(2006). 이주여성의 부부갈등 결정요인연구. 가톨릭대학교 대학원 박사학위논문.

김유선(2007). 한국의 노동 2007. 한국노동사회연구소.

김인숙(2004), "장애여성이 경험하는 사회적 통념에 관한 질적 연구". 가톨릭대학교 대학원 석사학위논문

김정희 역(1983). Capitalism, the family and the personal life. 자본주의와 가족제도. 서울: 한마당.

김혜련(1995). 알콜중독자 재발 예방을 위한 사회사업적 개입에 관한 연구 : 사회기술훈련의 효과성을 중심으로. 서울대학교 대학원 박사학위논문.

김혜영(2009). 가족친화지역 환경조성을 위한 건강가정지원센터의 역할과 지원. 2009 부산광역시 건강가정지원센터 토론회 자료집: 5-32.

김화경(2003). 세계신화 속의 여성들. 서울: 도원미디어.

나윤경(2001). 구성주의 시각으로 엮은 여자 똑바로 읽기. 서울: 학지사.

나윤경(2005). 여자의 탄생. 서울: 웅진지식하우스.

다이애너 기틴스저(1997). 안호용 등 역. 가족은 없다. 서울: 일신사.

대법원(2007). 사법연보.

목수정(2010). 야성의 사랑학, 서울: 웅진지식하우스.

민성길(1995). 최신정신의학(제3개정판). 서울: 일조각.

박미경 · 엄정애(2007). 결혼이민자 가정 유아의 유아교육기관 생활 경험에 대한 질적 연구. 아동학회제, 7, p. 120-125.

박은옥 · 박영숙(1999). 대학생의 성역할 정체감과 건강행위. 여성건강간호학회지, 5(3)

박주희(2007). 젠더, 가정생활, 일의 양립. 구상.

박형숙 · 성미혜 · 이윤미(2003). 중년여성의 건강관리 프로그램이 신체조성, 자기효능감 및 건강증진행위에 미치는 효과. 임상간호연구, 11(1), 137-148.

변용찬 · 김성희 · 윤상용 · 권선진 · 조흥식 · 조성열 · 강종건 · 최승희(2006). 생애주기별 장애인의 복지. 한국보건사회연구원.

변화순(1996). 가정폭력의 예방과 대책. 한국인간관계학보, 1, p. 289-305.

보건복지부(1999). 보건정책과 여성: 여성보건정책 수립 및 이행방안. 보건복지부.

부산여성사회교육원(2007). 함께하는 여성지역문화. 서울: 신정.

빈부격차 · 차별 시정위원회(2006a). 결혼이민자 가족의 사회통합 지원 정책방안.

서윤(2002). 가정에서의 노인학대. 밝은 노후, 2, pp. 16-22.

송관재(2003). 성 차이의 심리. 서울: 선학사.

송다영 · 김미주 · 최희경 · 장수정(2011). 새로 쓰는 여성복지론. 파주: 양서원.

송정아(2006). 성 역할과 성 역할 사회화에 관한 문헌 고찰. 진리논단, vol. 14, 천안대학교.

송진숙 · 권희경 · 김순기(2006). 결혼과 가족 그리고 부모됨. 서울: 창지사.

심창학(2003). 빈곤문제해결을 위한 새로운 패러다임 : 사회적 배제 극복정책의 국가별 비교. 유럽연구, 18, p. 209-238.

양재찬(2006). 동남아 혼혈 더는 외면하면 안된다. 월간중앙, 5월호, p. 263-271.

여미옥(2003). 노인학대에 영향을 미치는 요인에 관한 연구 : 지역비교 중심. 단국대학교 교육대학원 석사학위논문.

여성부(2002). 여성정책용어사전.

염명순 · 조복희 · 권희경 · 한유미(1999). 비전형적 성역할교육 프로그램이 유치원아의 성 역할 고정관념에 미치는 영향. 한국아동학회지, 20(4), 91-104.

오성배(2005). 코시안 아동의 성장과 환경에 관한 사례연구. 한국교육, 32(3), p. 61-83.

왕한석(2007). 또 다른 한국어: 국제결혼 이주여성의 언어 적응에 관한 인류학적 연구. 경기 : 교문사.

우에무라 구니코/이규선외 옮김(2005). 다가서는 남과 여 멀어지는 결혼, 인터.

유가효(1994). 아동 후기에서 청소년기에 이르는 성 역할 발달에 관한 연구-성 역할 고정관념, 성 역할 이데올로기, 성 역할 정체감, 자아존중감 간의 관계를 중심으로. 아동학회지, 15(1), 127-144.

유계숙 외(2007). 기혼근로자의 성 역할 태도와 일-가족 지향성이 일-가족 갈등 / 촉진 및 가족친화제도 이용에 미치는 영향. 한국가정관리학회지, 25(5), p. 143-166.

유숙자 · 양수 · 윤재연(2000). 중년여성의 우울정도와 사회적 지지 및 성 역할 장애의 관계. 정신간호학회지, 9(4), 619-630.

유영주(1974). 가족관계학. 서울: 수학사.

유영주 · 김순옥 · 김경신(2000). 가족관계학. 경기: 교문사.

유현승(1998). 혼혈청소년문제 해결을 위한 사회교육. 서강대학교 대학원 석사학위논문.

이기숙 외(2011). 가족과 젠더. 서울: 창지사.

이미숙(2001). 40대 남성사망률: 사회적 관련 요인에 대한 탐색. 한국사회학, 35(4), 189-212.

이성희 · 한희선(2009).여성과 가족. 파주: 도서출판 파란마음.

이여봉(2010). 가족안의 사회 사회안의 가족. 파주: 양서원.

이연호(2007). 노인학대 위험요인과 피해에 관한 연구. 이화여자대학교 대학원 박사학위논문.

이영자(1991). 자본주의와 성. 여성연구. 여름호, 한국여성개발원.

이영찬(2005). 성차와 성역할 사회화, 〈현대사회와 여성〉 우리사회문화학회: 41-80.

이용우(2006). 여성 한부모 가구의 빈곤지위에 미치는 아동의 영향에 관한 국가간 비교연구. 사회보장연구, 22(2), p. 105-131.

이은혜(2006), 여성장애인의 사회통합에 영향을 미치는 요인연구, 서울여자대학교 대학원 석사학위논문.

이은희 · 소애영 · 최상순(1997). 여성들의 생애주기별 건강증진행위와 관련요인에 관한 연구: 일개 통합시를 중심으로. 대한간호학회지, 29(3), 700-710.

이재경(2003). 한국 사회학에서 “여성” 연구의 성장과 도전 : 1964-2002. 사회과학연구논총, 11, p. 23-40.

이재경 외(2003). 가족의 이름으로: 한국근대가족과 페미니즘. 또하나의 문화.

이정춘(2000). 미디어 사회학. 서울: 이진출판사.

이효재(1990). “한국가부장제의 확립과 변형”. 〈한국가족론〉. 여성한국사회연구회편, 서울: 까치.

이효재(1994). 한국여성학과 여성운동. 한국여성학, 10, p. 7-17.

이효재(1996). 가족과 사회. 서울: 경문사.

인봉숙(2001). 부모의 학업기대 유형과 청소년의 적응. 이화여자대학교 대학원 석사학위논문.

임안나(2005). 한국남성과 결혼한 필리핀 여성의 가족관계와 초국가적 연망. 서울대학교 대학원 석사학위논문.

임인숙(2006). 유방암, 손상된 몸과 여성성의 위기감. 한국여성학, 22(4).

장상희(1992). 성역할사회화. 부산대학교 여성연구소.

전홍주 · 배소영 · 곽금주(2008). 결혼이민자 가정에서 이루어지는 자녀교육지원의 실제와 의미 : 필리핀과 일본 어머니들의 사례를 중심으로. 가족과 문화, 20(3), p.

161-186.
정경숙(1990). 대한제국말기 여성운동의 성격 연구. 이화여자대학교 대학원 박사학위논문.
정영애 · 장화경(2010). 가족과 젠더. 경기: 교문사.
정원후 · 김성부 · 장기용 · 손진욱 · 박철수(1997). 입원남성 및 여성알코올리즘 환자의 인구학적, 임상적 및 인격적 특성비교. 신경정신의학, 36(4).
정은희(2004). 농촌지역 국제결혼 가정 아동의 언어발달과 언어 환경. 언어치료연구, 13(3).
정재욱(2002). 노인학대에 영향을 미치는 노인 및 동거자녀관련 요인에 관한 연구. 대구대학교 대학원 석사학위논문.
정진주(2002). 여성의 일과 건강: 사무직 여성노동자의 근골격계질환을 중심으로. 한국여성학, 18(1), 143-172.
정해숙 · 정경아(1996). 남녀공학 고등학교의 운영 개선방안에 관한 연구. 한국여성개발원.
정현백 · 김정안(2011). 처음 읽는 여성의 역사. 서울: 동녘
정현숙 외(2001). 한국 농촌의 건강가족 집단 분류 및 특성에 관한 연구 : 자녀교육기의 농촌가족을 중심으로. 한국가정관리학회지, 52, p. 31-48.
정현영(2006). 다문화 가정 자녀의 학교생활적응에 영향을 미치는 요인에 관한 연구: 아시아 여성과 한국남성의 이중문화 가정자녀를 중심으로. 숭실대학교 대학원 석사학위논문.
정혜정 · 공미혜 · 전영주 · 정현숙(2010). 가족과젠더. 서울: 신정.
조선일보(2008). (1일 가사노동 14시간 기준) “주부월급 433만원”. 여성정책연, 전직종 시간당 평균임금으로 계산.
조영달 외(2006). 다문화 가정 자녀의 교육 실태와 정책과제. 교육인적자원부 2006 정책과제.
조흥식 · 김혜련 · 신혜섭 · 김혜란(2008). 여성복지학. 서울: 학지사.
조흥식 외(2006). 여성복지학2판, 서울: 학지사.
중앙건강가정지원센터(2010). 가족품앗이 사업 확대방안 토론회. 중앙건강가정지원센터.
최기숙(2010). 처녀귀신. 서울: 문학동네.
최선화(2005). 여성복지론. 서울: 학현사.
최선화 · 오영란(2009). 여성복지론. 경기: 공동체.
최연실(2007). 도시 국제결혼가정 아동과 일반가정 아동의 이야기 능력 비교. 명지대학교

사회교육대학원 석사학위논문.
최일림(2009). 중년여성의 분노표현 유형과 정신건강. 대한간호학회지, 39(4), 602-612.
최홍기(1997). "유교적 친족제도에로의 변천과정". 〈종교와 가족문화〉, 한국가족학회 추계학술대회발표문, 1997. 11. 15.
통계청(2004). 생활시간조사.
통계청(2007). 통계로 보는 여성의 삶.
통계청(2012). 인구동태통계연보.
한경아(1994). 청소년의 학교생활 적응에 영향을 미치는 사회지지체계에 관한 연구. 대구대학교 대학원 석사학위논문.
한국보건사회연구원(2009). 2009년 노인학대 실태조사. 한국보건사회연구원.
한국염(2004). 이주의 여성화와 국제결혼, 이주여성 인권센터 심포지엄 자료집.
한국청소년상담원(2006). 혼혈청소년도 당당한 한국인입니다. 국가청소년위원회 명칭 변경 기념 청소년인권보호 토론회.
홍승아(2005). 복지국가 모성정책의 유형과 결정요인에 관한 연구 : OECD 18개국을 중심으로. 연세대학교 사회복지대학원 박사학위논문.
홍정미(2009). 다문화 가정 자녀의 학교생활 적응에 영향을 미치는 생태체계 변인. 숙명여자대학교 대학원 박사학위논문.
홍정애(2007). 가족치료놀이를 적용한 가족탄력성 증진프로그램 효과. 숙명여자대학교 대학원 박사학위논문.
황상심 · 정옥란(2008). 다문화가정 아동들의 언어발달과 관련변인 상관연구. 언어치료연구, 17(1), p. 81-102.
Ha Minh Thanh(2005). 1992년 이후 한국과 베트남 사이의 국제결혼에 대한 연구. 서울대학교 국제대학원 석사학위논문.

Bem, S. L.(1976). Sex typing and the avoidance of cross-sex behavior. *Journal of Personality and Social Psychology, 33*, 48.
Bertram, Hans U. A.(2006). "Wem gehort die Familie der Zukunft?", Expertisen zum 7. Familienbericht der Bundesregierung, Verlag, Barbara Budrich.
Bohannon, P.(1970). The six stations of divorce, In P. Bohannon(ed.). *Divorce and after,* pp. 29-45. Garden City, N.Y.: Doubleday.
Borchorst, A.(1994). "Restructuring of welfare states and the debate on gendered citizenship: the Danish case. Preliminary reflections", Paper presented at the

Cost A13 Conference, *Social Policy, Marginalisation and Citizenship*, 2-4, Aalborg University, Denmark.

Buhrkart, Gunter(2007). "Zukunfte des Geschlechteverhaltnisses.", Zeitschrift fur Soziologie, Jg. 36, H. 5, Oktober 2007, S. 401-405.

Burgess, E. W.(1938). Predictive factors in the success or failure of marriage, Living. Retrieved from Burgess Papers, Box 23, Floder 4, University of Chicago, Joseph Regenstein Library, Special Collections Research Center.

Burgess, E. W. & Locke, H. J.(1953). *The Family, New York*, American Book Company.

Chudacoff, H. P.(1978). Newlyweds and Family Extension in Providence, Rhode Island, 1864-1880, In K. H. Tamara, and A. Maris, Vinovskis(eds.), *Demographic Processes and Family Organization in Nineteenth-Century America.* Princeton, N.J.: Princeton University Press.

Coltrane, S.(2000). Gender and Families, Lanham: Altamira Press.

Eisler, R. M., & Skidmore, J. R.(1987). Masculine gender role stress: Scale development and component factors in the appraisal of stressful situations. Behavior Modification, 11(2), 123-136.

Esping-Andersen, G.(1990). *The Three Worlds of Welfare Capitalism.* Princeton, NJ: Princeton University Press.

Esping-Andersen, G.(1999). *Social Foundations of Postindustrial Economies.* New York: Oxford University Press.

Esping-Anderson, G.(2002). A new gender contact, *in why we need a new welfare state.* New York : Oxford University Press.

Fagnani, J., & Letablier, Marie-Therese(2004). Work and Family Life Balance: the impact of the 35 hour laws in France, *Work, Employment and Society, 18(3),* 551 - 572.

Firestone, S.(1970), The Dialectic of Sex. William Mortow and Company.

Fraser, M.(1994), Quality in higher education: An international perspective, In Green, D. (Ed.), *What is Quality in Higher Education?*, Buckingham, Open University press and Society for Research into Higher Education.

Heilbrun, C.(1973). Toward a recognition of androgyny. NY: Harper & Row.

Hemstrom, A.(1996). Exit, voice, and loyalty, Cambridge, MA. Harvard University

Press.

Herme, J.(1987). Women, policing and male violence, In *Internatioanl Prespectives,* New York : Roucledge.

Hochschild, A. R.(1989). The Second shift: Working Parents and the revolution at home. NY: Viking,

Hochschild, A. R.(2003), The Commercialization of Intimate. University of California Press.

Howard, A. P., & Elizabeth, K. B.(2004). Improving Adolescent Pregnancy Outcomes and Maternal Health, *Journal of Health & Social Policy, 18(1)*, 15-42.

Kamerman, S. B.(2009), Families and Family Policies: Developing a Holistic Family Policy Agenda, In Hong Kong Journal of Paediatrics.

Kamerman, S. B., & Kahn, A. J.(1997). *Family Change and Family Policies in Great Britain, Canada, New Zealand and the United States.* New York: Oxford University Press.

Kohlberg, L. A.(1966) Cognitive-Developmental Analysis of Children's Sex-Role Concepts and Attitudes. In E. E. Maccoby(ed.), *The Development of Sex Differences.* Stanford, CA: Stanford University Press.

Kurdek, L. A.(1996). The deterioration of relationship quality for gay and lesbian cohabiting couples: A five-year prospective longitudinal study. *Personal Relationships, 3*, 417-442.

Land, H.(1976). Poverty and gender : the Distribution of resources within the family. In M. Brown,(ed). *The Structure of disadvantage,* London England: Heinemann.

Leira, A.(1994). *Welfare states and working mothers: the Scandinavian experience.* New York : Cambridge University Press.

Levi-Strauss, C.(1966). *The Savage Mind.* University of Chicago Press.

Lewis, J.(1992). Gender and the development of welfare regimes. *Journal of European Social Policy, 3*, pp. 159-173.

Lips, H.(2008). Sex and gender: An Introduction (6th ed.). New York: McGraw Hill.

Lorber, J.(1991). Dismentling Noah's ask. In J. Lorber & S. A. Farrell(Eds.). The social construction of gender(pp. 355-369). Newbury Park, CA: Sage.

Miller, K. D.(1994). A Model for the Development of Simple Cell Receptive Fields and Orientation Columns Through Activity-Dependent Competition Between ON- and OFF-Center Inputs. *Journal of Neuroscience, 14,* 409-441.

Murdock, G. P.(1949). *Social Structure.* New York: The MacMillan Company.

Navarro, J. F.(1999). The Cosmological Significance of Disk Galaxy Rotation Curves, Steward Observatory, The University of Arizona.

O'Connor, J. S., Olroff, A. S., & Shaver, S.(1999). States, Markets, Families: Gender, Liberalism and Social Policy in Australia, Canada, Great Britain and the United States. Cambridge: Cambridge University Press.

Olroff, A. S.(1993). Gender and the social rights of citizenship : The comparative analysis of gender relations and welfare states. *American Sociological Review,* 58(3), pp. 303-328.

Olson, D. H. L., & DeFrain, J. D.(1994). Family strengths and coping strategies. In *Marriage and the family: Diversity and strengths.* Mountain View, CA: Mayfield

Ostner, I., & Langan, M.(1991). Gender and Welfare: towards a comparative framework. Room, G.(ed.). *Towards a European Welfare State.* Bristol: University of Bristol.

Ostner, I. & Lewis, J.(1995). "Gender and the Evolution of European Social Policies", in S. Leibfried and P. Pierson(eds.). *European Social Policy. Between Fragmentation and Integration*, Washington: Brooking Institute.

Parsons, T., & Bales, R. F.(1955). Family, socialization, and interaction process. Glencoe, IL: Free Press.

Sainsbury, D.(1996). *Gender, Equality and Welfare States.* Cambridge University Press.

Siim, B.(1990). Toward a feminist rethinking of the welfare state, In K. Jones & A. Jonasdottir, *The Political interests of gender,* Newbury Park CA: Sage.

Terman, L. M., & Miles, C. C.(1986). Sex and personality: Studies in masculinity and femininity. NY: McGraw-Hill.

Wallerstein, I.(1984). *The Politics of the World-Economy: The States, the Movements and the Civilizations,* Cambridge University Press.

West, C., & Zimmerman, D. H.(1987). Doing gender. Gender & Society, 1, 125-151.

Williams, P.(1990). The alchemy of race and rights. Cambrige, MA. Harvard

University Press.

Wilsnack, S. C., Vogeltanz, N. D., Klassen, A. D., & Harris, T. R.(1997). Childhood sexual abuse and women's substance abuse: National survey findings. *Journal of Studies on Alcohol*, 58(3), 264-271.

동아새국어사전

미국사회사업가협회

e-나라지표 www.index.go.kr

펄벅재단

한국여성연구회

전남일보 2007년 5월 24일자

조선일보 2008. 9월 16일자.

*** 설문지 출처**

가족기능, 탄력성 : 김미옥(2001). 장애아동가족의 적응과 아동의 사회적 능력에 관한 연구-가족탄력성의 효과를 중심으로-. 이화여자대학교 대학원 박사학위논문.

심리적 복지감 : 김현숙(2006). 노인여가복지시설의 생활체육프로그램 참가가 심리적 복지에 미치는 영향. 건국대학교 대학원 박사학위논문.

저자 소개

이주연

숙명여자대학교 일반대학원 아동복지학과 석사(가정학석사)
숙명여자대학료 일반대학원 아동복지학과 박사(문학박사)
전) 삼육대학교 겸임교수, 김포대학 겸임교수
현) 세계사이버대학 아동복육학과 조교수
김포시 지역사회복지대표협의체 위원
인천지방법원 가사상담위원

정옥희

가톨릭대학교 대학원 사회사업학과 석사(문학석사)
성균관대학교 대학원 사회복지학과 박사 수료
전) 평택시 사회복지협의회 부설 자원봉사센터 소장
현) 세계사이버대학 NGO다문화복지학과 학과장
KERIS 이러닝 품질인증 평가위원
(사)한국장애인장학회 인천시협회 자문위원

가족과 젠더

초판발행 2013년 5월 25일
3판발행 2019년 8월 25일

2019. 8.

저 자 이주연 · 정옥희
발행인 김현태
발행처 태영출판사

주 소 (08371) 서울시 구로구 디지털로31길 90, 115-1601
전 화 02 · 839-3757, 839-3752
팩 스 02 · 837-3754
등 록 2005년 5월 30일 제12-421호
http://www.taeyeongbook.co.kr
E-mail tys2005@hanmail.net
ISBN 978-89-6302-107-2 93330
정 가 19,000원

NAVER 태영출판사

* 잘못 만들어진 책은 교환해 드립니다.